*Friedrich Gerstäcker*

# Nach Amerika!

*Band 3*

weitsuechtig

Friedrich Gerstäcker

**Nach Amerika!**

Band 3

ISBN/EAN: 9783943850437

Auflage: 1

Erscheinungsjahr: 2013

Erscheinungsort: Bremen, Deutschland

@ weitsuechtig in Access Verlag GmbH, Fahrenheitstr. 1, 28359 Bremen. Alle Rechte beim Verlag und bei den jeweiligen Lizenzgebern.

weitsuechtig

## Inhalt des dritten Bandes

| | |
|---|---|
| Die Mündung des Mississippi. | 1 |
| New-Orleans. | 27 |
| An Land. | 47 |
| Abschied der Passagiere. | 68 |
| Der Mississippi. | 91 |
| Leben an Bord des Dampfers. | 110 |
| Die Ufer des Mississippi und Ohio. | 132 |
| Die Farm in Indiana. | 151 |
| Das deutsche Wirthshaus zu New-Orleans. | 187 |
| ANMERKUNGEN | 218 |

# Capitel 1.

### Die Mündung des Mississippi.

Die Brise wurde stärker, und die Passagiere hatten bald alles Andere in dem einen Gefühl der Landung vergessen. Das niedere Ufer, an dem sich freilich noch immer keine Berge entdecken ließen, so viel auch die Leute mit bewaffneten und unbewaffneten Augen danach spähten, trat dabei mehr und mehr heraus. Dort ließ sich schon die Einfahrt selbst unterscheiden, wo der gewaltige Mississippi in den Golf von Mexico mündet, und »süßes Wasser« kam ihnen von da wieder aus dem Land ihrer Sehnsucht entgegen — ein Fluß war es, der sie bald mit beiden Armen liebend umfangen sollte, und die See, die weite öde See lag hinter ihnen, wie ein schwerer Traum.

Selbst die Cajütenpassagiere gingen jetzt ernstlich daran ihre Sachen zu packen und sich auf eine baldige Landung vorzubereiten, und die Matrosen waren unter der Leitung des Untersteuermanns emsig damit beschäftigt die beiden, auf der Back liegenden Anker »klar« zu machen, und die große mächtige Kette gliederweis heraufzuheben aus ihrem dunklen Bett, und an Deck auszulegen.

Die meisten der Zwischendeckspassagiere glänzten heute in ihrem Sonntagsstaat, und selbst Steinert und Mehlmeier waren wie buntfarbige Tagfalter aus ihrer, allerdings etwas unscheinbaren und schmutzigen Verpuppung hervorgegangen. Steinert besonders war das Erstaunen der übrigen Passagiere, obgleich sie die Verwandlung hatten Stück für Stück vor sich gehen sehn. Er trug vor allen Dingen ein schneeweißes geplättetes Hemd, das er sich für diesen Moment besonders aufgespart, dann eben solche Hosen mit Strippen, spiegelblank gewichste Stiefeln, eine sehr buntfarbige helle Piquéweste mit rothen Glasknöpfen, einen blauen Frack mit blanken Metallknöpfen, eine sehr dicke blau- und rothseidene Cravatte mit entsprechenden Vatermördern, und einen höchst modernen, sorgfältig gebürsteten Seidenhut auf dem Kopf, den er nur manchmal abnahm, sich in dem darin befindlichen kleinen Spiegel anzusehn, dann die steinbesetzten Hemdknöpfchen ein wenig mehr zurecht rückte, die goldene Uhrkette mit dem großen Carniol als letzte Vollkommenheit etwas weiter herauszog, und schließlich vollständig mit sich zufrieden war.

Die Frauen und Mädchen kicherten mit einander — das Begräbniß war lange vergessen — und manche der Männer amüsirten sich gerade so über ihn, wie sie sich vorher über den improvisirten Handwerksburschen gefreut hatten. Steinert aber schien mit dem blauen Frack auch einen vollkommen neuen Menschen angezogen, und seine frühere Gesellschaft von sich geschüttelt zu haben, denn er sprach, Mehlmeier ausgenommen, mit Niemandem mehr, und ging nur, den Blick oft und ungeduldig nach dem Quarterdeck hinüber werfend, als ob er dort Jemanden suche oder erwarte, mit raschen Schritten den Gangweg zu luvwärts auf und ab. Der Einzige der ihn dabei ärgerte war Maulbeere.

»*A la bonheur* Herr Steinert« sagte dieser, als er ihm zuerst in solchem Glanz und Schmuck begegnete — »s e h r e schön — ganz außer ordentlich sehre schön.«

»Lieber Maulbeere lassen Sie mich zufrieden, ich habe Nichts mit Ihnen zu thun« sagte Steinert, und drehte sich von ihm ab.

»Ne wahrhaftig Herr Steinert« sagte aber Maulbeere in höchstem Ernst, und mit beruhigender Handbewegung, »das thut kranken Augen ordentlich wohl Sie nur anzuschauen — und das feine Tuch zum Frack — wie Sammet.«

»Rühren Sie mich nicht an, wenn ich bitten darf« rief aber jetzt der Weinreisende, ernstlich böse gemacht, als der Scheerenschleifer, der heute womöglich noch struppiger und ungewaschener aussah wie je, mit dem Zeige- und dritten Finger der rechten Hand vorsichtig und bewundernd an dem linken Ärmel des ihn eben wieder Passirenden niederstrich.

»Bitte tausendmal um Entschuldigung« sagte Maulbeere aber in spöttischer Devotion, rasch und erschreckt den Arm zurückziehend — »hatte keine Idee daß es abfärbte. — Und die schöne Uhrkette — ist doch vortrefflich gearbeitet, sieht genau so aus als ob es wirkliches Gold wäre — ja das machen sie jetzt famos.«

Steinert warf den Kopf auf die Seite und ging, dem fatalen Menschen den Platz räumend, auf den anderen Gangweg hinüber, seinen Spatziergang fortzusetzen; Maulbeere aber, ohne sich dadurch irre machen zu lassen, kroch und kletterte auf Händen und Füßen, wie ein großer ungeschlachter Orang Utang dem er in diesem Augenblick merkwürdig ähnlich sah, ebenfalls auf die andere Seite hinüber, glitt dort auf eines der Wasserfässer, wo die Leiche noch vor kaum einer Stunde gelegen hatte und fuhr, als Steinert jetzt wieder an ihm vorüber mußte, ganz unbefangen in seinen drüben begonnenen Bemerkungen fort.

»Strupfen sind freilich unbequem unter den Hosen an Bord — platzen leicht wenn man sich bückt, aber hübsch sehn die Beine damit aus — schade daß Sie etwas eingebogene Knie haben.«

Steinert mußte seinen Spatziergang aufgeben; denn von den übrigen Passagieren sammelten sich schon Manche, die schadenfroh die Bemerkungen des alten Maulbeere mit anhörten, und auch laut darüber lachten.

Auf dem Quarterdeck ging aber der junge Henkel, seine graue Reisemütze fest in die Stirn gezogen, den Rock bis oben hin zugeknöpft, und die rechte Hand vorn in der Brust, die linke auf dem Rücken liegend, allein und mit seinen eigenen Gedanken beschäftigt auf und ab, und Steinert, der auf ihn gewartet zu haben schien, erstieg mit raschen Schritten den ihm verbotenen Platz.

Gerade in dem Augenblick kam der Capitain von unten aus der Cajüte, sah den Zwischendeckspassagier auf dem geheiligten Boden der Cajüte, und frug ziemlich kurz angebunden den sich zierlich gegen ihn Verbeugenden, ohne den Gruß auch nur mit einem Blick zu erwiedern:

»Wen suchen Sie?«

»Ich habe mit dem Herrn dort etwas von Wichtigkeit zu reden, Herr Capitain« sagte Steinert, den seine gewohnte Zuversichtlichkeit, dem stets ernsten und strengen Capitain gegenüber doch in etwas verließ, noch dazu da er wußte, daß er sich auf verbotenem Grund befand, ungemein artig und zuvorkommend.

»Mit Herrn Henkel?«

»Ja wohl Herr Capitain.«

Henkel hob, als er seinen Namen hörte, rasch den Kopf und fixirte den in der neuen Kleidung nicht gleich Erkannten scharf und mißtrauisch. Der Capitain gab übrigens dem gar so stattlich angezogenen Zwischendeckspassagier, wenn auch nicht gerade mit eben freundlichem Gesichte Raum, und dieser kam jetzt, den Hut in der Hand, auf Henkel zu und sagte verbindlich:

»Herr Henkel, ich habe schon lange nach dem Vergnügen getrachtet Ihre werthe persönliche Bekanntschaft machen zu dürfen — Convenienzen die uns bis jetzt getrennt haben, wissen Sie — hatte auch keine Ahnung dabei daß die Schiffsordnung so streng sei — »D'rum prüfe wer sich ewig bindet« — würde sonst jedenfalls selber Cajütspassage genommen haben. Doch das ist jetzt zu spät, und da wir nun dem Lande der Gleichheit und allgemeinen Freiheit so nahe sind, ja uns eigentlich nach völkerrechtlichen Grundsätzen auf deren Gebiet *quasi* Ankergrund befinden, habe ich mir die Privatfreiheit genommen — wenn ich Sie nicht störe, heißt das — Ihre Zeit, wenn auch nur für wenige Minuten zu beanspruchen — die Zeit ist kurz die Reu ist lang.«

»Womit kann ich Ihnen dienen?« sagte Henkel mit einer leisen wie zustimmenden Verbeugung — »Sie sehen daß ich jetzt nicht beschäftigt bin — darf ich Ihnen einen Sitz anbieten?«

»Bitte« sagte Steinert, und ließ sich ohne weiteres auf der nächsten Bank nieder, während Henkel vor ihm, an die eiserne Railing gelehnt, stehen blieb. »Was mich hierher treibt zu Ihnen?« fuhr Steinert endlich fort, nachdem er den ungewohnten Hut bald aus der einen in die andere Hand genommen, und immer vergebens gesucht hatte ihn in die richtige Lage zu bringen, bis er ihn endlich neben sich auf die Bank stellte — »ist der Wunsch etwas Gediegenes, Wahres über das Land zu hören, dem wir uns jetzt, von den Flügeln des Windes getragen, nähern; »Eilende Wolken« wissen Sie wohl, »Segler der Lüfte«. Sie kennen es von eigener

Anschauung, Sie vor Allen scheinen mir auch, Ihrem ganzen Äußern nach der Mann zu sein, der im Stande ist ein richtiges und allgemeines Urtheil zu fällen, und um das komme ich, Sie zu ersuchen.«

»Und in welchem Fach?« frug Henkel, einen leichten Seufzer dabei unterdrückend, aber sich doch mit einer gewissen Geduld der langweiligen Einleitung fügend; von Hopfgarten war indessen ebenfalls an Deck gekommen, und ging hinter ihnen langsam auf und ab — »für welchen Geschäftszweig wünschen Sie — «

»Erlauben Sie mir« fiel ihm aber Steinert rasch in's Wort, »daß ich Ihnen vorher noch eine kleine Bemerkung vorausschicke, eine Bemerkung die Sie überzeugen mag, wie ich nicht eben in das Blaue hinein einen Plan zur Auswanderung gefaßt, sondern mich ziemlich genau nach Allem erkundigt, und besonders Alles gelesen habe, was je darüber geschrieben worden. Amerika ist ein Land wo Einem die gebratenen Tauben nicht in's Maul fliegen, so viel steht fest, das ist Thatsache, und Sie mögen deshalb versichert sein, daß ich nicht mit extravaganten Erwartungen, unmöglich zu erfüllenden Hoffnungen etc. hinübergehe — ankomme, könnte man jetzt fast sagen. Meine früheren Schicksale können Ihnen gleichgültig sein — »weit in nebelgrauer Ferne, liegt mir das verlass'ne Glück« — es ist vorbei, und ich muß Ihnen jetzt nur vor allen Dingen sagen daß ich Kaufmann bin, und es für vortheilhaft halten würde eine kurze Zeit erst, ehe ich mich selbstständig etablirte, in irgend eine Condition zu treten, sei es auch nur auf zwei oder drei Monat, die Verhältnisse dort vor allen Dingen durch Augenschein genau kennen zu lernen.«

»Conditionen« begann Henkel, als ihm der Weinreisende wieder in die Rede fiel:

»Sind vielleicht nicht so ganz leicht gleich zu bekommen, ja das glaub ich; auch das habe ich schon mehrfach gelesen; aber wissen Sie, ich bin auch zugleich Geschäftsmann, und Ihnen, Herr Henkel, brauche ich nicht zu sagen daß Amerika gerade das Land der wirklichen Geschäftsleute ist — Sie wissen das ja am besten aus eigener Erfahrung. Übrigens stehe ich auch noch mit dem Haus für das ich in Deutschland gereist bin: Schwartz und Pelzer, eines der bedeutendsten Häuser in Frankfurt in selbst intimer Verbindung. Der Mensch muß so viel Eisen als möglich im Feuer haben, wenn er in dieser Welt reussiren will, und ich habe es für zweckmäßig gehalten keine Brücke hinter mir abzubrechen, so lange ich sie mit Bequemlichkeit gangbar halten konnte. Sie werden mir darin Recht geben Herr Henkel. Auch darüber sind Sie vielleicht im Stande mir Auskunft zu ertheilen, verehrter Herr, ob und wiefern ich auf einen Absatz in diesem Geschäft, wenn alle übrigen Stricke rissen, und günstigen Erfolg wohl rechnen könnte.«

»Um deutsche Weine in Amerika zu verkaufen?« frug Henkel.

»Allerdings — freilich kann ich mir denken« fuhr Steinert rasch fort, ohne dem Gefragten Zeit zu einer direkten Antwort zu geben, »daß der amerikanische Markt zu Zeiten mit solchen Vorräthen überfüllt sein mag, denn es werden enorme Massen von Wein auch wohl von anderen Ländern hinübergeschickt, g u t e Waare hält aber doch, wie ich I h n e n nicht zu sagen brauche, ihren Werth, und wenn die Leute erst einmal merken daß sie prompt und reell bedient werden, dann sind sie gar nicht mehr wegzutreiben aus der Kundschaft; ich habe darüber unendlich viel Erfahrungen gesammelt, in meinem Leben, und Sie sind darin gewiß ganz meiner Meinung. Übrigens habe ich einige vortreffliche Empfehlungen, an sehr bedeutende Häuser in New-Orleans; glauben Sie nicht daß *die* mit etwas nützen können? — Ich baue nicht etwa zu viel, oder gar einzig und allein darauf,« fuhr er dabei rasch fort, als ob er fürchte daß ihm Herr Henkel die Hoffnung über den Haufen werfen könne, und ehe dieser auch nur im Stande war eine Sylbe darauf zu erwiedern — »s e l b s t ist der Mann und die Empfehlung die man im eigenen Kopfe trägt ist immer die Beste, und man kann sich am Festesten auf sie verlassen, aber jedenfalls sind es doch immer Einführungen in gute Häuser — so zu sagen gestempelte Visitenkarten. Ein Freund von mir hat zum Beispiel eine brillante Parthie, nur durch solch einen einfachen Empfehlungsbrief gemacht, er mußte zwar seine Braut — seine jetzige Frau — entführen und die Eltern waren außer sich darüber – haben die Tochter auch enterbt, aber was wollen Eltern in einem solchen Fall machen, wenn der Priester erst einmal seinen Segen darüber gesprochen hat – dann ist die Geschichte aus, und das Klügste was sie thun können ist, daß sie ebenso thun als ob sie selber damit zufrieden wären. – O zarte Sehnsucht süßes Hoffen; der ersten Liebe goldne Zeit – «

»Aber Sie wünschten, soviel ich verstanden habe, irgend etwas Specielles über Amerika zu erfahren« sagte Henkel, dem das Gespräch mit dem Mann anfing unbequem zu werden.

»Allerdings, mein verehrter Herr Henkel« sagte Steinert, einen flüchtigen Blick in den Hut werfend, ob seine Frisur auch noch nicht durch den Wind gelitten habe – »ich möchte ungemein gern einen Blick in das Verhältniß thun, in dem in Amerika der Commis z. B. zu seinem Principal, und die Geschäftswelt im Allgemeinen zu der politischen Welt, von einem rein menschlichen Standpunkte aus genommen, steht. – Ich muß Ihnen dabei voraus bemerken« setzte er wieder rasch hinzu, als er sah daß Henkel etwas darauf antworten wollte, »daß ich schon von einem dort lebenden Freund einige sehr werthvolle Briefe über Amerika besitze, in denen er mir das dortige Leben flüchtig – mehr allerdings in Anekdoten die in unser Fach schlagen – schildert. Es ist aber Nichts gefährlicher als sich auf einseitige Urtheile, die doch immer hie und da durch ein gewisses Verhältniß bestimmt sein können, zu verlassen, und ich habe mir deshalb besonders die Freiheit genommen Sie aufzusuchen. Glauben Sie übrigens nicht« fuhr er ohne weiteres fort, »daß ich, wie viele meiner Landsleute, den höchsten Werth gerade in jene so oft herausgehobene Gleichheit der Amerikanischen Bürger setze – ich weiß recht gut daß ein allgemeiner Leiter des Geschäftes nicht allein unbedingt nöthig, sondern auch für die Engagirten höchst angenehm und bequem ist; der vernünftige Mann fügt sich dabei leicht in das, was ihm selber als nothwendig erscheint, aber gerade diese Gleichberechtigung des einen Standes selbst der höchsten Aristokratie gegenüber, hat doch auch wieder, wie sich nicht leugnen läßt, etwas sehr Angenehmes und Verlockendes, darf aber natürlich, wie Sie gewiß auch der Meinung sind, unter keinen Umständen gemisbraucht werden.«

»Allerdings« sagte Henkel, der es jetzt aufgegeben hatte irgend etwas Selbständiges zu äußern, und den Mann eben ausreden ließ.

»Das steht also auch fest« sagte Steinert, mit einer verbindlichen Verbeugung für die Anerkennung, »daß eben unser Stand, der uns die freie Bewegung nach allen Seiten läßt, einer der angenehmsten im ganzen weiten Reiche sein müßte, und man, wenn man nicht gerade mit zu großen Erwartungen hinüber geht, ja eigentlich eher auf einzelne kleine Enttäuschungen gefaßt ist, eines ziemlich sicheren Erfolges, natürlich den einzelnen Fähigkeiten entsprechend, auch gewiß sein könne, nicht wahr? — Ich versichere Sie, Herr Henkel, daß es mir eine große Beruhigung gewährt, diese Ansicht auch von Ihnen, der das Land doch durch und durch kennt, vertreten zu sehn, und ich bin Ihnen in der That ungemein verpflichtet, verehrter Herr, für Ihre gütige Bereitwilligkeit, mir darin Auskunft zu geben.«

»Wenn Ihnen das Wenige genügt« sagte Henkel, der trotz seiner sonst ernsten Stimmung doch ein Lächeln nicht verbergen konnte, indem er sich von der Railing, an der er gelehnt, aufrichtete.

»Oh bitte« rief aber Steinert, »guter Rath kommt oft vor guter That, und wer nur ein wenig Auffassungsgabe hat, für den ist ein Wink soviel, wie eine ganze Predigt für einen minder Begabten. Entschuldigen Sie nur daß ich Sie vielleicht indeß von einer angenehmeren Beschäftigung abgehalten habe.«

Er war indessen ebenfalls aufgestanden und, seinen Hut in der Hand, im Begriff das Quarterdeck wieder zu verlassen.

»Ganz und gar nicht« sagte Henkel, froh so billigen Kaufs davongekommen zu sein, setzte aber mit leiser Ironie im Ton, die jedoch an Steinert gänzlich verloren ging, hinzu — »und wenn Sie wieder eine Auskunft wünschen sollten, die ich im Stande wäre Ihnen zu geben, so stehe ich mit Vergnügen zu Diensten.«

»Zu gütig — zu gütig in der That« sagte der Weinreisende, seinen Hut in der Hand herumdrehend, »aber — aber e i n e Frage möchte ich mir doch noch, und zwar mehr vom particularistischen Standpunkte aus erlauben. Sie sind in New-Orleans ansässig, mein verehrter Herr Henkel?«

»Allerdings.«

»Werden sich dort etabliren?«

» — Ja.«

»Dürfte ich mir in dem Fall erlauben« sagte Herr Steinert, indem er seinen Hut unter den linken Arm drückte und seine Brieftasche aus der linken Brusttasche nahm, »Ihnen unser Haus, in allen Arten von feinen und leichten Rheinweinen, Rheinischen Champagnern und Pfälzer Weinen zu empfehlen — hier die Adresse mit Preiscourant und der Versicherung billiger, rascher und prompter Bedienung.«

»Aber ich weiß nicht ob ich — «

»Bitte« unterbrach ihn Steinert rasch, »ist auch für den Augenblick gar nicht nöthig — für später vielleicht — ist auch nicht etwa des Nutzens wegen, verehrter Herr, nur wirklich der Annehmlichkeit wegen, mit Ihnen in eine angenehme Geschäftsverbindung zu treten. Ich bin auch dabei so von der Solidität unseres Hauses überzeugt, daß ich in diesem Augenblick wirklich nicht weiß Ihnen meine Dankbarkeit auf eine bessere und würdigere Weise dazuthun. 'Werde mir dann schon die Freude machen Sie in New-Orleans wieder aufzusuchen, wozu ich Sie noch ersuchen möchte, mir gefälligst Ihre dortige Adresse zukommen zu lassen.«

»Meine Adresse?« sagte Henkel, den Mann indessen einige Secunden scharf fixirend — »schön — ich werde Ihnen meine Adresse geben. Sie ist für die ersten Tage im St. Charles Hotel — sollte ich da ausgegangen sein, bin ich bei diesem Herrn« — er nahm zugleich eine Karte aus seiner eigenen Brieftasche — »zu erfragen. Es ist nicht unmöglich daß wir ein Geschäft zusammen machen.«

»Sie haben mich zu doppeltem Danke verpflichtet« sagte Steinert, »nun erlauben Sie aber daß ich mich entferne« setzte er dann mit etwas leiserer Stimme und einem Seitenblick auf den, immer noch unfern davon stehenden Capitain hinzu, »denn der alte Seearistokrat dort wird schon ungeduldig über mein langes Hierobensein — *eh bien*, wir kommen bald an einen Ort, wo das ganze Land ein einziges Quarterdeck ist, und der Unterschied der Stände fällt, bis dahin, mein bester Herr Henkel, habe ich die Ehre mich Ihnen gehorsamst zu empfehlen und zeichne mich indessen als Ihr ergebenster Adalbert Steinert.«

Mit einer halbrunden Verbeugung dabei, die Herrn Henkel in der Mitte, mit Herrn von Hopfgarten und den Capitain an den Flanken zugleich einschloß, verließ er das Quarterdeck und stieg wieder in sein Territorium hinab, wo er aber noch nicht drei Schritte gethan, als er schon wieder von Maulbeere, der ihm hier jedenfalls aufgelauert haben mußte, begrüßt wurde.

»Nun, Herr Steinert, schon Geschäfte gemacht auf Amerikanischem Grund und Boden — das ist recht, die stolzen Burschen, die sich mit uns Zwischendeckspassagieren nicht abgeben wollten, müssen mit sauren Weinen angeschmiert werden; darin liegt Charakter.«

»Herr Maulbeere, ich verbitte mir alle Anzüglichkeiten.«

»Ne wahrhaftig« sagte aber der unverwüstliche Scheerenschleifer, »das geschieht ihnen ganz recht, und ich wünsche den Hochnasen nichts Besseres, als daß sie I h n e n in die Klauen fallen.«

Steinert setzte seinen Hut auf, steckte die rechte Hand vorn in die Brust, und ging, einen verächtlichen Blick auf den Scheerenschleifer schleudernd, nach vorn.

»Nu Gott sei Dank« sagte der Capitain, als der Zwischendeckspassagier das Quarterdeck verlassen hatte, zu Henkel tretend, »der hatte aber ein Maulwerk am Kopf; das ging ja wie geschmiert. Ich glaube der könnte Einen in einem halben Tage todt reden.«

»Die Aufschlüsse die Sie ihm ertheilten, waren in der That werthvoll« lachte aber auch von Hopfgarten, zu den Beiden tretend — »es wunderte mich nur daß Sie ihm Ihre Karte gaben.«

»Um ihn los zu werden« sagte Henkel — »übrigens« setzte er mit einem leichten Lächeln hinzu, »war es nicht m e i n e Karte, sondern eine fremde die ich zufälliger Weise bei mir hatte — er wird mich in New-Orleans nicht geniren.«

»Hahahaha, das ist prächtig« lachte von Hopfgarten, »das ist eine famose Ausflucht; der wird schön schimpfen.«

»Da kommt unser Lootse!« rief in diesem Augenblick der Capitain, der das Glas genommen und ein paar Secunden damit nach dem Land hinübergeschaut hatte, das sich noch immer vor ihnen hinzog und keinen Hügel, kein Landhaus verrathen wollte. Flach und öde zog sich der schmale Streifen am Horizont hin, und nur nach der Richtung, nach welcher der Capitain deutete, ließ sich eine kleine Wolke leichten Qualms erkennen, die zuerst wie über dem flachen Lande lag, und dann, als der Blick der Passagiere fester darauf haftete, sich zu bewegen, und näher zu kommen schien.

Herr von Hopfgarten war indessen rasch in die Cajüte hinab gestiegen, den Damen zu melden daß das Lootsenschiff, wozu in den Mississippimündungen meist Schleppdampfer gebraucht werden, in Sicht käme, und die Zwischendeckspassagiere, die aus dem Leben auf dem Quarterdeck wohl gemerkt hatten daß irgend etwas Außerordentliches vorgehe — wenn sie auch noch nicht herausbekommen konnten was, kletterten wieder in die Wanten und auf alle einigermaßen hohe Stellen an Bord, nach der Richtung hin, wohin die Fernröhre des Capitains und der Cajütspassagiere gerichtet waren, zu entdecken was etwa in Sicht käme.

Über den Dampfer, dessen Rauch sich bald mit bloßen Augen erkennen ließ, sollten sie aber nicht lange in Zweifel bleiben, denn er kam merklich näher. Deutlich ließen sich schon die Umrisse seines oberen Decks, bald sogar einzelne Gestalten an Bord unterscheiden, und die wehende Bremer Flagge an der Gaffel der Haidschnucke wurde jetzt kaum mit dem antwortenden Signal des Lootsen, den Amerikanischen Sternen und Streifen [1] begrüßt, als lauter Jubel an Bord des Auswandererschiffes losbrach, und ein donnerndes, wieder und wieder erneutes Hurrah den Farben des neugewonnenen Vaterlands entgegenjauchzte.

Von jetzt an war alles Andere in dem einen Gefühl des endlich erreichten Zieles, für das ihnen der Amerikanische Lootsendampfer volle Bürgschaft leistete, vergessen; Jeder hatte nur Augen und Gedanken für das heranbrausende Dampfschiff, dessen Räder sie jetzt schon über das stille Wasser des Golfes konnten arbeiten hören, dessen einzelne Matrosen sie an Bord erkannten, und wie es sie endlich erreicht, einen engen Kreis um sie beschrieb und an ihrer Seite hinfuhr, und der Amerikanische Capitain, der auf dem Radkasten seines Fahrzeugs mit dem Sprachrohr in der Hand stand, seinen Anruf herüberschrie, da brach sich der Jubel von Neuem Bahn, und der Amerikaner, der sein Sprachrohr erstaunt absetzte, sah ein paar Secunden die Schreier ruhig an, drehte sich dann nach seinem Steuermann um und lachte. Die Matrosen an Bord des Schleppdampfers glaubten aber indessen den Gruß ebenfalls erwiedern zu müssen, und antworteten, während die beiden Fahrzeuge jetzt in etwa hundert Schritt Entfernung neben einander hinliefen, mit drei kräftigen »*Hip hip hip hurrahs!*« das auf der Haidschnucke wieder sein Echo fand.

Ehe sich das Geschrei legte ließ sich natürlich an ein gegenseitiges Verständniß nicht denken, den ersten Ruhepunkt aber benutzend, setzte der Amerikaner wieder das Rohr an die Lippen, und der, dem Laien zum ersten Mal gewiß unverständliche Seeruf, der durch den wunderlich dröhnenden Schall des metallenen Rohres nur noch verworrener wird, tönte herüber.

»*Where do you hail from?*« [2]

Nun hatte aber Steinert, besonders in der letzten Zeit, nicht allein unter seinen näheren Bekannten, sondern auch im Zwischendeck überhaupt, viel mit seiner Kenntniß der Englischen Sprache geprahlt, die ihm dort allerdings von keinem bestritten werden konnte oder wurde. Diesen Anruf hielt er aber für eine allgemeine, an das ganze Schiff gerichtete Höflichkeitsformel, die er nicht glaubte unbenutzt vorübergehn lassen zu dürfen, ohne seine Kenntnisse zu zeigen. Ehe deshalb der eigene Capitain, der jetzt ebenfalls auf seinem Quarterdeck mit der »Sprechtrompete« in der Hand stand, auch nur das Geringste darauf erwiedern konnte, sprang er auf die, an der Railing befestigte Nothspieren, hielt beide Hände trichterförmig an die Lippen, und schrie in höchst mittelmäßigem fremdartigen Englisch:

»Danke Ihnen Herr Capitain — wir sind Alle wohl!«

»Halten Sie's Maul davorne!« brüllte aber Capitain Siebelt auf's Äußerste indignirt, als er einen Zwischendeckspassagier in sein Geschäft hineinfallen hörte, während der Amerikaner erstaunt dorthin sah von woher die unverständliche Stimme tönte, und von wo aus er allerdings keine Antwort erwartet haben konnte.

»Wenn man gefragt wird, Herr Capitain, darf man antworten« rief aber Steinert, der hier in seinem guten Recht zu sein glaubte und sich als freier Amerikanischer Bürger zurückgesetzt und beleidigt fühlte — »übrigens verbitte ich mir alle Anzüglichkeiten.«

»*Where do you hail from!*« tönte aber des Amerikaners Ruf noch einmal herüber.

»Ich würde mich noch einmal bei ihm bedanken, Herr Steinert« sagte Maulbeere, der seine innige Freude an dem Zwischenfall gehabt, ermunternd; »er wird Sie wahrscheinlich nicht verstanden haben.«

Steinert war aber zu klug Maulbeeres Rath — den er in dem sehr gegründeten Verdacht hatte, s e i n Bestes eben nicht zu wollen, zu folgen, und Capitain Siebelt konnte die nöthigen Antworten auf diese, wie die späteren Fragen: »wie lange Reise?« — »Alles wohl an Bord?« gehörig beantworten.

Der schnaubende Dampfer hielt jetzt mehr auf sie zu und Matrosen sprangen an Bord der Haidschnucke mit bereit gehaltenen Tauen hin, sie in Wurfs Nähe an Deck des Schleppschiffs zu schleudern, während sie dort rasch aufgefangen und befestigt wurden. Die Zwischendeckspassagiere, die jetzt natürlich überall im Wege standen, stieß man dabei bald hier bald da zur Seite, aber sie ließen sich heute Alles gefallen, war doch das Schiffsleben überhaupt bald überstanden, und das hier nur noch eine kleine, leicht zu ertragende Unbequemlichkeit, für die sie in wenigen Stunden — sie zählten nicht einmal mehr nach Tagen — das ganze Amerikanische Reich entschädigen sollte.

Festgeschnürt an Bord des viel niedrigeren kleinen Dampfers lag jetzt das Segelschiff, das ihnen noch nie so groß erschienen war wie in diesem Augenblick; alle Segel schlugen aber, in ihren Schoten gelöst, an den Raaen, und an den Tauen hingen die Matrosen sie aufzugeyen, während ein Theil schon wie Katzen an den steilen Wanten emporkletterte und an den Raaen hinauslief, die Segel überhaupt vollständig einzuziehn und festzuschnüren auf ihren Hölzern.

Der Wind war indeß, wie die Seeleute sagen, fast vollständig eingeschlafen, und die Hitze schwül und drückend, nichts destoweniger setzte das Schiff mit Hülfe des Dampfers, seine Fahrt weit rascher, als sie die letzten Tage zu segeln gewohnt gewesen waren, fort, und die Küste, oder das wenigstens was sie bis jetzt für festes Land gehalten, rückte ihnen rasch näher. Das aber was ihnen bis dahin eine weite grüne Wiesenfläche geschienen, auf der sie, freilich umsonst, nach grasenden Heerden umhergesucht, zeigte sich jetzt, wie sie es endlich erreichten, als ein weiter trauriger Schilfbruch, dessen dunkelgrüne schlanke Halme aus der, ihnen nun entgegenquillenden schmutziggelben Fluth des mächtigen Mississippi, dessen untere Ufer sie bildeten, herausschauten, und in der starken Strömung zitterten und schwankten.

»Das ist Amerika?« rief da eine der Frauen, die mit vorn auf der Back stand, und deren Blicke bis dahin nur ängstlich und erwartungsvoll an dem näher und näher kommenden Lande gehangen — »lieber Gott, da kann man ja nicht einmal an's Ufer gehn.« Manche der übrigen Passagiere schauten jetzt ebenfalls, mit keineswegs mehr so zuversichtlichen Mienen als sie noch an dem Morgen gezeigt, auf die wüste Fläche von Schilf und Wasser hinaus, die sie schon zur rechten und linken Seite umgab, und, der Aussage des zweiten Steuermanns nach, das Ufer des Mississippi bildete. Es war ein beengendes erdrückendes Gefühl das sie erfaßte — die erste getäuschte Hoffnung in dem neuen Land, das sie sich mit allem Zauber südlicher Zonen, wenn auch heimlich doch nur zu eifrig ausgeschmückt, und das jetzt vor ihren Augen wie ein stehender endloser Sumpf begann.

»Aber wo um Gottes Willen wohnen die Menschen?« riefen Andere aus — »hier kann man ja doch nicht leben in Wasser und Schilf?« —

»Dort sind Häuser — dort hinten — wo? — dort wo der dunkelgrüne Streif hinaufläuft und die Sonne auf das Wasser blitzt; gleich rechts davorn. Ja wahrhaftig — da stehn Häuser — das ist New-Orleans!« riefen und flüsterten zaghafte Stimmen durcheinander und Steinert selbst war auf einmal ungemein kleinlaut geworden, und saß, mit auf den Knieen gefalteten Händen vorn auf dem Bugspriet die ihn umgebende Scenerie schweigend zu betrachten.

»Das New-Orleans? — Unsinn« lachten aber einige der Matrosen, die jene Bemerkung gehört, und schon früher einmal die »Königin des Südens« — wie New-Orleans von den Amerikanern genannt wird, besucht hatten — »das ist hier nur eine der Mündungen des Mississippi und die Häuser dort sind La Balize; das hohe Land aber liegt weiter oben.«

»Weiter oben« das war ein neuer Hoffnungsstrahl in die Nacht des Zweifels, der die armen Auswanderer eben zu erfassen drohte — »weiter oben.« Aber noch immer ließen sich keine Berge erkennen; die öde Fläche schien sich viele viele Meilen weit auszudehnen und der Fluß wälzte trüb und reißend seine schmutzige Fluth an ihnen vorüber.

»Dort liegt ein Schiff — dort noch eins — « ging jetzt der Ruf über Deck, »ha dort oben kommen eine ganze Menge — ich kann die Masten erkennen« zeigten Einzelne den Anderen ihre Entdeckung. Die kamen von oben herab, ja die wußten wie es dort aussah, und mit einer gewissen Ehrfurcht hingen ihre Blicke an den fernen Fahrzeugen, deren Umrisse sie noch nicht einmal deutlich unterscheiden konnten.

Bis sie aber die immer deutlicher werdenden Häuser erreichten, wollten manche der Zwischendeckspassagiere gern von den Matrosen, die schon erklärt hatten daß sie in New-Orleans gewesen waren, etwas Näheres über die Stadt und deren Umgegend wissen; die Leute waren aber viel zu sehr beschäftigt ihren Fragen Rede stehn zu können, und sie mußten sich zuletzt darein finden eben abzuwarten, wie sich ihnen die Stadt selber zeigen würde. Ewig konnte das ja nun doch nicht mehr dauern.

Ziemlich langsam gegen die starke Strömung rückten sie indessen vorwärts, die schon in Sicht gekommenen Gebäude, in den Windungen des Flusses bald rechts bald links lassend, und erreichten endlich den Platz wo eine Anzahl hölzerner Gebäude auf Pfählen, und nur von Schilf und Schlammwasser umgeben mitten in diesem entsetzlichen Sumpfe standen und in der That auch nur durch hochgelegte Planken unter sich verbunden waren.

Dieß Lootsendorf, die sogenannte Balize, bot in der That einen traurigen Anblick, und man begriff nicht wie Menschen dort überhaupt existiren konnten. Die weite Fläche der See selbst that dem Auge, in Vergleich mit dem öden Sumpfe wohl, der sich hier nach Norden, Osten und Westen ausdehnte, und die Passagiere erschraken als die Glocke des Dampfschiffs läutete, denn sie fürchteten jetzt das, was sie noch an dem Morgen so heiß ersehnt — gelandet zu werden. Das Signal galt aber einem, noch eine kleine Strecke weiter oben liegenden Segelschiff, das jetzt seine Flagge aufhißte und zur Freude der Auswanderer die Hamburger Farben zeigte. Dort waren halbe Reise- und ganze Leidensgefährten, und als die Haidschnucke, mit der Bremer Flagge noch immer auswehend, dem Hamburger Schiffe näher kam, grüßte sie von dort, wie sie erst selber den Amerikaner bewillkommt, ein donnerndes Hurrah, das sie allerdings, aber lange nicht mehr so kräftig wie heute früh, beantworteten.

Sie erfuhren jetzt auch, daß der Dampfer das andere deutsche Schiff ebenfalls in's Schlepptau nehmen würde, aber sie freuten sich nicht besonders darüber, denn nicht mit Unrecht fürchteten sie dadurch nur soviel langsamer von der Stelle zu rücken. Das kümmerte jedoch den Amerikaner wenig, der sich für die Fahrt den doppelten Verdienst natürlich nicht entgehen ließ, und das Hamburger Schiff, Orinoko wie es hieß, erst hierher gebracht und vor Anker gelegt hatte, noch ein zweites aus dem Golf dazu zu holen, ehe er es nach New-Orleans hinauf zog.

Der Hamburger hatte indeß, unter dem lauten taktmäßigen Singen der Matrosen, seinen Anker aufgeholt, als der Dampfer an ihn hinanlief und ihn an den anderen Bug nahm, die Taue wurden befestigt, wie sie früher an der Haidschnucke befestigt waren, und wenige Minuten später schnaubt das kleine aber kräftige Boot mit seiner doppelten Last, aber nicht viel langsamer als vorher, den mächtigen Strom hinauf.

Die Zwischendeckspassagiere der Haidschnucke hatten nun allerdings nichts Eiligeres zu thun als einen Versuch zu machen, von ihrem Schiff hinunter, über das Dampfboot hinweg, an Bord des Landsmannes zu klettern, und dort Bekanntschaft mit dessen Passagieren zu machen. Darin sollten sie sich aber getäuscht sehn, denn die Steuerleute verboten es ihnen nicht allein auf das Entschiedenste, sondern die Wacht des Dampfers selber hatte strenge Ordre Niemanden hinunter auf ihr Deck oder hinüber zu lassen, und weder Bitten noch Protestiren half, die Capitaine zu einer Änderung der Maaßnahme zu bewegen. Die angegebene Ursache war nicht allein Unordnung zu vermeiden, sondern auch ihren eignen Schiffahrtsgesetzen nachzukommen, nach denen sie keine Communication mit fremden Schiffen, ehe sie den Hafen erreicht hätten, unterhalten durften.

Das aber verhinderte Steinert nicht eine sehr lebhafte, und natürlich außerordentlich laut geführte Unterhaltung von der Back der Haidschnucke aus, mit einigen Passagieren des Orinoko, über das Dampfschiff weg, anzuknüpfen, sich nach Zeit der Abfahrt und Erlebnissen der Reise zu erkundigen, und seine einzelnen Ansichten über die Haidschnucke, die nicht immer zu Gunsten derselben ausfielen, einzutauschen. Andere schlossen sich dem an, und die Conversation, von allen hohen Theilen des Schiffs und selbst den Wanten und Marsen ausgeführt, wurde bald allgemein; bis die Scenerie auf dem Strome selbst diesem ein Ende machte.

Schon seit einiger Zeit hatte ein Theil der Passagiere B ä u m e wirkliche Bäume voraus entdeckt, denn das einzige was sich ihnen bis jetzt an Vegetation außer dem Schilf und alten eingeschwemmten und versenkten Baumstämmen gezeigt hatte, waren nur niedere Weidenbüsche gewesen, und wie sie jene erreichten sahen sie auch den ersten festen Boden aus der gelben Fluth hervorragen.

»Da ist Land — da ist Land!« jubelte es in dem Augenblick vom Deck, als ob die Leute in der That geglaubt hätten daß Amerika im Wasser liege — »da sind Bäume, da ist Gras. Hurrah für Amerika.«

»Hurrah für Amerika!« jauchzte das Schiff nach und die Matrosen des Schleppdampfers hatten Nichts dagegen in den ihrer eignen Heimath gebrachten Jubelruf mit einzustimmen.

Es war indessen ziemlich spät am Tag geworden; während das Ufer aber zu beiden Seiten einen festeren Charakter annahm, mit hohen Bäumen besetzt und nur noch hie und da von Schilf durchwachsen, ließen sich noch immer keine menschlichen Wohnungen, hie und da eine kleine unansehnliche Hütte abgerechnet, erkennen; das Land schien eine unbewohnte Wildniß, die von den Passagieren schon mit Bären, Panthern und Büffeln belebt wurde, und die cultivirte Gegend lag jedenfalls noch w e i t e r o b e n. Einzelne Schiffe begegneten ihnen jedoch jetzt, und zweimal sogar eine ordentliche kleine Flotte, von einem einzigen Dampfer stromab bugsirt, der an jedem Bord ein großes Schiff führte, und drei kleinere noch hinten an langen Leinen im Schlepptau hatte. Auch kleine Küstenfahrzeuge segelten und ruderten auf dem Strom, manche von ihnen mit farbigen Leuten bemannt, ihre kleinen Fahrzeuge bunt bemalt, und herüber und hinüber kreuzend gegen die starke Strömung des »Vaters der Wasser«. [3]

Aber die Sonne neigte sich ihrem Untergang, und was Manchem von ihnen schon auf der See aufgefallen war, die kurze Dämmerung, machte sich hier, wo sie das schattige Laub der hohen Bäume an ihrer Seite hatten, nur noch mehr bemerkbar. Kaum war das Taggestirn hinter dem dunkeln Waldstreifen, der das jenseitige ziemlich ferne Ufer deckte, verschwunden, als die Nacht mit einer Schnelle anbrach, von der sie bis jetzt wirklich keine Ahnung gehabt. Sie hielten dabei dem linken Ufer des Stromes zu, dort Holz für den Dampfer, dessen Kohlen auf die Neige gingen, einzunehmen, und die Passagiere freuten sich schon das

Ufer betreten und die wunderliche Vegetation des neuen Landes beschauen zu dürfen, dessen riesige Bäume hier alle mit wehendem silbergrauen Moos bis hinab auf den Grund behangen schienen; doch hatten sie dasselbe noch lange nicht erreicht, als es schon unter den Bäumen dunkelte und das Licht der einzelnen dort wie versteckten Hütte, seinen rothglühenden Schein herüberschickte.

Das Einnehmen von Holz zeigte mit den tiefgehenden Schiffen seine Schwierigkeit, da der Dampfer mit diesen nicht so dicht an Land fahren konnte, und die Capitaine nicht gern vor Anker gehen wollten. Der Eigenthümer des Holzes war aber schon darauf eingerichtet, und hatte eine Anzahl Klafter in einem niederen und sehr breiten Boote mit flachem Boden aufgestapelt, mit dem er, auf den Anruf des Capitains eine Strecke in den Fluß hinaus fuhr und sich queer vor dem Bug des Dampfers legte. Von hier aus wurden die Scheite, während die Maschine wieder an zu arbeiten fing, und alle vier Fahrzeuge doch wenigstens gegen die Strömung stemmte, rasch an Bord geworfen, die Taue der Haidschnucke aber dann gelößt, damit das entladene Holzboot zwischen ihnen durch mit der Strömung zurücktreiben konnte, und der Schleppdampfer setzte seinen Weg jetzt wieder, in der Nacht ziemlich die Mitte des Stromes haltend, den zahlreichen im Flußbett angeschwemmten Stämmen auszuweichen, langsam fort.

Es war ein wundervoller Abend, der Mond hob sich, als sie kaum eine Stunde gefahren waren, über die Bäume, und goß sein silbernes Licht auf den breiten Strom, und die Passagiere der verschiedenen Schiffe hatten sich vorn auf Deck gelagert, und sangen wechselsweise in volltönenden oft harmonischen Chören ihre heimischen Lieder, die meist ernsten, schwermüthigen Inhalts gar wunderbar ergreifend über den stillen Strom klangen.

Frau von Kaulitz hatte unter der Zeit versucht ihre gewöhnliche Whistparthie zu Stande zu bringen, heute jedoch nicht einmal Herrn von Benkendroff bewegen können daran Theil zu nehmen, und saß jetzt, eine Patience legend, allein in der Cajüte. Es war ihr ein verlorener Abend den sie ohne Karten zubrachte. Die übrigen Passagiere saßen und standen in schweigenden Gruppen auf dem Quarterdeck umher, oder flüsterten leise mit einander, so eigen berührt waren sie selber von den heimischen Klängen denen sich das Herz, mag es das Vaterland noch so lang verlassen und es fast vergessen haben, doch nie verschließt.

Es liegt ein eigener Zauber in den Tönen die wir als Kind gekannt, geliebt, und die nicht selten schon Wurzel in der Kindesbrust geschlagen. Alte Gedanken, liebe und trübe Erinnerungen wecken sie dann wo wir sie wieder hören, und das Herz lauscht ihnen wollte selbst das Ohr den lieben Lauten den Eingang weigern.

»Wie das so reizend klingt auf dem stillen Strome« sagte Marie, die den Arm um der Schwester Schulter gelegt, neben Clara und Hedwig unfern der Quarterdeckstreppe stand, und nach dem Mond hinüberschaute — »ich könnte den Liedern die ganze Nacht lauschen, und doch habe ich sie schon so oft, so oft gehört.«

»Das ist es ja gerade was sie uns so lieb macht« lächelte die Schwester sich freundlich zu ihr neigend — »weißt Du noch wie wir daheim in unserem Gärtchen saßen, und die Zimmerleute unten vom Bauplatz, Abends, wenn sie an unserer Mauer vorbei zu Hause gingen all diese Lieder sangen, und wir sie weit weit noch hören konnten durch den stillen Abend.«

»Unser liebes Gärtchen« seufzte leise Marie, und auch der Schwester Brust hob sich in der schmerzlichen Erinnerung an das Zurückgelassene, aber sie wollte jetzt nicht jene Bilder heraufbeschwören und sagte rasch, der Schwester Arm berührend und dann nach dem Nachbarschiffe hinüber deutend, wo sie eben wieder ein anderes Lied begannen.

»Kennst Du das, Marie?«

»Noah« lachte die Schwester, »Herrn Kellmanns Leiblied, ei wenn er jetzt bei uns wäre, wie er da einstimmen würde nach Herzenslust. — Was er jetzt wohl treibt?«

Anna schwieg und lauschte den Tönen, bis sie in der Nacht verklungen waren.

Die Passagiere der Haidschnucke antworteten dem letzten Lied mit »Schweizers Heimweh«. Wenn aber die einzelnen Schiffe bis dahin allein gesungen, und so gewissermaaßen einen Wechselchor gebildet hatten, dessen einer immer erst begonnen wenn der andere geendet, und dem die Mannschaft des Schleppdampfers mit lautlosem Schweigen lauschte, so waren die ersten Töne dieses alten lieben heimischen Sanges kaum angeschlagen, als das Hamburger Schiff ebenfalls mit einstimmte, und der volle Chor weich und klagend durch die Nacht drang.

Herz mein Herz, warum so traurig,
und was soll das ach und weh,
S' ist ja schon im fremden Lande —
Herz mein Herz, was willst Du mehr.

Still und lautlos lauschten die Mädchen den lieben, schwermüthigen Klängen, und leise, leise, mit kaum bewegten Lippen fielen sie endlich mit ein in die Melodie, bis sie mehr Muth gewannen, und mit lauterer Stimme, aber innigem Gefühl dem Liede folgten. Wie aber der Schluß verklang, »**doch zur Heimath wird es nie**«, schwiegen beide Chöre — lautlose Stille legte sich über Deck — Keiner hatte mehr das Herz, nach diesen Strophen noch ein anderes, vielleicht gar triviales Lied zu beginnen. Dem neuen Vaterland hatten sie heute ein donnerndes Hurrah gebracht, als sie dessen Flagge zum ersten Male in der Brise wehen sahen, dem alten brachten sie das Lied, mit mancher heimlich zerdrückten Thräne, mit manchem, gewaltsam in die Brust zurückgedrängten Seufzer.

Auch die Cajütenpassagiere waren recht still und nachdenkend geworden, Herr von Hopfgarten, der sich anfänglich mit dem Professor in einen großen ökonomischen Streit eingelassen, hatte den und die ganze Verhandlung in dem Lied vergessen, und horchte ihm noch viele Minuten, als es schon längst in dem Rauschen des Stromes und dem monotonen Klappern der neben ihnen arbeitenden Maschine verschwommen war.

Herr Henkel ging indeß auf der einen, Herr von Benkendroff auf der anderen Seite des Besahnmastes spatzieren, während Frau Professor Lobenstein, ihre beiden jüngsten Kinder an sich geschmiegt am Fuße desselben auf einer Bank saß, und der Nacht dankte die ihr die einzeln niederrollenden Thränen verbarg vor dem Auge der Menschen.

Nur Doctor Hückler lag behaglich der Länge nach ausgestreckt auf der Scheilichtklappe, dampfte seine Cigarre in den wundervollen Abend hinein, und trommelte zu den Liedern den falschen Takt auf dem Holz, auf dem er ruhte.

Eine Zeitlang hatte ununterbrochenes Schweigen an Bord geherrscht; es war fast, als ob sich Jeder scheute den Zauber zu brechen der auf den Schiffen, durch diese einfachen vaterländischen Weisen heraufbeschworen lag, als plötzlich vom vorderen Theil der Haidschnucke, ja fast wie von dem jetzt ziemlich nahen Lande kommend, an das sie das Fahrwasser des mächtigen Stromes gebracht hatte, der volle glockenreine klagende Ton einer Nachtigall herüber drang.

»Was ist das?« rief Marie fast erschreckt auffahrend — »giebt es hier Nachtigallen in den Wäldern?«

»Das ist nicht im Wald, das ist an Bord« sagte aber Anna, sich hoch empor richtend — »doch zum ersten Mal schlägt sie, seit wir in See sind.«

»Du lieber Gott, sie hat die nahen Bäume gespürt und sehnt sich nach dem Lande« sagte Marie tief aufseufzend, — »ist es uns doch selbst ganz weh und weich um's Herz geworden, als wir wieder die rauschenden Bäume hörten. Oh weißt Du, Clara, noch die Nachtigall, die immer so wundervoll vor Deinem Fenster schlug — aber — um Gottes Willen was ist Dir — Clara — liebe Clara!«

Der Ausruf galt der jungen unglücklichen Frau, die schon, von den heimischen Liedern aufgeregt, nur mit Mühe ihre Fassung bewahrt hatte, jetzt aber bei der so wohlbekannten so heißgeliebten Weise der Nachtigall, die mit furchtbarer Kraft die Erinnerung an die verlassene Heimath — an ihr jetziges Elend zurückrief in das gequälte Herz, das mächtig ausbrechende Gefühl nicht mehr zurückdrängen konnte und das Antlitz an Hedwigs Schulter bergend, heftig weinte. Marie hatte ihren Arm um sie gelegt und suchte sie emporzurichten und zu sich herüberzuziehen; sie wehrte ihr leise, behielt aber ihre Hand die sie wie krampfhaft preßte, in der ihren.

»Liebe, liebe Clara!«

»Laß mich, mein liebes Kind — es wird gleich besser sein« flüsterte die Frau — »nur eine Art von Weinkrampf ist's, der wohl mit meinem Unwohlsein zusammenhängt.«

»So will ich Deinen Mann rufen — es muß doch wohl — «

»Nein — nein!« rief Clara aber rasch und fast heftig — »nicht — nein, es ist nicht nöthig« setzte sie langsamer hinzu, »und wird gleich vorüber gehen ja ist schon vorbei. Mir ist schon wieder besser Marie, so ängstige Dich nicht meinethalben.«

»Du solltest doch einmal einen Arzt fragen liebes Herz« sagte aber auch jetzt Anna, die zu ihr getreten war und ihren Arm leise berührte »Du siehst seit einigen Tagen bleich und krank — recht krank aus, Clara, viel kränker wie Du es vielleicht selber denkst, und darfst nicht zu fest auf Deine, sonst so kräftige Natur trotzen. Auch das Plötzliche Deines Zustandes hat etwas beunruhigendes, das nicht vernachlässigt werden darf.«

»Was kann ihr d e r Doctor helfen« flüsterte aber Marie, von dem, unfern von ihnen ausgestreckt liegenden Stiefsohn Aesculaps nicht gehört zu werden — »der ließe sie höchstens zur Ader und erzählte uns bei Tisch wieder ein paar blutige Geschichten.«

»D e r Doctor soll ihr auch Nichts helfen« erwiederte Anna, »aber im Zwischendeck ist, wie mir Hedwig erzählt, ein recht tüchtiger junger Arzt, der schon viele dort, rasch und anspruchslos wieder hergestellt, und den zu fragen, da wir ihn doch jetzt bei der Hand haben, gewiß Nichts schadete.«

»Nein, nein« bat aber Clara jetzt »ich weiß selber besser, wie nur ein Arzt, und wäre er der geschickteste, mir sagen könnte was mir fehlt. Es ist Nichts wie Erkältung mit vielleicht einiger Aufregung dazu, die mir der Abschied von zu Hause doch gemacht, und die sich, wenn auch etwas spät, in den Folgen zeigt. Ruhe ist das Einzige was mir helfen kann. Laßt mich still meinen

Weg gehen, und wenige Tage haben mich vollkommen wieder hergestellt.«

»Oh wenn die Nachtigall nur noch einmal schlagen wollte« sagte Marie — »es war gar so schön — wenn ich nur wüßte wer sie mit auf See genommen.«

Während sie sprach war sie vorn an die Reiling des Quarterdecks getreten, an der Fräulein von Seebald stand und nach dem Mond hinaufschwärmte. Unten in Sicht auf dem niederen Deck saß nur eine einzige Person, und das helle Licht des Mondes fiel voll auf die ebenfalls andächtig erhobenen Züge des jungen Dichters.

Der zweite Steuermann kam jetzt von vorn und ging zu dem, seit das Schiff im Schlepptau hing, befestigten Steuer, die Taue nachzusehn.

»Oh wie wundervoll das war« seufzte in diesem Augenblick Fräulein von Seebald, mit dem Taschentuch eine Thräne von der Wange entfernend — »wie das Herz und Seele ergreift und mit den weichen, liebevollen Klängen alle Nerven nachfibriren läßt.«

»Ja, Schultze pfeift recht hübsch« sagte der Seemann, der gerade die kleine Treppe heraufkam und an ihnen vorbei wollte — »er macht seine Sache ausgezeichnet — es klingt ordentlich natürlich.«

»Wer pfeift recht hübsch?« rief Fräulein von Seebald entsetzt, die gegen den prosaischen Menschen seit jenem Gespräch einen Widerwillen hatte, den sie kaum so weit bezwingen konnte nicht unartig gegen ihn zu sein.

»Ih nu Schultze« sagte der Untersteuermann lachend — »er sitzt vorn auf der Back und pfiff wie eine Nachtigall; wie sie aber von allen Seiten auf ihn zu kamen, schwieg er still und will das Maul nicht mehr aufthun.«

»Das war keine Nachtigall?« rief Marie erstaunt, und Fräulein von Seebald seufzte nur leise und mit innerster Entrüstung.

»Schultze!«

»Ach das ist der Mann!« rief die lebendige Marie, die in der neuen Entdeckung bald die Nachtigall vergaß, »von dem Sie uns erzählten daß er den sonderbaren Glauben hätte, wir Menschen seien alle früher Vögel gewesen, und meine Mama eine Nachtigall. Eduard war er schon in Bremen aufgefallen, wo er sie scharf beobachtet hatte, wahrscheinlich mit der Entdeckung der Ähnlichkeit beschäftigt.«

»Jede Enttäuschung schmerzt« sagte aber Fräulein von Seebald, »und ich hatte mir das schon so reizend ausgemalt, es war ein so hochpoetischer Gedanke, daß wir in den waldigen Schatten Amerikas durch eine heimische Nachtigall begrüßt werden sollten — es ist vorbei — der Traum ist verschwunden und wir sind erwacht.«

Ein tief ausgeholter Seufzer vom untern Deck antwortete — es war Theobald, der ihre Worte gehört und schmerzlich mit empfunden hatte — er saß still und regungslos, den Kopf auf die Hand gestützt, an der Nagelbank des großen Mastes, und wie ihm die dunklen Locken fast unheimlich die bleiche Stirn umspielten, schaute er voll und lange in den Mond und nach dem Deck hinauf, auf dem die beiden Damen standen, und schloß dann die Augen, das Bild in seinem Inneren fest zu halten.

Der Untersteuermann kam wieder zurück (Fräulein von Seebald trat, den Kopf abwendend, von ihm fort) stieg die Treppe hinunter und wollte eben wieder nach vorn gehn, wo Leute postirt waren nach etwaigen Gefahren im Strom selber auszuschaun; da fiel sein Blick auf das bleiche Antlitz des Dichters und zu ihm hinantretend und ihn derb an der Schulter schüttelnd rief er gutmüthig:

»Sie da, Sie wollen wohl ein schiefes Gesicht kriegen, daß Sie hier im Monde liegen und schlafen.«

»Ich habe nicht geschlafen — lassen Sie mich zufrieden!« rief Theobald, entrüstet aufspringend.

»Nu, nu, Fiepchen biet mi nich« sagte der Steuermann lachend weitergehend — »es ist doch hoffentlich kein Unglück geschehn.«

Marie, die wie Fräulein von Seebald Zeuge der Scene gewesen war, lachte heimlich vor sich hin, aber ihre ältere Freundin sagte seufzend:

»Das ist ein entsetzlicher Mensch, dieser Untersteuermann, roh an Geist und Gemüth, wie an Gestalt.«

»Mich amüsirt er« lachte Marie, »und was kann man von ihm viel verlangen. Er ist Seemann, und scheint sein Geschäft aus dem Grunde zu verstehen; daß er derb ist, gehört mit dazu.«

»Ich werde schlafen gehn« sagte Fräulein von Seebald — »dieser Abend hat meine Nerven furchtbar angegriffen, und eine lange Zeit wird dazu gehören das wieder gut zu machen. Gute Nacht!«

Sie sprach die letzten Worte ziemlich laut, und ein Seufzer klang fast wie antwortend vom Fuß des großen Mast's herauf. Marie sah sich danach um, aber ihre Mutter rief sie in dem Augenblick; es wurde feucht an Deck in dem Flußnebel, und die Damen zogen sich in ihre Cajüten zurück.

# Capitel 2.

### New-Orleans.

Waren die Passagiere der Haidschnucke schon am vorigen Tage früh aufgewesen, Land zu entdecken, so zeigten sie sich heute noch viel zeitiger an Deck, denn was sie vom Land gestern Abend gesehn, hatte ihre Neugierde nur noch mehr und gewaltiger geweckt. Sehr zum Ärger der Seeleute also, die heute Morgen das Deck besonders sauber zu waschen hatten und jetzt die Passagiere überall im Wege fanden, kletterten die meisten schon mit Tagesanbruch aus ihrer Luke vor, und die Matrosen theilten manchen Eimer Seewasser mit gut gezieltem Wurf unter sie aus, wo das nur irgend mit einer Entschuldigung von »nicht gesehen haben« oder »nicht wissen können« zu ermöglichen war. Viele staken dabei schon in ihren besten Kleidern, und Manche bereuten in der That ihren »Sonntagsstaat« nicht bis zum entscheidenden Augenblick aufgehoben und solcher Art vier und zwanzig oder gar noch mehr Stunden zu früh, preisgegeben zu haben.

Steinert besonders, kam mit seinen weißen Hosen am schlechtesten weg, denn nicht allein daß ihnen der letzte Tag an Deck keineswegs zuträglich gewesen, und einige lange und runde Theerstreifen und Flecken nur zu deutlich die Stellen verriethen, wo er sich leichtsinniger oder vergeßlicher Weise angelehnt, nein er bekam auch heute Morgen, als er vor der Cambuse stand und dem Koch unter falschen Versprechungen eine vorzeitige Tasse Kaffee abzulocken suchte, einen vollen Eimer Seewasser angegossen, dessen Urheber sich später allerdings nicht ermitteln ließ, dessen Wirkung aber total die Frage entschied, ob er möglicher Weise noch mit der Hose New Orleans betreten konnte oder nicht.

Ein leichter dünner Nebel lag übrigens auf dem Wasser, der die angestrengteste Aufmerksamkeit der Lootsen erforderte, während er die Ufer bis ziemlich zu den Wipfeln der Bäume mit einer feinen Art von Hehrrauch füllte. Wie die Sonne aber höher und höher stieg sanken die weißen Schwaden, einem Schleier gleich zu Wasser nieder, und die armen seemüden Auswanderer konnten einen Jubelruf kaum unterdrücken, als, wie mit einem Zauberschlag die prachtvollste, herrlichste Landschaft vor ihren Augen lag, die sie sich in dem Schmuck fremdartiger Vegetation, nur je gedacht.

Verschwunden war der dunkle Wald mit seinem wehenden Moos, oder zurückgedrängt wenigstens, weit zurück zu einem niedern Streifen am Horizont, zu einem Rahmen des Gemäldes, das sich jetzt ihren Blicken entrollte, und wie aus dem Boden mit einem Schlage herausgewachsen schien. Reizende Landhäuser mit wunderlich ausgezweigten Bäumen schauten mit ihren dunklen Dächern und weißen Mauern, luftigen Verandahs und kühl verwahrten Fenstern aus dichten Bosquets blühender Tulpenbäume und fruchtschwerer Orangenhaine vor, und weite, regelmäßig angelegte Colonieen niederer aber reinlicher und vollkommen gleichmäßig gebauter Häuser – die zu den Plantagen gehörenden Negerwohnungen – schlossen sich ihnen an und trennten sie von weiten wogenden Zuckerrohr- und Baumwollenfeldern; Schaaren geschäftiger Neger in ihren weißen Anzügen arbeiteten in diesen, und auf der breiten Straße, die dicht am Ufer des Stromes hinaufzuführen schien, rasselten leichte bequeme Chaisen, und gallopirten stattliche Reiter mit breiträndigen Strohhüten und leichten lichten Sommerkleidern auf und nieder.

Und so belebt wie das Ufer war der Strom; Massen von kleinen Segelbooten glitten herüber und hinüber zu den sonnigen Ufern, breite Dampfer schnaubten hinab, die Produkte des üppigen Landes fernen Zonen zuzuführen, und mächtige Seeschiffe lagen hie und da am Ufer vor Anker, ja oft mit Tauen an irgend einen Baum befestigt, am Land hoch aufgestapelte Baumwollenballen und lange dunkle Reihen von Zucker- und Syropsfässern an Bord zu nehmen, und zu kälteren Weltheilen hinüber zu tragen.

Und daran vorbei keuchte das wackere kleine Dampfboot, die beiden Kolosse aufschleppend gegen den mächtigen Strom, und so dicht am Ufer streiften sie nicht selten hin, daß sie die Neger konnten in den Feldern singen hören, und die weißen Frauen erkannten, die in luftiger Morgenkleidung auf ihren Blumen ge-

28

schmückten Verandas saßen und auf den Fluß und das rege Leben und Treiben um sich her hinausschauten.

Die Passagiere der Haidschnucke waren außer sich, und so niedergeschlagen sie durch den alleinigen Anblick der flachen Sumpfstrecke an der Mündung geworden, so scharf gingen sie jetzt, und mit verhängten Zügeln zum anderen Extrem über. Die Leute sangen und tanzten und schrieen und lachten und jauchzten, wie ebensoviele dem Irrenhaus Entsprungene, und jubelten Einer dem Anderen zu, da drüben lägen die Farmen in die sie jetzt hineinziehn würden, das sei das Land, von dem der ganze Acker nur 1¼ Dollar koste, und Einzelne redeten sogar davon sich gleich Papier und Feder und Dinte geben zu lassen und nach Hause zu schreiben, daß ihr ganzes Dorf nur gleich herüber käme über's Wasser, und Theil nähme an der Herrlichkeit.

Die Oldenburger waren die übermüthigsten, und vorn auf der Back, wo sie sich auf den Starbord-Anker gesetzt hatten und einander immer auf neu entdeckte Herrlichkeiten des Ufers aufmerksam machten, brach sich ihr Jubel endlich in einem Liede Bahn, das sie schon den ersten Tag auf der Weser einmal gesungen, dann aber ganz vergessen zu haben schienen, und dessen Schlußvers, von der ganzen Schaar als Chor gesungen lautete:

»In Amerika können die Bauern in den Kuts-chen fahren
In den Kuts-chen mit Sammet und mit S-e-i-de.
Und sie essen dreimal Fleisch, und sie trinken Wein dazu
Und das ist eine herrliche Freu-i-de!«

Das Wort Kuts-chen sprachen sie dabei so aus, das sie das s vollkommen vom ch trennten, während das letzte Wort »Freude« mit aller Kraft der Stimmen herausgeschrieen wurde, vielleicht den empfundenen Grad von Seligkeit dadurch anzudeuten.

Je mehr sie sich aber der Hauptstadt von Louisiana, dem prächtigen New-Orleans näherten, desto lebendiger wurde der Strom; die Fahrzeuge, welche die Verbindung der einzelnen kleinen Städtchen und Plantagen mit der »City« unterhielten, wurden häufiger — Dampffähren kreuzten herüber und hinüber, eine Anzahl kleiner Segelboote führte die Produkte des Landes nach der Stadt, und überall an den Ufern, an denen reizende Pflanzerswohnungen unter Blüthenbüschen und Fruchtbäumen versteckt lagen, ankerten volle Schiffe, Brigs, Barquen und Schooner, die letzteren meist mit Negern und Mulatten bemannt, und die bunten Flaggen im Winde flatternd.

Aber weiter, immer weiter schnaubte das Boot; hie und da tauchten weiße Häusermassen auf, aus dunklen Streifen bis zum Ufer des Stromes reichender Waldung immergrüner Magnolien und mächtiger Cottonbäume; aber das war noch lange nicht New-Orleans, — die Villen wuchsen zu Städten an, und immer noch vorbei schäumten sie, aufwärts, aufwärts den Riesenstrom, dessen Fluth gewaltige nackte Stämme mit sich führte, die er sich oben im Norden losgerissen aus ihrem Bett und sie nun hinabführte dem Golfstrom zu, tausende von Meilen weit, damit sie der durch den Ocean hinüberwälze, einem anderen Welttheil zu.

So kam Mittag heran und ging vorüber, während die Passagiere schon vollständig seit mehr als vier und zwanzig Stunden gerüstet an Deck auf- und abliefen, und ungeduldig den Zeitpunkt kaum erwarten konnten, der ihnen erlauben würde dieses wundervolle Land zu betreten.

»Dort liegt New-Orleans!« sagte da der Steuermann, der vorn auf die Back kam, die dicht gedrängt von Passagieren stand, nach dem Anker und dessen Befestigung zu sehn. Er deutete dabei mit der Hand nach rechts hinüber, wo ein weites dünnes, fast spinnwebartiges Mastengitter den Horizont begrenzte.

»Wo? — wo?« riefen eine Menge Stimmen durcheinander, und Einer frug — es war Löwenhaupt — »dort drüben, wo das lange Staket ist?«

Der Steuermann warf ihm einen mitleidsvollen Blick zu glaubte aber schon überflüssig Auskunft gegeben zu haben, und stieg, ohne irgend eine der tausend an ihn gerichteten Fragen weiter zu beantworten, wieder an Deck hinunter, nach hinten auf seinen Posten zu gehn. Aber die Leute bedurften keiner weiteren Weisung; nur erst das Auge in etwas gewöhnt die fernen Gegenstände in ihren einzelnen Umrissen von einander zu trennen, und zu erkennen, unterschieden sie bald selbst klar und deutlich die Masten unzähliger Schiffe, und Kirchthürme und Kuppeln, die sich scharf gegen den rein blauen Horizont abzeichneten, und bald auch den letzten Zweifel zerstreuten daß sie sich der Stadt, daß sie sich dem Ziel ihrer Reise näherten.

Von dem Augenblick an schienen aber auch alle Bande der Ordnung gelößt zu sein und New-Orleans war vergessen, wie das rege bunte Leben um sie her, an denen noch vor wenig Minuten ihr Blick mit Entzücken und stummem Staunen gegangen. An Land: jeder andere Gedanke erstarb in dem einen bewältigenden Gefühl, und jeder einzelne Passagier schien es jetzt ganz besonders und allein darauf angelegt zu haben, durch Vorziehn seines Koffers wie sonstigen Gepäcks, seiner Kisten und Hutschachteln, Körbe und Betten, allen Übrigen den Weg auf das gründlichste zu versperren, und die schon ohnedieß im Zwischendeck herrschende Confusion zu ihrem möglich höchsten Grad zu treiben. Vergebens blieb alles Schimpfen und Befehlen der Steuerleute; vergebens blieben die Flüche und Verwünschungen der Matrosen, die bald hier bald da über an Deck geschleppte Kisten und Kasten stürzten und wegfielen, die Passagiere thaten als ob sie fürchteten man würde sie nicht von Bord lassen, wenn sie landeten, und nun Alles vorbereiteten zu schleunigster Flucht. Der Capitain ging endlich sogar, was er die ganze Reise über noch nicht ein einziges Mal gethan, zu ihnen, und erklärte ihnen daß es sehr die Frage sei, ob sie diese Nacht noch überhaupt an Land dürften, denn die Gesundheits-Policey in New-Orleans visitire erst das Schiff und bestimme dann, ob den Passagieren eine augenblickliche Landung gestattet werden könne; sie möchten deshalb sich nicht überall Platz und Weg verstellen, da zehn gegen eins zu wetten sei, daß sie Beides noch nothwendig brauchen würden, ehe sie das Schiff verließen. Niemand glaubte ihm.

»Jetzt kommt der alte Hallunke nun wir von Bord wollen« rief Steinert besonders, doch natürlich erst als der Capitain außer Hörweite war, »und denkt sich noch beim Abschied einen weißen Fuß bei uns zu machen; redet süß und dreht den Kopf bald so, bald so herüber. Er soll zum Teufel gehn, wir brauchen ihn jetzt nicht mehr, und thun was wir wollen.«

Der kleine Dampfer hatte indessen wacker die Strömung gestemmt, und seine beiden Schiffe dem bestimmten Landungsplatz merklich näher gebracht. Höher und höher tauchten dabei die Masten aus dem flachen Lande auf, und dehnten sich in unabsehbarer Reihe am linken Ufer des Stromes hinauf. Auch gewaltige Häusermassen wurden sichtbar, die in geschlossenen Colonnen den Mastenwald umzogen und die untere Grenze der Stadt, wenigstens eine langgestreckte Reihe von Häusern die mit ihr in unmittelbarer Verbindung stand, lag ihnen, wie sie den Strom hinaufschauten, schon gerade gegenüber, von dort ankernden Schiffen wie mit einem festen Damm umzogen.

Clara Henkel hatte indessen eine furchtbare Zeit verlebt, und mit keinem Herzen, dem sie sich und ihr entsetzliches Schicksal anzuvertrauen wagte, die Last allein getragen, bis sie drohte sie zu Boden zu drücken. Mit dem Bewußtsein welches entsetzliche Verbrechen der Mann verübt, in dessen Hand sie die ihre am Altar gelegt, war auch der feste unerschütterliche Entschluß in ihr gereift, von diesem Augenblick an das Band als zerrissen zu betrachten, das sie an ihn gebunden. Aber was jetzt thun? – in dem fremden Lande allein und freundlos; was beginnen, wie handeln? – Zurück zu ihren Eltern kehren? – alle Pulse ihres Herzens zogen sie dorthin und es blieb fast kein anderer Ausweg für sie; aber was würde die Stadt dann sagen, wie würde das müßige Volk die Köpfe zusammenstecken und lachen und spotten über die »reiche Amerikanische Braut« die so rasch und allein gebrochenen Herzens zurückgekehrt in das Haus, das sie in Glück und Glanz verlassen? – Was kümmerte sie die Stadt, was herzlose Menschen, die mit kaltem Blut und lachendem Munde Ruf und Glück einer Welt unter die Füße treten, wenn sie sich eine Viertel Stunde die Zeit damit vertreiben können, und doch bebte sie davor zurück – doch malte sie sich mit grausamer Phantasie alle die einzelnen kleinen Gruppen aus, alle die Märchen und Erdichtungen, alle die schlauen und nur zu furchtbar wahren Combinationen die auf ihr Haupt allein dann fallen würden. Und doch, blieb ihr eine andere Wahl?

Aber noch eine andere Sorge füllte ihr die Brust – konnte sie so, unmittelbar in das väterliche Haus zurück? mußte nicht erst ein Brief wenigstens die armen Eltern vorbereiten auf das Schreckliche? — Oh wer rieth — wer half ihr da? Und ja, ein Wesen war an Bord dem sie ihr Elend klagen, die sie um Rath um Trost bitten konnte in ihrem Schmerz. Trost? allmächtiger Gott wo lag ein Trost für die Vernichtete — doch Rath, doch Mitgefühl — ein freundlich, theilnahmvolles Wort als Tropfen Lindrung in das Meer von Jammer. Die wackere Frau Professor Lobenstein, die sich ihr stets als mütterliche Freundin gezeigt, der durfte sie vertrauen was sie zu Boden drückte, was sie nicht mehr allein zu tragen im Stande war, und ihrem Rath wollte sie folgen — gehorchen wie ein Kind der Mutter folgt. Aber nicht an Bord ging das an, die einzelnen Cajütenwände bestanden nur aus dünnen Planken, die nicht einmal bis oben hinauf fest anschlossen, sondern dort einen offenen Rand hatten — die Nebencoye konnte jedes gesprochene Wort verstehn, und auf dem Quarterdeck selbst waren sie nie allein. Und konnte sie warten bis sie in New-Orleans gelandet? — wie sollte sie denn von Bord kommen wenn sie nicht gerade mit Lobensteins das Schiff verließ, und bat sie diese, sich ihrer Sachen, ihrer selbst anzunehmen, ehe sie sich der Frau entdeckte, was hätten sie von ihr denken, was ihrem Gatten gegenüber selber da thun können?

In Angst und Verwirrung konnte die Unglückliche zu keinem festen Entschluß kommen, und überließ der Zeit, dem Augenblick, das Weitere — ja sie fing endlich an, als ihr die quälenden Gedanken Tag und Nacht das Hirn zermartert hatten, gleichgültig gegen Alles zu werden, was sie von jetzt ab noch betreffen konnte. — Das Schrecklichste — das Furchtbarste war geschehn, was konnte sie noch schlimmer treffen als der Schlag. Nur das eine stand fest und unerschüttert in ihrer Seele — mit ihm keinen Schritt weiter in diesem Leben.

Auf dem Schiffe herrschte indessen ein wildes reges Leben; überall hatten sich kleine Gruppen gebildet, die das Neue, das sie umgab anstaunten und bewunderten, und einander auf frisch auftauchende Merkwürdigkeiten mit Hand und Mund aufmerksam machten. Und wie die Kinder lachten und jubelten sie dabei, und streckten die Arme danach aus, als ob sie den Augenblick nicht erwarten könnten, der sie endlich, endlich in wirklichen Besitz all dieser Herrlichkeiten bringen sollte. Da gab der Dampfer ein plötzliches Zeichen mit der Glocke, die Taue an beiden Borden wurden losgeworfen, und das kleine schwarze Fahrzeug glitt im nächsten Augenblick, seine Wellen schäumend gegen ihren Bug anwerfend, zwischen den beiden Kolossen die er heraufführte vor. Zu gleicher Zeit fast sprangen die Matrosen der beiden deutschen Auswanderer-Schiffe nach vorn an ihre Anker.

»Steht klar da von der Kette — zurück da — fort aus dem Weg!« schrieen die Seeleute durcheinander, und stießen die Passagiere die nicht gleich begriffen was sie sollten, und wem sie eigentlich im Weg standen, unsanft zur Seite; »Alles klar — laßt los« kreischte eine Stimme und alles Weitere verschwand in dem Schlag auf's Wasser, den der Anker that, und dem furchtbaren Gerassel der ihm, durch die Klüsenlöcher nachsausenden Kette, die gleich darauf um die Ankerwinde geschlagen das Schiff bis in seinen Kiel hinab erschütterte und — hielt.

Der Capitain kündigte indessen den jetzt unruhig werdenden Passagieren an, daß sie hier zu liegen hätten bis das Sanitäts- und Policeyboot an Bord gewesen wäre, was sehr wahrscheinlich bald kommen, und ihnen dann völlige Freiheit lassen würde, so rasch an Land zu gehn wie sie eben wünschten. Dagegen ließ sich Nichts thun, und die Leute behielten jetzt wenigstens Zeit sich ihre Umgebung zu betrachten, die sich mannigfaltig und bunt genug erwieß.

Auf der Straße die sich dicht am Ufer hinzog, wimmelte es von Menschen und Wägen; Karrenführer brachten auf zweirädrigen Karren mit einem kräftigen Pferd bespannt, in fast ununterbrochenem Zuge Waaren herab gefahren, große Omnibusse fuhren auf und ab, Passagiere an allen Ecken absetzend und wieder aufnehmend, Neger mit schweren Lasten auf den Schultern eilten vorüber, oder standen in lachenden Gruppen an den Werften. Reiter gallopirten die Straße nieder, kleine Chaisen und Wägen kreuzten sich herüber, und hinüber, und Negerinnen mit Körben oder großen Blechkannen auf den Schultern boten von Haus zu Haus, von Schiff zu Schiff ihre Waaren feil. Und das laute taktmäßige Singen dort drüben, mit dem »Ahoy-y-oh!« der Matrosen dazwischen? Ein Trupp von halbnackten Negern lud dort ein französisches Schiff mit großen Zuckerfässern, ein Vorsänger gab dabei Takt und Versmaas an, und während sechs kräftige Burschen mit dem rollenden Coloß den hohen Damm der das Ufer einfaßte herunterliefen, den Aufschlag gegen die schräg zum Schiff emporliegende Planke zu bekommen, tanzten und sprangen die Neger, das Faß jedoch umgebend, daß sie der geringsten Abweichung steuern konnten, darum her, und warfen sich dann alle zugleich, aber immer im Takt ihrer Melodie, und diese nicht einen Moment unterbrechend, mit den Schultern dagegen, es eben so rasch die Planken hinauf an Bord zu rollen, als es den Damm allein herunter gekommen. So geschickt benahmen sich die Leute dabei, und so anscheinend leicht lief ihnen das kolossale Faß unter den Händen fort, daß die Arbeit wie Spiel aussah; hätten sie aber die furchtbar schweren und nicht einmal ganz gefüllten Fässer, in denen der rohe Zucker immer wie Blei nach unten fiel, langsam rollen wollen, kaum doppelt die Zahl würden sie dann an Bord gebracht haben.

Und wie mit Fahrzeugen belebt war der Strom; wohin das Auge blickte ein reges Drängen und Treiben von Dampf- und Segelschiffen, und schwerfälligen breitmächtigen Ruderbooten und Flößen, die mit der Strömung hinab, tiefer gelegenen Plantagen oder Ortschaften zuschwammen. Was für Colosse trug dabei die Fluth und die Deutschen staunten, und hatten Ursache dazu, als breite Dampfboote den Strom nieder kamen, die schwimmenden Bergen aufgethürmter Baumwollenballen glichen, aus denen oben, während sie bis unmittelbar über die Oberfläche des Wassers reichten, nur eben die beiden schwarzen qualmenden Schornsteine herausschauten. Ballen auf Ballen war da gepackt, regelmäßig wie Backsteine in einer Mauer, von dem Rand des unteren Verdecks gerade und steil emporlaufend, daß selbst das kleine, vorn oben auf dem höchsten Deck stehende Lootsenhaus nur eine Öffnung zum Durchschauen hatte, und Cajüte wie Zwischendeck von einer unerbittlichen Baumwollenwand umschlossen blieb. [4] Die Erndte brachten sie nieder aus den reichen Plantagen der südlichen Staaten, aus Tenessee und Arkansas, Missisippi und Louisiana, hier in Schiffe gestaut und über die Welt versandt zu werden, während die gewaltigen Boote schon nach wenigen Tagen wieder mit Seesalz, Reis, Kaffee und den Produkten der Tropenländer beladen, ihre Salons und ihre Zwischendecks mit Passagieren gefüllt, die Rückreise nach den nördlichen Staaten antraten.

Aber das nicht allein — gerade auf sie zu kam ein kleiner scharfgebauter Dampfer, das untere Deck mit Rindern und Schaafen gefüllt, die in Pensylvanien, zweitausend englische Meilen von hier entfernt, in voriger Woche eingeschifft wurden und jetzt bestimmt sind den New-Orleans Markt auf einen Tag mit frischem Fleisch zu versehn. Die Passagiere der Haidschnucke hatten übrigens volle Muße dieß Boot zu beobachten, das dicht an ihnen vorbeilief, eine kleine Strecke weiter dem Lande zu hielt, sein Boot mit vier Matrosen und dem Steuermann darin aussetzte, und dann plötzlich die Planken losschlug die am hintern Theil oder *steerage deck* das Vieh bis jetzt verhindert hatten über Bord zu springen. Es dauerte auch gar nicht lange, so fingen sich die Rinder, wahrscheinlich im Inneren gestört, an zu drängen, und kamen der Öffnung oder dem Bord, der etwa noch immer zehn Fuß über der Oberfläche des Stromes lag, näher und näher, bis ein Stier, der die Hörner gegen einen Kameraden einsetzte von diesem zurück und dem Bootrand zugepreßt wurde, über den er mit den Hinterbeinen glitt, sich mit den Vorderbeinen, ängstlich brüllend, noch einen Augenblick hielt, und dann kopfüber in den Strom hinunterstürzte. Wie er aber wieder nach oben kam, und sich von dem Boot verhindert sah stromab zu gehn, hielt er rasch dem Lande zu, wo dieses sich an einer schmalen Stelle zwischen zwei dort vor Anker liegenden Schiffen zeigte, und das war gerade der Punkt wohin ihn die Burschen haben wollten, und wo die Käufer schon eine kleine Umzäunung hergestellt hatten, die an Land schwimmenden Thiere in Empfang zu nehmen. Einer nach dem anderen wurde so, wenn sie nicht gutwillig gehn wollten, von Bord hinuntergeworfen, und ihnen folgte, als auch der letzte in Sicherheit war, in Masse die Schaafheerde, der man nur einfach den Leithammel voran hineinwarf, als sich die ganze Heerde auch in größter Eile und Hals über Kopf ihm nachstürzte.

Dieß außergewöhnliche Schauspiel hatte die Aufmerksamkeit der Passagiere so in Anspruch genommen, daß sie im Anfang gar nicht bemerkten, wie ein paar Fruchtboote indessen an das Schiff herangekommen waren und dieses jetzt, mit ihrer delicaten Last umkreisten. Ziemlich vorn im Boot saß eine sonngebräunte Gestalt mit breiträndigem Strohhut, nur mit Hemd und Hose bekleidet und ein buntfarbiges Seidentuch locker um den Hals geschlagen, in jeder Hand ein leichtes kurzes Ruder mit denen er das zierlich schlanke Fahrzeug rasch und behende vorwärtstrieb, und durch die geringste Bewegung herüber und hinüber lenkte. Von der Mitte des Bootes ab aber, bis hinten zum Spiegel desselben lagen, in entzückender Fülle die Schätze der Tropen, wie dieses sonnigen Landes aufgestapelt und zum Genuß bereit, während in dem Spiegel des einen Boots ein kleiner Capuziner-Affe, in dem des anderen ein buntfarbiger Papagei dem reizenden Bild zur Staffage zu dienen schienen. Duftige Ananas mit den grüngezackten Kronen, rothbäckige Granatäpfel, goldene Apfelsinen, saftige Pfirsiche, Cocosnüsse in ihrer braunen Schaale, mehlige Bananen, mit nordischen Äpfeln und Birnen und schwellenden Trauben, mit Granat- und Orangenblüthen überworfen lagen in wilder Mischung bunt und wirr und doch sinnig geordnet, durcheinander, und die Hände der armen, Salzkost gewöhnten und gequälten Auswanderer, streckten sich nur soviel sehnsüchtiger nach den gezeigten Schätzen aus, als fast den meisten die Mittel fehlten, sich augenblicklich in Besitz derselben zu setzen.

Kleines Geld — oh wer jetzt kleine Amerikanische oder Englische Münzen hatte, sich einen Theil des Reichthums da unten zuzueignen — nur ein einziges Stück den lechzenden Gaumen zu letzen. Und wie sie durch einander liefen und in den Taschen suchten, und borgen wollten, Einer vom Anderen, und Keiner, wie ihnen das wohl auch oft in der alten Heimath geschehn sein mochte, die landesübliche Münze zu zeigen hatte. Hie und da tauchte aber doch ein Spanischer Dollar auf, Früchte m u ß t e n gekauft werden, die erste Landung auch würdig zu feiern, und der Steward wurde dann ebenfalls hinunter geschickt, für die Cajüte ein reiches und willkommenes Desert zur Abendtafel einzukaufen. Die beiden Spanier in den Fruchtbooten machten glänzende Geschäfte an den beiden deutschen Schiffen.

Endlich kam auch das Sanitätsboot und das Schiff wurde, nach sehr flüchtiger Untersuchung, als vollkommen gesund erklärt, wie den Passagieren von Obrigkeitswegen gestattet, sobald sie wollten oder könnten an Land zu gehn. Es war aber indessen auch beinah Abend geworden, und der Capitain erklärte seinen Cajütspassagieren daß er selber allerdings augenblicklich an Land müsse, und gern von ihnen mitnehmen wolle wer zu gehen wünsche, daß er ihnen aber rathe die Nacht noch an Bord zu bleiben, und dann morgen früh ihre Ausschiffung in Muße und mit Ruhe vorzunehmen. Mit den Zwischendeckspassagieren wurden schon weniger Umstände gemacht, und ihnen eben nur einfach angekündigt, daß es für heute zu spät sei sie auszuschiffen, und sie morgen früh, wenn sie es wünschten mit Tagesanbruch befördert werden sollten. Übrigens hätten sie heute Abend noch einmal Abendbrod und morgen Frühstück zu erwarten — wonach zu richten.

Von den Cajütspassagieren hatten sich aber eben der Professor und die Herren Benkendroff, Henkel, und der Doktor entschlossen mit an Land zu fahren, als von dort aus ein Boot abstieß in dem ein Herr und eine Dame saßen und auf die Haidschnucke zuhielten. Frau von Kaulitz, die schon seit einer Stunde ungeduldig auf dem Quarterdeck auf- und abgegangen war, und diesen Besuch in der That erwartet hatte, trat an die Reiling und winkte mit dem Tuch, und das Zeichen wurde von der Dame im Boot, die in großer Aufregung zu sein schien, beantwortet. Desto ruhiger blieb aber die alte Dame, die schon an dem Nachmittag ihre Whistberechnung mit ihren bisherigen Aiden gemacht und ihren Gewinn eingestrichen hatte, während ihre Koffer gepackt und zum Abholen fertig standen.

»Wer mögen nur die Fremden sein die uns dort besuchen wollen?« rief die lebhafte Marie, die sich nicht satt sehn konnte an ihrer neuen Umgebung und Augen für Alles hatte, was um sie her vorging. »Sie kommen wahrhaftig hierher, gerade auf das Schiff zu!«

»Das ist meine Tochter, mein Kind« sagte aber die alte Dame mit unendlicher Ruhe, »die sich vor einem Jahre von einem jungen Engländer Namens Bloomfield hat entführen und heirathen lassen, ohne mein Wissen und gegen meinen Willen. Das junge Ehepaar flüchtete damals nach Amerika und ich habe ihnen jetzt, da der Mann sonst brav und ordentlich zu sein scheint und sehr vermögend ist, verziehen und bin gekommen sie zu besuchen.«

Es waren dieß die ersten Worte die Frau von Kaulitz je über ihre Familienverhältnisse, wie überhaupt den Zweck ihrer Reise geäußert hatte, und Marie blickte lächelnd zu ihr auf, denn sie konnte natürlich nicht anders glauben, als daß die alte Dame sich einen Scherz mit ihr mache, obgleich das sonst nicht eben ihre Gewohnheit war. Sie sah aber auch jetzt so ernst und trocken aus wie nur je, und hatte noch dazu ihre Brille aus ihrem großen sammetgestickten Strickbeutel herausgeholt, die sie aufsetzte und die Herankommenden aufmerksam und forschend damit betrachtete. Es war eben noch hell genug die Gesichter unten zu erkennen.

Das Boot lag jetzt langseit und die alte Dame ging zweimal auf dem Quarterdeck auf und ab als der Capitain, der an die Fallreepstreppe getreten war der Dame hereinzuhelfen, mit den beiden Fremden den Starbordgangweg herauf kam und sie zur Quarterdeckstreppe führte. Die junge Dame, ein reizendes kleines zartes Frauchen von vielleicht zweiundzwanzig Jahren, aber jetzt mit vor innerer Aufregung bleichen und erregten Zügen, eilte voran, dicht hinter ihr folgte ihr Gatte, eine ebenfalls noch jugendliche, aber edle, männliche Gestalt. Frau von Kaulitz war mitten auf dem Deck stehn geblieben sie zu erwarten.

»Mutter — liebe — liebe Mutter!« rief die junge Frau, flog auf die alte Dame zu und barg, der Fremden die sie umstanden nicht achtend, ja sie wohl nicht einmal bemerkend, schluchzend ihr Antlitz an ihrer Brust.

»Mein Kind — mein liebes Kind!« sagte Frau von Kaulitz, mit einem unverkennbaren Anflug von Rührung und hob sie zu sich auf, küßte sie und streckte dann ihre Hand dem wenige Schritte hinter ihr stehen gebliebenen Gatten entgegen.

»Liebe — beste Mutter!« rief aber jetzt auch dieser, tief ergriffen ihre Hand fassend und an seine Lippen ziehend — »können Sie uns verzeihn?«

»Bst Kinder — keinen Auftritt hier« sagte aber Frau von Kaulitz, rasch wieder gefaßt, »komm Pauline — komm, richte Dich auf — sieh nur die fremden Leute hier um uns her. Ach bitte William haben Sie die Güte und sehen Sie nach daß meine Koffer und Hutschachteln hinunter in das Boot kommen.«

»Ich werde Ihnen das schon besorgen, gnädige Frau« sagte aber der Capitain freundlich — »ist das all Ihr Gepäck was hier oben an Deck steht?«

»Das ist Alles — halt Steward meine Whistmarken liegen noch unten auf meinem Waschtisch, in dem kleinen grünen Etui.«

»Hier Jahn — hier Jacob!« rief der Capitain ein paar seiner Leute an — »hinunter mit den Sachen da in's Boot — macht rasch, aber geht mir vorsichtig damit um — hier die drei Koffer und die drei, vier, fünf Schachteln mit den zwei Reisesäcken.«

»Wartet Kinder, meine Marken kommen gleich« sagte Frau von Kaulitz, als die junge Frau sie unter Thränen lächelnd noch einmal geküßt hatte und dann mit sich fortziehen wollte — »apropos William, spielen Sie Whist?«

»Nein liebe Mutter« — sagte der junge Mann, verlegen lächelnd über die etwas abgebrochene Frage.

»Kein Whist?« — rief Frau von Kaulitz, fast erschreckt stehen bleibend — »wo bekommen wir denn heute Abend den dritten Mann her? — Pauline spielt.«

»Mein Compagnon spielt vortrefflich und wird heute Abend bei uns sein« sagte ihr Schwiegersohn, jetzt wirklich verlegen.

»Ah, das ist schön!« rief Frau von Kaulitz, sichtlich beruhigt, »und nun kommt Kinder — *adieu, adieu!*« sagte sie dabei freundlich ihren bisherigen Mitpassagieren, von denen sie sich in diesem Augenblick wahrscheinlich auf immer trennte, zunickend — »*adieu,*« und von dem Capitain geführt, der sie, jetzt schon wieder in seinen entsetzlichen Schwalbenschwanzfrack mit den engen Ärmeln hineingezwängt, sehr artig bis an die Fallreepstreppe begleitete, verließ sie das Quarterdeck.

Der junge Mann folgte ihr, seine Frau am Arm, die Cajütspassagiere an denen er vorüberging, freundlich grüßend, als sein Blick auf den, gerade an Deck kommenden Henkel fiel. Fast unwillkürlich blieb er einen Moment stehn und sah ihn starr an, wie es oft geschieht daß uns ein Gesicht plötzlich auffällt, dem wir nicht gleich Namen und Stelle zu geben wissen in unserem Gedächtniß. Auch Henkel begegnete, wie es schien ebenso überrascht dem Blick; beide Männer verbeugten sich dann leicht gegeneinander und der Engländer verließ, seine Frau am Arm das Schiff.

Das Boot stieß ab von Bord, und die beiden Seeleute die es führten legten sich kräftig in ihre Ruder, waren aber noch keine vier Längen in den Strom hinausgehalten, als Frau von Kaulitz ein ängstliches »Halt« rief.

»Ach bitte William, ich habe meinen Regenschirm an Bord vergessen!«

Der junge Mann, der am Steuer saß, lenkte den Bug des Bootes rasch wieder herum dem kaum verlassenen Schiffe zu, an dessen Railing der Steuermann schon stand und mit einem vergnügten Gesicht — er war an derlei gewohnt — hinunter rief:

»Etwas vergessen, Madame?«

»Meinen Regenschirm — er steht unten in der Coye — schwarze Seide mit Elfenbeingriff« —

»Nun natürlich« lachte der Seemann leise vor sich hin, und rief dann laut — »Steward, den Regenschirm von Frau von Kaulitz« —

»Und mein rothsaffian Brillenfutteral muß auch noch unten liegen!« rief die Dame hinauf.

»Steward — rothsaffianen Brillenfutteral« repetirte der Steuermann — »sonst noch etwas, Madame?«

»Nein — nicht daß ich jetzt wüßte.« —

Die Sachen wurden durch einen Matrosen, der die Fallreepstreppe niederlief, hinunter gereicht, und das Boot stieß zum zweitenmale ab.

»Liebe Mutter, jener Herr Soldegg, den ich auf dem Quarterdeck fand, ist doch nicht mit Ihnen von Deutschland, sondern wahrscheinlich erst hier an Bord gekommen?« frug der junge Mann die alte Dame, als sie wieder eine kleine Strecke vom Schiff ab waren.

»Soldegg? — ich weiß nicht« sagte Frau von Kaulitz, »ich kenne die Zwischendeckspassagiere nicht, und habe den Namen nie gehört.«

»Er sah nicht aus wie ein Zwischendeckspassagier, und stand auch auf dem Quarterdeck bei den Damen« sagte Bloomfield.

»Soldegg — Soldegg? — kenne ich nicht — vom Land ist aber auch Niemand herüber gekommen, den Steuerbeamten ausgenommen.«

»Dort drüben steht er, etwas rechts vom Besahnmast — den meine ich, der jetzt gerade den Hut aufsetzt.«

Die alte Dame, die ihre Brille noch aufbehalten hatte, drehte den Kopf dorthin und sagte dann:

»Das ist ein Herr Namens Henkel, der sich eine junge hübsche Frau von Deutschland geholt hat, aber nicht mit ihr durchgebrannt ist, wie gewisse Leute.«

»Liebe — liebe Mutter« bat Pauline, tief erröthend, und die Hand nach ihr ausstreckend —

»Schon gut, schon gut« lächelte die alte Dame, die Hand ergreifend und streichelnd —

»Henkel?« sagte Bloomfield, dem die eben gesehene Persönlichkeit selbst in diesem Augenblick nicht aus dem Sinne wollte — indem er still vor sich hin mit dem Kopf schüttelte.

»Haben Sie die auffallend schöne junge Frau nicht bemerkt, die mit auf dem Quarterdeck stand?« frug Frau von Kaulitz.

»Dieselbe die so außerordentlich bleich aussah?«

»Dieselbe — das ist seine Frau — aber nehmen Sie sich um Gottes Willen in Acht. Sie fahren uns ja mitten auf das Schiff hinauf!«

Bloomfield lenkte den Bug des Bootes noch zur rechten Zeit zur Seite, der Rudernde warf seinen Riemen rasch aus der Dolle, und das schlanke Boot schoß, den Augen der ihm nachschauenden Passagiere der Haidschnucke entzogen, zwischen die dort ankernden Schiffe hinein an Land, wo schon ein leichter eleganter Wagen sie erwartend hielt.

Des Capitains Jölle war indessen ebenfalls auf das Wasser niedergelassen und bemannt worden, und der Capitain noch einmal in seine Cajüte gegangen seine Schiffspapiere, die in einer langen, festschließenden Blechbüchse staken, mitzunehmen, wie Geld und abzugebende Briefe zu sich zu stecken.

Schon vorher war ein Mauthbeamter an Bord gekommen, der aber die Koffer der Passagiere, nach flüchtiger Öffnung, passiren ließ. Einwanderern wird darin viel nachgesehn, und wo nicht durch zu große Massen oder zu geschäftsmäßige Verpackung gegründeter Verdacht vorliegt daß sich Sachen zum Verkauf darin vorfinden, läßt man sie keineswegs selten uneröffnet, oder wenigstens nach ganz oberflächlichem Darüberhingesehn, passiren.

Clara ging, als Frau von Kaulitz das Schiff verlassen hatte, in ihre Cajüte hinab, wohin ihr, wie des Capitains Boot auf das Wasser niedergelassen wurde, Henkel folgte.

»Clara« sagte da ihr Gatte mit leiser unterdrückter Stimme, als er den kleinen Raum betrat — »ich gehe heut Abend an Land und kehre vielleicht erst spät, vielleicht erst morgen Früh zurück. Du wirst wohl thun Alles indeß zu ordnen daß wir das Schiff dann gleich verlassen können — ich werde indeß Quartier für uns besorgen.«

Clara hatte ihn ruhig angehört, aber ihr Körper zitterte während er sprach und sie brauchte Minuten sich soweit zu sammeln daß sie ihm nur erwidern konnte, dann aber sagte sie mit leiser, doch von innerer Heftigkeit fast erstickter bebender Stimme, indem sie ihm fest und entschlossen in das scheu abweichende Auge sah.

»Für uns? für u n s ? — unsere Bahnen trennen sich hier — mein Herr — ich kenne Sie nicht mehr und w a g e n Sie es mich zu zwingen.«

»Du bist eine Thörin, Clara« — sagte Henkel ungeduldig — »was helfen Dir die unnützen Reden — wer soll Dir hier Beschuldigungen, die Du etwa vorbringen könntest, glauben. Sei vernünftig« setzte er dann ruhig hinzu — »laß den wahnsinnigen Verdacht, den Du nun einmal kindischer Weise gegen mich gefaßt zu haben scheinst, fahren, und füge Dich in das Unvermeidliche. Du kennst die Amerikanischen Gesetze nicht.«

»Und D u wagst es m i r mit dem Gesetz zu drohen?« rief aber jetzt Clara, in furchtbarer Aufregung selbst den Ort vergessend an dem sie sich befanden, und wie leicht sie von Anderen in dem belauscht oder gehört werden konnten was sie sprachen — »Du zitterst nicht, nur vor dem Namen des Richters, dem Dein K o p f verfallen wäre, wenn Gerechtigkeit nicht eine Lüge hieß.«

»Du bist wahnsinnig!« zischte der Mann, in scheuer Furcht daß die Worte draußen zu dem Ohr eines Dritten gedrungen wären, durch die zusammengebissenen Zähne — »ich will Dir Zeit geben Dich zu sammeln;« und die Thüre öffnend, die er wieder hinter sich ins Schloß drückte, verließ er rasch die Cajüte. Clara aber blieb wie sie der Gatte verlassen, die Augen in grimmem Zorn fest auf die Thüre geheftet durch die er verschwunden, stehn und wollte sich dann umdrehen ihren Sitz wieder einzunehmen. Die Aufregung jedoch und Alles was das arme Herz in den letzten Tagen bedrängt und jetzt in furchtbarer Gewalt wieder über sie hereinbrach, war zu viel für sie gewesen, sie fühlte wie ihr die Sinne schwanden — sie wollte rufen, aber vermochte es nicht mehr — einen Moment hielt sie sich an der Coye neben der sie stand, aber vor ihren Augen dunkelte es, die Cajüte drehte sich mit ihr und bleich und lautlos brach sie ohnmächtig zusammen.

»Nun meine Herren, wer mich begleiten will« sagte der Capitain der wieder in seinen unbequemsten »geh zu Ufer« Kleidern, mit der »Schraube« auf dem Kopf an Deck stand und die Arme ausdehnte seinen Ellbogen nur einigermaßen Luft zu gönnen — »es ist Alles bereit.«

»Mit dem größten Vergnügen Herr Capitain« rief der Doktor, der, von Herrn von Benkendroff und dem Professor gefolgt, voransprang, damit wenigstens nicht auf ihn gewartet würde. Henkel, eine breite Geldtasche umgehangen stieg langsam nach.

»Aber wo ist Ihre Frau?« rief ihm Hopfgarten nach, »die sollten Sie doch jedenfalls mit an Land nehmen, und wenn es nur wäre einen kleinen Spatziergang auf festem Grund und Boden zu machen — die Landluft würde ihr auch gewiß gut thun.«

Henkel gab eine ausweichende Antwort, und die Cajütspassagiere verließen, von ihren Zwischendecks-Reisegefährten beneidet, das Schiff.

Die Nacht war indessen vollständig angebrochen, die Cajütslampe angesteckt und der Thee für die wenigen zurückgebliebenen Cajütspassagiere, während Herr Hopfgarten die Honneurs machte, servirt worden.

»Aber Clara fehlt wieder« sagte Marie, von ihrem Sitze aufstehend, und an die Thür der Freundin tretend, an die sie mit dem Finger klopfte — »Clara, der Thee ist servirt, hast Du die Klingel nicht gehört?« —

Keine Antwort.

»Clara — bist Du wieder krank?« frug das junge Mädchen lauter und ängstlich — Alles blieb todtenstill in dem kleinen dunklen Gemach, und vorsichtig und leise die Thür öffnend stieß sie einen Angstschrei aus, als sie die Freundin ausgestreckt und besinnungslos auf dem Boden ihrer Cajüte liegen sah.

Der Schrei machte aber sämmtliche Passagiere von ihren Sitzen aufspringen und zu ihr eilen, der Steuermann hakte rasch die in der Cajüte hängende Lampe aus und folgte, und während Marie und Anna die Ohnmächtige aufhoben, rief Hopfgarten:

»Es ist nur ein Glück daß der Doktor nicht an Bord ist« und sprang, so schnell er konnte die Cajütstreppe hinauf in das Zwischendeck nieder, dort den jungen Arzt zu ersuchen einen Augenblick in die Cajüte zu kommen — gleichzeitig rief er Hedwig, ihrer Herrin beizustehen.

Die Mädchen hatten indeß die junge Frau auf ihr Bett gelegt, und ihr das Kleid geöffnet als Georg Donner, von Hopfgarten eingeführt und von Hedwig gefolgt erschien und durch leichte Mittel die Kranke bald wieder zu sich brachte. Schwerer aber wurde es ihm zu bestimmen was ihr eigentlich fehle, denn ihr Blut ging ruhig, von Fieber war keine Spur, und ihr Blick doch so stier und dann wieder unstät, wie ängstlich und scheu nach Jemand forschend den sie zu suchen schien; das Antlitz dabei so todtenbleich, das Auge eingefallen und trüb, daß er zuletzt fast fürchtete diese Schwäche sei die Vorbotin einer größeren, schwereren Krankheit, die noch unausgesprochen in ihr ruhe. Er bat sie deshalb sich für jetzt nur ruhig in ihrem Bette, neben dem Hedwig die Nacht schlafen sollte, zu verhalten, ihm selber aber zu erlauben sie noch einmal nach Mitternacht zu besuchen etwaigen, dann vielleicht deutlicher ausgesprochenen Symptomen rasch begegnen zu können. Die übrige Gesellschaft ersuchte er die Kranke am Besten sich selber und der Sorge Hedwigs zu überlassen, und zog sich wieder, nach einem herzlichen Händedruck Hopfgartens, dem der junge Mann ungemein gefallen, in das Zwischendeck zurück.

# Capitel 3.

## An Land.

Die Nacht war still vergangen, die Kranke aber erst mit anbrechender Dämmerung in einen ruhigen wohlthätigen Schlaf gefallen, in dem sie der junge Arzt unter keiner Bedingung gestört haben wollte. Dazu hätte es aber freilich keinen unglückseligern Tag an Bord geben können, wie gerade heute, wo das Schiff mit Tagesanbruch eben an Land gelegt werden sollte, und die damit verbundenen Arbeiten das ganze Fahrzeug bis in den Kiel hinab erschüttern machten. Jedenfalls mußte die Kranke je eher desto besser, an das Ufer geschafft werden, dort die nöthige Ruhe und Pflege zu erhalten, wo sich hoffen ließ daß sie sich auch bald erholen würde, und Georg Donner beschloß deshalb selber mit Herrn Henkel zu reden, sobald dieser zurück an Bord kommen würde.

Das geschah bald nach Sonnenaufgang und Henkel, der aber sehr ruhig über den Fall und fest überzeugt schien, daß es als ein leichtes Unwohlsein bald vorüber gehen würde, versicherte ihn er habe schon ihr Quartier und Alles in Ordnung gebracht, und gab ihm dabei zu verstehn daß ein sehr intimer Freund von ihm einer der ausgezeichnetsten Ärzte der Stadt sei, der, sollte das Unwohlsein wirklich bedeutendere Folgen haben, mit den klimatischen Verhältnissen hier bekannt, die Kranke bald wieder herstellen würde. Übrigens dankte er ihm für die seiner Frau geleisteten Dienste und schien einen Augenblick sogar unschlüssig ob er ihm ein Honorar dafür anbieten dürfe oder nicht; Donner jedoch, der etwas Ähnliches fürchten mochte, und zu stolz war seine Hülfe weiter aufzudrängen, schnitt die Unterredung kurz ab, und rüstete sich jetzt selber so rasch als möglich das Land betreten zu können.

An Bord herrschte indessen ein reges, geschäftiges Leben. Schon mit Tagesanbruch hatten die Seeleute den Anker gelichtet und zu gleicher Zeit mit dem Boot ein Tau nach dem nächst liegenden Schiff gebracht, wohin sie sich jetzt mit dem vorderen Gangspill bugsirten, und um acht Uhr etwa lag die Haidschnucke mit ausgeschobenen und wohl befestigten Planken, ihre Fracht und Passagiergüter bequem ausladen zu können, dicht an der Levée — ein Platz den ich dem Leser später näher beschreiben werde — und der Vorstadt von New-Orleans, dem zum großen Theil von Deutschen bewohnten Lafayette gerade gegenüber. Etwa zwanzig Schritt unterhalb, an derselben Stelle lief zu gleicher Zeit das Hamburger Schiff an, das mit ihnen zugleich, und von einem Dampfer geschleppt, aus dem Golf von Mexico heraufgekommen war. Welche Mühe hatten sich die Passagiere dabei vorher gegeben dieß Schiff zu betreten; wie hatten sie den Steuermann und Capitain gequält, und als es ihnen die nicht erlaubten, geflucht und geschimpft. Jetzt hätten sie es ungemein bequem haben können, ihre halben Reisegefährten zu besuchen — jetzt, wunderbarer Weise, dachte aber Niemand von ihnen mehr daran, auch nur mit einem Schritt hinüber und an Bord zu gehn, und Jeder drängte und trieb nur, hinauszukommen an Land, Amerika erst einmal unter den Füßen zu fühlen, und sich dem wohlthuenden Bewußtsein hingeben zu können endlich — endlich, nach allen ausgestandenen und erlittenen Drangsalen und Beschwerden das heiß ersehnte Ziel e r r e i c h t zu haben.

Ein Theil der Männer hatte sich übrigens schon mit Tagesanbruch, und zwar mit dem Boot welches das Tau an Bord des anderen Schiffes brachte, an's Ufer setzen lassen die dortigen Verhältnisse von einzelnen, gewiß anzutreffenden Landsleuten zu erfahren, und sich gleich zu erkundigen ob nicht irgendwo in der Nähe Arbeit zu bekommen wäre. Sie mußten doch erst einmal ein Unterkommen für die Familie und ihr Gepäck haben, wonach sie sich dann weiter und bequemer umschauen konnten. Unter ihnen waren die Oldenburger, (die besonders drängten und trieben, damit ihnen »die von dem Hamburger Schiff« nicht zuvorkämen) Steinert, Löwenhaupt, Rechheimer, Wald und Eltrich, der ebenfalls ein Quartier für seine kleine Familie zu suchen hatte, da er beabsichtigte New-Orleans zu seinem nächsten Wohnsitz und Aufenthalt zu wählen, und noch einige der Handwerker und Bauern an Bord. Sie wollten die Zeit benutzen, bis ihre Sachen gelandet werden konnten.

Es war noch die früheste Morgenstunde, nichts destoweniger schwärmte die Levée [5] schon — da in dem warmen Klima fast alle Geschäfte Morgens beendet werden, von thätigen Leuten, die sich Alle in größter Eile durcheinander drängten, und die Neugekommenen kaum eines Blickes würdigten. Schwergepackte zweirädrige und eigenthümlich gebaute Karren, mit einem kräftigen Pferd bespannt, zogen in fast ununterbrochener Reihe den verschiedenen Schiffen zu oder in die Stadt hinein, und abgeladene trabten, mit dem Führer vorn darauf stehend, rasch wieder zurück, neue Fracht zu holen. Kleine einspännige Milchkarren, mit einer Masse blecherner Kannen bepackt, rasselten über das Pflaster; wunderhübsche Mulatten, und Quadroonmädchen, schlank und voll gewachsen, mit elastischem Gang, ein buntfarbiges Tuch kokett um das dunkle Haar geschlagen, boten Blumen und Früchte aus; Männer und Knaben, mit Körben und kleine Glaskasten umgeschnallt in denen eine Masse verschiedener Kleinigkeiten zum Verkauf auslagen, standen an den Ecken oder wanderten an den Schiffen entlang, ihre Waaren mit ungemeiner Zungenfertigkeit und meist in einer schauerlichen Mischung von Englisch-Französisch und jüdischem Deutsch feil bietend.

Dann die Kaufläden, die wunderlichen großen Schilder mit den riesigen Buchstaben, die Heerden von Vieh, die sich, hier in der Vorstadt, mitten durch die Menschenschaaren drängten, oder gedrängt wurden, ihrem Bestimmungsort, dem Schlachtplatz zu, die Masse von Negern und Mulatten, Mestizen, Quadroonen, mit allen nur erdenklichen Schattirungen von Weiß und Gelb zu Schwarz und Braun, die eleganten Cabriolets neben den schmutzigen Marktwägen die Früchte und Gemüse aus dem Inneren zur Stadt bringen; es war ein Gewirr von Sachen daß die Einwanderer, von denen sich nur Eltrich getrennt hatte seine eigenen Geschäfte desto rascher besorgen zu können, nicht Augen genug zu sehen, nicht Ohren genug zu hören hatten, und im Anfang wirklich wie von einem wilden, hirnverdrehenden Traum befangen an der Levée hinauf, der eigentlichen Stadt zugingen, und herüber und hinüber gestoßen, denn sie schienen allen Menschen heute im Weg, endlich unfern von da stehen blieben wo eine Anzahl Männer und Frauen, neben aufschichteten Kisten und Koffern auf der Levée saßen und das Wogen und Drängen der Weltstadt still und die Hände in den Schooß gelegt, an sich vorüber strömen ließen.

»Das sind Deutsche!« rief Steinert, mit der Hand nach ihnen hinüber deutend — »die können uns auch vielleicht Auskunft geben wohin wir uns am Besten wenden, mitten in die Stadt zu kommen; wir wollen sie jedenfalls fragen.«

»Und wo wir hier Arbeit kriegen« sagte da ein Oldenburger, »Donnerwetter, seit wir hier auf dem Damm herum laufen ist mir ganz wunderlich zu Muthe geworden; ich glaubte erst wir würden den Fuß nicht an Land setzen können, ohne daß die Amerikaner auf uns zukämen, und uns frügen was wir den Tag oder Monat für Lohn haben wollten, und jetzt bekümmert sich keine Menschen-Seele um uns, und die Leute thun gerade so, als ob wir gar nicht in der Welt wären.«

»Guten Tag Landsleute« sagte Steinert als sie sich den Leuten näherten, und die Männer und Frauen drehten rasch den Kopf nach ihm um, und erwiederten den Gruß.

»Auch erst angekommen?« frug der eine Oldenburger den ihm nächst sitzenden, einen alten Mann mit braunledernen kurzen Hosen, baumwollenen langen Strümpfen, eine blaue Jacke mit bleiernen Knöpfen darauf, weiß und blaugesprenkelte Weste und eine Pelzmütze auf.

»Jes« sagte der Mann, »seit gestern Morgen.«

»Und spricht schon Englisch?« lachte Steinert.

»Jes a Bisle« sagte der Mann wieder, aber mit einem wehmüthigen Zug um den Mund, als ob es ihm leid thue.

»Und weshalb sitzt Ihr hier und verpaßt die schöne Zeit?« rief Steinert, »oder wartet Ihr auf ein Dampfboot, den Fluß hinauf zu gehen?«

»Wir sitzen hier, weil uns der Capitain nicht länger an Bord behalten und nicht wieder mitnehmen wollte« sagte der Mann finster.

»Wieder mitnehmen? — nach Deutschland?«

»*Jes*.«

»Aber um Gottes Willen weshalb?«

»Weil wir nicht gern gleich die erste Woche verhungern möchten in Amerika« sagte der Mann und die Frau die neben ihm saß preßte ihr Kind fester an sich und wandte den Kopf ab, daß die Fremden die Thränen nicht sehen sollten, die ihr in den Augen standen.

»Ist es so schlecht hier?« frug der andere Oldenburger rasch.

»Schlecht? — das weiß ich nicht« sagte der Mann — »aber wir sind unserer sechse gestern den ganzen Tag von Morgen bis Abend herumgelaufen Arbeit zu suchen und Brod zu finden, und Niemand hat uns haben wollen, und Geld haben wir auch nicht mehr uns Provisionen zu kaufen. Gestern hatten wir noch Schiffszwieback den wir vom Bord mitgenommen — heute werden wir von den halbfaulen Apfelsinen und Äpfeln leben können, die die Obstweiber fortwerfen.«

»Aber sollen denn Eure Sachen hier im Freien liegen bleiben?« frug sie Steinert kopfschüttelnd; »es wird doch wohl gewiß Plätze geben wo Ihr die unterbringen könntet.«

»Ja es gibt so Häuser, die sie hier Bordinghäuser nennen« sagte ein Anderer — »aber die verlangen gleich Geld, oder die Sachen in Versatz, weil wir mit Frauen und Kindern ankamen, und sie die überdieß nicht gern einnehmen wollen. Das ist nun Amerika — jetzt sind wir da!« und der Mann stützte seinen Kopf in beide Hände, holte tief Athem, und sah still und starr vor sich nieder eine ganze Weile lang.

»Seid Ihr auch eben erst angekommen?« frug der Erste wieder.

»Ja« sagte der eine Oldenburger, aber sehr kleinlaut — »heute Morgen — vor einer halben Stunde etwa.«

»Und habt Ihr auch Frauen mit?« frug die eine Frau mit leiser Stimme, aber es lag ein solcher Schmerz darin, daß es selbst Steinert unbehaglich zu Muthe wurde, und er rasch sagte:

»Ihr müßt nicht verzagen Leute; Wetter noch einmal, die gebratenen Tauben fliegen Einem nicht in's Maul, und Ihr sitzt hier gerade so, als ob Ihr darauf wartetet. Ihr seid gesund und kräftig, und allen Solchen fehlt es in Amerika nicht, das ist eine allbekannte Sache.«

»Wenn man aber nun Nichts zu essen, und auch Niemanden hat der Einem was giebt?« sagte einer der Anderen wieder. »Ihr habt klug reden — vielleicht die Taschen noch voll Geld und keine Weiber und Kinder, aber lauft erst einmal in der ganzen Stadt in der Hitze herum von Haus zu Haus, und fragt nach Arbeit, und werdet überall fortgeschickt, und wißt dann daß Eure Kinder am Fluß sitzen und nach Brod schreien. — Ich bleibe jetzt hier ruhig hocken,« setzte er dann mit finsterem Trotz hinzu, »und will eben einmal sehn ob uns die Amerikaner hier auf der Straße verhungern lassen oder nicht.«

»Und seid Ihr allein mit dem Schiff gekommen?« frug ihn Wald, der indessen heimlich in die Taschen gegriffen und einen halben Dollar herausgenommen hatte.

»Nein, wir sind ihrer noch mehr« sagte der Erste — »die Anderen sind wieder ausgegangen heut Morgen und suchen Arbeit oder Brod — wenn wir nur Milch für die Kinder hätten.«

»Da hab' ich gerade vorhin einen halben Dollar auf der Straße gefunden« sagte Wald, das Geldstück der Frau hinhaltend — »Euch thuts hier wahrscheinlich mehr Noth, denn ich habe keine Familie — nehmts!«

Die Frau zögerte, — die Hand zuckte ihr nach dem Silber, aber unschlüssig sah sie dabei nach dem Mann hinüber, ob sie es nehmen dürfe; da warf ihr Wald das Geld in den Schooß und ging rasch die Straße hinunter, in deren dichten Getümmel er im nächsten Augenblick schon verschwunden war.

»Du — hast D u gesehn daß der Jude den halben Dollar gefunden hat?« frug der eine Oldenburger den andern leise, als sie die Straße wieder hinaufgingen.

»Ne« sagte der.

»Ich auch nicht — paß man ein Bischen auf, vielleicht finden wir auch was« meinte der Erste wieder und betrachtete von da an die Levée mit höchst mistrauischen Blicken.

Auf Steinert hatte diese Begegnung aber einen höchst unangenehmen Eindruck gemacht, und Amerika ungemein viel in seinen Augen verloren. Da waren Leute — gesund, kräftig und stark, die Arbeit suchten und keine finden konnten, und sich vor dem Hungertode fürchteten — zu Hause aber hatten ihm die Auswanderungs-Agenten ganz andere Geschichten erzählt, und in Büchern konnte er sich auch nicht erinnern, schon etwas Ähnliches gelesen zu haben.

»Verfluchte Geschichte das,« murmelte er dabei vor sich hin »ich weiß nicht was soll es bedeuten, daß ich so traurig bin« — »ganz verfluchte Geschichte das. — Aber die Leute haben keine Empfehlungsbriefe, d a s ist die Sache, und keine Lebensart — wissen sich nicht zu benehmen, nicht in die Schwächen und Fehler ihrer Mitmenschen zu schicken oder diese zu benutzen — vertrauen zu wenig auf ihre eigene Kraft — bitte um Entschuldigung« unterbrach er sich in dem Augenblick selbst, als er von einem riesigen Irländer, der sich aber nicht weiter um ihn kümmerte, fast über den Haufen geworfen wurde — »hm, der Weg war doch breit genug« brummte er dann hinter ihn her und setzte, immer noch kopfschüttelnd aber doch jetzt etwas vorsichtiger, seinen Weg in das Innere der Stadt fort.

Wald hatte sich indeß in das dickste Gedräng geworfen, wo er plötzlich voll und breit gegen einen hölzernen, mit kleinen Glasscheiben versehenen Kasten anlief, über dem er zu seinem nicht geringen Erstaunen ein bekanntes Gesicht entdeckte.

»Rosengarten — Gottes Wunder wo kommst D u her?« rief er überrascht aus, während er den Kasten mit beiden Händen festhielt und dem Träger desselben, der ihn an ein paar breiten ledernen Riemen über die Schultern gehängt trug, in das Gesicht schaute.

»Wald! als ich gesund will bleiben — *tri 'scaleng a piece trois bits* drei Real 's Stück, bester Qualität *werry fine bong!*« rief der junge Bursche in einem Athem den Freund begrüßend und in allen möglichen Sprachen seine Waaren zugleich ausbietend, keine unnöthige Zeit zu versäumen — »*wer you come from? tri 'scaleng — only tri bits* Schentelman, *werry fine bong!*«

»Hallo« — lachte aber Wald in das Gewirr von Ausrufen hinein, die nicht allein von dem neu gefundenen Freund, sondern von allen Seiten und allen Arten von Ausrufern und Ausruferinnen in seine Ohren schwirrten und ihn taub zu machen drohten »mit mir mußt Du schon noch deutsch reden, sonst verstehe ich keine Sylbe.«

»Just *from* Schermany gekommen?« rief aber der kleine Jude ihn erstaunt ansehend »und was mache se in Bamberg? stehen die vier Thirmle noch?« »*tri scaleng a piece — only tri bits, trois scaleng werry bong! who will puy?*«

Wald sah wohl daß mit dem Burschen hier auf offener Straße, wo er jeden Menschen in Verdacht hatte seine Waaren kaufen zu wollen, Nichts anzufangen sei, so also, ohne weiter ein Wort an ihn zu verlieren, kroch er ihm unter dem Kasten weg, faßte ihn hinten am Rockschoß, und zog ihn, während dieser noch unverdrossen ausschrie, rückwärts aus dem dichtesten Gewirr hinaus einer verhältnißmäßig stilleren Straße zu, die gerade dort wo sie sich befanden auf die Levée ausmündete. Diese Straße mit ihm hinaufgehend kamen sie bald zu einem Haus an dem auf weißem Schild mit grünen Buchstaben »Deutsches Kosthaus« geschrieben stand, und da Beide noch nüchtern waren, verständigten sie sich leicht dort hinein zu gehn und während der Mahlzeit eine Viertelstunde mit einander zu plaudern. Rosengarten war um so eher damit einverstanden, als er dabei auch nicht so viel Zeit unnöthig zu versäumen brauchte, denn essen mußte er doch.

»Aber um Gottes Willen was hast Du nur heute Morgen gerade so viel zu thun?« frug ihn Wald — »so früh wird Dir doch Niemand etwas abkaufen.«

»So früh?« rief aber der kleine Bursche — »so früh, und so viel zu thun? — kein Mensch kann das wissen, und Geld muß der Mensch hier machen, wenn er leben will; jede Viertelstunde also die man versäumt, macht man kein Geld, und die ist verloren, kommt nicht wieder.«

Er kauderwelschte dabei das wenige was er sprach so furchtbar in dem nichtswürdigsten Englisch und Französisch, mit sogar einigen spanischen Brocken, wie eben so schlechtem Deutsch durcheinander, daß sich Wald wirklich die größte Mühe geben mußte, nur zu verstehen was er im Ganzen sagen wolle, denn die einzelnen Sätze hatte er schon lange aufgegeben. Der Bericht aber, den der kleine Bursche von sich selber und seinen Erfolgen gab, war ungefähr kurz der folgende. Vor kaum einem Jahr von Bamberg ausgewandert hatte er, hier angekommen, zuerst Monate lang vergebens gesucht bei irgend einem Landsmann und Glaubensgenossen in ein Geschäft aufgenommen zu werden. Was in einem solchen zu thun war, besorgten die Leute Alles selbst, und als er das letzte Geld, wenige Gulden die er noch mitgebracht, verzehrt, wußte er in Verzweiflung wirklich nicht was er beginnen sollte. Ein Landsmann, den er endlich um Unterstützung anzugehn gezwungen war, gab ihm kein Geld, sondern borgte ihm ein Dutzend baumwollene Hosenträger, mit denen er ihm ganz ernsthaft rieth ein Geschäft selber zu beginnen, und er folgte dem Rath. Die Hosenträger bezahlte er nicht, sondern borgte bei einem Anderen einige Kämme, Zahnbürsten, Band und Stecknadeln, etc. Auch diese trugen gute Früchte, und in drei Monaten konnte er sich einen Glaskasten mit solch werthvollen Gegenständen anschaffen, daß er sich jetzt zu einem drei Real [6] pro Stück Krämer emporgeschwungen hatte, und goldene Ringe und Tuchnadeln, Messer, Dolche, kleine Pistolen, Uhrketten, Ohrringe und überhaupt Byjouterieen in den Straßen der Stadt, als wandernder Tabulettkrämer feil bot. Amerika war übrigens das Land »Geld zu machen« seiner Aussage nach, und die Leute die drinnen hungerten, deren eigene Schuld sei es, und sie verdienten es eben nicht besser.

Die Mahlzeit hatte indessen begonnen und Wald fand sich hier ebenfalls in einer fremden ungewohnten Welt, der das bisher ertragene Schiffsleben nur einen noch höheren Reiz verlieh. Der lange Tisch, an dem eine Masse Menschen saßen und, ohne mit einander ein flüchtiges Wort zu wechseln, ihr Essen mehr einschlangen als verzehrten, so rasch als möglich wieder fertig zu werden, die Quantität der Speisen selber, und frisches Brod, frisches Fleisch, gekochte Eier, und Milch und Zucker im Kaffee, lauter Luxusartikel die man auf dem Schiff im Anfang schmerzlich vermißt, und später fast vergißt, daß sie überhaupt existiren, bis sie mit einem Male sämmtlich wieder in Armes Bereich auftauchen, hatten einen viel zu großen Reiz für ihn, nicht selbst seine Amerikanische Zukunft für den Augenblick in den Hintergrund zu drängen, und als Rosengarten — dem der Boden unter den Füßen an zu brennen fing, bis er wieder hinauskam auf den Schauplatz seiner Thaten — ihm die Adresse des eignen Kosthauses gegeben hatte, wo sie sich heute Abend wieder finden wollten, und dann fortgeeilt war sein Ausschreien auf's Neue zu beginnen, blieb er noch eine ganze Weile an dem Tisch sitzen und gab sich dem behaglichen Gefühl hin, wieder einmal nach langer Entbehrung, von einem ordentlichen Stuhl aus seine Beine unter einen Tisch strecken zu können, auf dem es der Mühe werth war einen Teller stehn zu haben, und nicht mehr, wie bisher, mit einem Blechnapf voll Erbsen und einem Stück salzigen Fleisch auf den Knieen so lange zu balanciren bis das Bischen Essen nur des Hungers, nicht des Wohlgeschmacks wegen hinuntergewürgt war.

Von den übrigen Passagieren hatten sich übrigens die wenigsten schon dem Genuß einer ordentlichen Mahlzeit hingeben können, denn jetzt auf ihre eigenen Kräfte angewiesen einen Beginn in dem neuen Land zu finden, mußten sie vor allen Dingen einen Platz suchen, von dem sie ausspringen konnten, eine Stelle ihren Hebel aufzulegen für ihre künftigen Hoffnungen. Das aber war ein schwieriges und wichtiges Geschäft, da von dem einen Schritt vielleicht ihr ganzes künftiges Glück oder Unglück abhing, und die Folgen, wie sie den Anfang nahmen, segensreich oder verderblich werden mußten.

Professor Lobenstein besonders mit seiner zahlreichen Familie und den, an Entbehrungen noch nicht gewohnten Frauen, wie mit einer enormen Masse Gepäck (die ihn doch jetzt etwas besorgt machte, da er sie von dem Schiff nehmen sollte ohne genau zu wissen wohin) war gezwungen einen Entschluß zu fassen, ob er in New-Orleans eine Zeitlang bleiben, oder mit einem der Flußdampfer, von denen an jedem Tag drei oder vier, oft noch mehr, stromauf gingen, einem anderen, etwas mehr nördlich gelegenen Klima zueilen wolle.

Henkel, dessen Meinung er darüber ganz besonders schon unterwegs eingeholt, und der außerdem seine eigenen Gründe hatte den Professor mit seiner Familie so rasch als möglich von

New-Orleans zu entfernen, rieth ihm unbedingt zu dem letzteren Weg. Louisiana war nicht allein ein Sclavenstaat, sondern ein fast nur Zucker und Baumwolle zum Export producirendes Land, in dem sich ein neuer Ansiedler, wenn er nicht mit bedeutenden Mitteln und mit einer Anzahl Negern auftrat, den Boden in Angriff zu nehmen, kaum über Wasser halten konnte. Der Norden bot ihm dafür sicherere Hülfsquellen und ein besseres, dem Europäer mehr zusagendes Klima, wo sie ihre eigenen Kräfte verwerthen konnten, und mit einem weit geringeren Capital im Stande waren zu beginnen. Er hatte ihm dazu Wisconsin, oder wenn er nicht so weit nördlich gehen wollte, Illinois, selbst Kentucky oder Missouri vorgeschlagen, denn trieben die beiden letzten Staaten auch Sclaverei, so waren doch schon so viele nordische Einwanderer, besonders Deutsche in ihnen angesiedelt, die ihre eigene Arbeit verrichteten, daß die eigene Arbeit auch eben mit der Sclavenarbeit concurriren konnte, während der Ansiedler zugleich in einem nicht zu kalten Klima, alle Vortheile eines äußerst fruchtbaren Bodens, und außerdem verhältnißmäßig gesunden Landes genoß. Selbst Arkansas, obgleich schon etwas nah an Louisiana gelegen, war da zu empfehlen, noch dazu da dieß junge Land einmal eine große Zukunft hätte; wolle er aber ganz sicher gehn und hätte er ein paar tausend Thaler an einen Anfang zu wenden, so riethe er ihm die mehr östlichen Staaten, Indiana oder Ohio zu wählen, wo er gewissermaßen schon in eine civilisirtere Nachbarschaft komme, und nicht mitten im Wald zu beginnen brauche; Boote für den Ohiostrom gingen überdieß an jedem Tag ab und er habe die Erleichterung sein Gepäck, was je eher desto besser geschehe, gleich von Bord der Haidschnucke fort an Bord des Dampfboots schaffen zu können, das ihn in die nächste Nähe, vielleicht vor die Thür seiner nächsten Heimath trüge.

Es ist immer eine schwierige Sache sich zu der Wahl eines Platzes zu entschließen, besonders wenn man das Land noch nicht kennt und Familie hat. Alle Beschreibungen und Schilderungen die wir da hören und lesen, schwimmen uns in wüsten, undeutlichen Bildern vor der Seele herum, und dem Trieb, das eine zu greifen und zu halten, mischt sich die Furcht — die oft nur zu gegründete — das Alles nicht so zu finden, nicht etwa wie es erzählt wird, sondern wie wir es uns denken, und dann einen Schritt gethan zu haben, der eben gethan ist, und nicht mehr zurückgenommen werden kann. Der Auswanderer weiß dabei, daß von diesem Entschluß sein ganzes künftiges Leben, Glück oder Unglück abhängt; sind dann die Würfel wirklich in seine Hand gegeben, so zittert er vor dem Wurf zurück, denn nicht allein seine Kraft und Ausdauer, sein Fleiß und guter Wille sind es mehr, die hier allein den Ausschlag geben, nein der Zufall hat viel dabei zu entscheiden ob er das rechte trifft, und nicht vielleicht später einsehn muß Geld und Zeit an ein Experiment, an eine viel zu theuer erkaufte Erfahrung weggeworfen zu haben, wie gezwungen zu sein noch einmal, und wie viel schwerer dann, von vorne zu beginnen.

Das Schlimmste dabei ist, daß er sich in Amerika selber wenig auf den Rath fremder Leute verlassen darf, denn überall ist er der Gefahr ausgesetzt solchen in die Hände zu fallen, die eigener Nutzen treibt ihm diesen oder jenen Landstrich ganz besonders zu empfehlen. Die Leute brauchen nicht gerade selber irgend einen gewissen Platz verkaufen zu wollen, aber sie haben meist Alle irgendwo in den Staaten oder Städten der Staate Land, oder einen Bauplatz, das nur dadurch im Preis steigen und für sie selber einen Gewinn abwerfen kann, wenn sich eben andere Ansiedler in dessen Nähe niederlassen, das Land bebauen und die Produkte durch eine größere Cultur im Werthe steigen machen. Ihr Rath braucht deshalb nicht schlecht zu sein, aber die Frage bleibt immer ob der Einwanderer nicht doch noch einen besseren Platz hätte finden können für seine Niederlassung — wenn ihm eben nur Zeit gegeben wäre sich den selber zu suchen.

Henkel hatte nun allerdings keine solchen Beweggründe, die ihn trieben dem Professor eine Strecke Landes zu empfehlen, wenn er auch in ruhigerer Zeit wohl vielleicht nicht versäumt haben würde die Unerfahrenheit des Fremden zu benutzen. Für jetzt lag ihm nur Alles daran ihn und seine Familie, an die sich sein Weib näher angeschlossen hatte als ihm lieb war, so rasch als möglich von ihr zu entfernen; wohin er dabei den Professor mit den Seinen schickte war ihm ziemlich gleichgültig nur fort mußte er von New-Orleans.

Der Professor hatte sich aber in seinem ganzen Leben noch nicht so rath- und thatlos gefühlt als in dem Augenblick, wo er am vorigen Abend und gleich nach seiner Landung, in Henkels und seiner übrigen Reisegefährten Begleitung, festen Grund und Boden betrat, und nun für sich selber h a n d e l n sollte. So viel hatte er allerdings bis dahin über Amerika gelesen und studirt, daß er mit größter Leichtigkeit selber hätte eine sehr ausführliche Abhandlung darüber schreiben können, wie sich eben der Auswanderer, gleich nach seinem ersten an Land treten zu benehmen, und welche Schritte er zu thun habe, am raschesten zu einem günstigen Ziel zu kommen; nun er aber selber da stand und das auch an sich selber ausführen sollte was er anderen mit fester Überzeugung gerathen haben würde, da wirbelte ihm der Kopf von alle dem Neuen, Fremden das ihn umgab, und er fühlte eine Befangenheit, die er früher nimmermehr für möglich gehalten hätte, und sich jetzt am allerwenigsten selber eingestehen mochte. Die Häusermassen schienen ihn zu erdrücken, die fremde Sprache, deren er Herr zu sein geglaubt, und deren Wortgewirr ihm jetzt die Ohren mit einem Chaos von unbegriffenen Tönen füllte, machte ihn schwindeln, der Angstschweiß trat ihm auf die Stirn, und er mußte mehrmals stehen bleiben um Athem zu schöpfen und sich zu besinnen was er eigentlich wolle, was ihn hierher geführt.

Die übrigen Passagiere zerstreuten sich indessen bald nach verschiedenen Richtungen, mehr ihrer Neugierde, als irgend einem bestimmten Geschäft nachgehend, und der Professor zitterte wirklich schon vor dem Augenblick, wo er sich selber überlassen bleiben würde, wenn er sich gleich noch immer nicht gestehen wollte, daß es doch ein ganz anders Ding um die Praxis als die Theorie sei. Ein Stein fiel ihm da vom Herzen, als sich ihm Henkel, wenn er irgend ein bestimmtes Ziel vor Augen habe, zum Führer in der ihm wohlbekannten Stadt anbot, und er hing sich ordentlich krampfhaft an dessen Arm, als ob er fürchte daß er ihm wieder entschlüpfen könne.

Henkel ersah bald seinen Vortheil; der Professor war ihm unter den Händen wie weiches Wachs geworden, und verlangte schon gar keinen Rath mehr, sondern nur eine bestimmte Richtung von Jemand angegeben zu bekommen, der er, scheinbar freiwillig, folgen könne. Der junge Mann erzählte ihm jetzt von seinem früheren Aufenthalt in Indiana, welch gesundes, vortreffliches Land dort liege, wie er selber da viele Freunde habe und diesen Staat, so er sich dazu entschließen könnte Ackerbau zu treiben, jedenfalls zu seinem bleibenden Wohnsitz wählen würde, und wußte die Vortheile desselben, die glückliche Lage, die ausgezeichneten Communicationsmittel, die Produktionsfähigkeit, die reizende Scenerie, die fleißigen stillen Menschen dort mit solch lebendigen Farben zu schildern, daß es dem Professor nach und nach wie eine Last von der Seele rollte, und er freier, fröhlicher zu athmen begann. Eine Stunde später hatte er denn auch richtig — wenn auch noch keine Farm gekauft, denn ein gewisser glücklicher Instinkt ließ ihn davon zurückschrecken baar Geld aus den Händen zu geben, ehe er mit eigenen Augen sähe was er dafür bekäme, aber doch einen Empfehlungsbrief an einen bedeutenden Kaufmann in Grahamstown am Ohiofluß, Staat Indiana, in der Tasche, und sogar höchst unnöthiger Weise schon seine Passage für sich und die Seinen an Bord des Dampfers Jane Wilmington bezahlt, der am nächsten Morgen um zwölf Uhr nach Cincinnati bestimmt, die Levée von New-Orleans verlassen sollte, und ihn in Grahamstown absetzen konnte.

Seine Aussichten hatten sich dadurch nicht um ein Jota geändert oder gebessert, er wußte so wenig von seinem künftigen Schicksal als vorher, und der Ort Grahamstown klang ihm so fremd und unbekannt, wie es jedes andere kleine Städtchen des ungeheueren Reiches gethan haben würde; aber von dem Augenblick an wo er ein festes Ziel bekommen hatte, dem er von jetzt an zustreben durfte, von dem Moment wo ihm, ob durch fremden Einfluß oder eigenen Entschluß, ein bestimmter Punkt gegeben worden, den er für jetzt nur zu erreichen, und dann auf dem Begonnenen weiter zu bauen hatte, fühlte er plötzlich eine Zuversicht und Sicherheit in seinem ganzen Wesen, wie er sie seit langen Jahren selbst nicht gekannt. Er war nicht mehr fremd in Amerika — er gehörte nach Grahamstown im Staat Indiana an dem Ohiofluß, er konnte mit dem Finger auf der Karte genau die Stelle bezeichnen wohin er wollte, und der Schritt mit dem er gegen zehn Uhr Abends an Bord zurückkehrte, schwankte nicht mehr und zögerte unschlüssig, wie wenige Stunden vorher, als er das Land zuerst betreten hatte, sondern war leicht und elastisch geworden, wie in früheren, glücklicheren Tagen.

Eine einzige Schwierigkeit blieb jetzt noch zu überwinden, und zwar das Gepäck sämmtlich vor der bestimmten Abfahrt des Dampfbootes aus dem unteren Raum herauf und an Land zu bringen, wo es auf Karren dann leicht nach der fast drei englische Meilen weiter oben liegenden Dampfbootlandung geschafft werden konnte. Der Steuermann aber, an den er sich deshalb noch gleich an dem Abend wandte, glaubte ihm das versprechen zu können, da es ziemlich oben auf, und zwar alles zusammen unter die Vorderluke gestaut war, und wenn die Leute mit Tagesanbruch daran begannen, und der Professor eben keine weiteren Schwierigkeiten mit den Mauthbeamten hatte, so ließ sich das schon bis zu der bestimmten Zeit in's Werk richten.

Henkel war, wie schon vorerwähnt, erst am frühen Morgen an Bord zurückgekehrt, wo er jetzt freilich mit Ungeduld den Aufbruch der übrigen Passagiere erwartete. Er fürchtete nicht mit Unrecht daß Clara sich ernstlich weigern würde nach dem Vorgefallenen mit ihm zugleich das Schiff zu verlassen, mehr als das aber noch, daß sie sich irgend Jemanden, und von allen vorzüglich der Frau des Professors anvertrauen, und eine Sache zur Sprache bringen könne, die jetzt — was auch immer später geschehen mochte — jedenfalls noch Geheimniß bleiben mußte. Daß etwas derartiges noch n i c h t geschehen sei, konnte er leicht aus dem freundlichen, unbefangenen Wesen der übrigen Frauen entnehmen; es zu verhindern daß es jetzt noch, im letzten Augenblick, geschehen könne, mußte seine Hauptsorge sein. Ebenso hatte er aber auch die Waaren, die unter einem falschen Namen verschifft worden, in Sicherheit zu bringen, war das geschehen konnte er jeder etwaigen Anklage lachen; er selber war zu bekannt auf dem Terrain, auf dem er sich jetzt befand, etwas für seine persönliche Sicherheit fürchten zu dürfen.

Das Anholen des Schiffes an die Landung nahm allerdings eine ziemliche Zeit in Anspruch, und die übrigen Passagiere wenigstens ein großer Theil von ihnen, drängte ebenfalls seine Sachen aus dem unteren Raum zu bekommen, das Schiff zu verlassen; Professor Lobenstein hatte aber das Versprechen des Steuermanns, und die Leute, denen er ein tüchtiges Trinkgeld zusagte wenn sie sich beeilten, arbeiteten »*with a will*« wie sie an Bord sagen, und Kiste nach Kiste, Koffer nach Koffer entstieg dem dunklen Raum, und wurde an Deck gehoben, rasch geöffnet, von dem Mauthbeamten flüchtig angesehn, wieder zugeschlagen und über die ausgeschobenen Planken an Land geschafft. Die Effekten waren für eine Farm in's Innere, für eine große Familie und eigenen Gebrauch bestimmt; neue Sachen ebenfalls nicht dabei, lagen wenigstens nicht oben auf, und die Steuerbeamten hatten mit der F r a c h t schon genug zu thun, sich eben mit P a s s a g i e r g u t viel abzugeben.

Um elf Uhr war sämmtliches Gepäck des Professors, dem sich von Hopfgarten angeschlossen und ihm erklärt hatte die Reise nach Indiana in seiner und seiner Familie Gesellschaft machen zu wollen, gelandet und revidirt, und zum großen Theil auch schon auf den dort gebräuchlichen *drays* (zweirädrigen Karren mit einem Pferd) abgegangen, an Bord der Jane Wilmington geschafft zu werden. Henkel drängte aber jetzt den Professor, seine Familie hinauf zu führen sich dort an Bord einzurichten, und zugleich mehr Sicherheit zu haben daß der Dampfer wirklich nicht eher abführe, bis sämmtliches Gepäck auf ihm eingeladen sei; Eduard konnte indeß bei dem kleinen Rest der Sachen zurückbleiben, und mit der letzten Ladung nachfolgen.

Die Damen hatten ihre Sachen schon voraus geschickt, und hielten es ebenfalls für nöthig daß sie sich dort ihre Coyen vor Abfahrt des Bootes ein wenig einrichteten. Allerdings bedauerten sie, so nahe an New-Orleans nur eben v o r b e i  z u  g e h e n , ohne mehr von der Stadt zu sehn als die dem Wasser zunächst gelegenen Häuser, der Professor tröstete sie aber damit daß sie, wenn ordentlich eingerichtet, leicht einmal eine Vergnügungstour hierher machen konnten, wo sie täglich, an ihrem Hause vorbei, drei-, viermal Schiffsgelegenheit haben würden. Dann waren sie auch im Stande das Leben in New-Orleans mehr zu genießen als jetzt, wo sie die Sorge um ihre nächste Zukunft, ihre nächste Heimath doch nicht ruhig ließe, und außerdem der Aufenthalt in einem

Hotel, zu dem dann erst ihre sämmtlichen Sachen geschafft werden mußten, ein böses Geld gekostet hätte.

Henkel hatte indeß einen viersitzigen Wagen besorgt der, von einem Mulattenknaben gefahren, dicht unter der Levée herankam und den ausgeschobenen Planken gegenüber hielt.

»Aber wir müssen erst von Clara Abschied nehmen« sagte Marie, als der Vater sie rief und aufforderte sich zu eilen, damit der Wagen nicht so lange zu warten brauche — »lieber Gott es ist so traurig genug daß wir sie jetzt krank zurücklassen, und ihr nicht beizustehen suchen in dem fremden Land.«

»Ich sagte ihr gern Adieu« versicherte die Frau Professorin, »wenn ich nicht fürchtete sie vielleicht gerade in ihrem jetzigen Zustand noch mehr aufzuregen.«

»Sie würden mich unendlich verbinden« erwiederte Henkel mit einem bittenden Blick auf die alte Dame, »wenn Sie Alles vermieden Clara zu beunruhigen; sie ist so nervös, daß das Geringste sie in Thränen ausbrechen macht.«

»Aber ich begreife nicht was ihr um Gottes Willen so plötzlich kann zugestoßen sein« sagte Anna — »Clara war, so lange ich sie kenne, stets so gesund und wohl, und heiter und vergnügt, und jetzt auf einmal ist sie in einem Zustand von Schmerz und Aufregung, den ich mir nicht zu erklären weiß.«

»Laß nur mein Kind« sagte die Frau Professorin freundlich, »das wird, und hoffentlich bald, vorübergehn. Gern hätt' ich sie freilich selber noch einmal gesehen, Herr Henkel hat aber ganz recht, wir vermeiden am Besten jede Aufregung, und ich bitte Sie nur Ihre liebe Frau noch recht herzlich von uns zu grüßen, und ihr alles Gute und Liebe zu wünschen was sie sich nur selber wünschen kann.«

»Die Jahreszeit ist noch früh und der Herbst bringt gewöhnlich das schönste Wetter in Nordamerika, oft bis tief in December hinein« sagte Henkel rasch und freudig, »hat sich dann Clara erholt, und erlauben es nur irgend meine Geschäfte, wie ich nicht den mindesten Zweifel habe, dann besuchen wir Sie, vielleicht eher als Sie glauben, auf Ihrer Farm. Ich kenne die Gegend wohin Sie ziehen, und werde Sie dort schon finden.«

»Oh das wäre herrlich, das wäre wunderhübsch« rief Anna — »Clara wird gewiß recht bald besser werden.«

»Aber ohne ihr Adieu zu sagen gehe ich nicht vom Schiff« rief Marie jetzt entschlossen — »ich will sie nicht stören — wenn sie schläft, sie nur leise küssen — nur ihre Hand wenigstens — sie braucht auch gar nicht zu wissen daß wir fortgehn, aber sehn muß ich sie noch einmal; ich habe eine Angst, der ich nicht Worte zu geben vermag, und weiß gewiß, ich würde nicht froh werden, hätte ich sie so ohne Abschied zurückgelassen.«

»Du bist ein Kind« sagte die Mutter freundlich, »so geh, wenn es Dir Herr Henkel erlaubt, und grüße und küsse sie von uns; aber bleib nicht lange« setzte sie rasch hinzu, »denn der Vater winkt dort schon wieder vom Land, und wir wollen indessen hinuntergehn, und uns in den Wagen setzen.«

Henkel biß sich die Unterlippe; der letzte Moment noch konnte vielleicht Alles verderben, aber er durfte dem jungen Mädchen auch die Erlaubniß nicht weigern, und sie deshalb nur noch bittend, Alles zu vermeiden was die Kranke auch nur im Geringsten erregen konnte, stieg er ihr voran, in die Cajüte hinunter.

Clara war erwacht — sie lag, völlig angezogen in ihrer Coye, mit Hedwig, an ihrer Seite knieend, als Henkel dieselbe leise öffnete, hinein sah und dem jungen Mädchen dann den Vortritt ließ.

»Clara — meine liebe, liebe Clara wie geht es Dir?« rief Marie auf sie zueilend, und den Arm um ihren Nacken legend — »Du siehst besser aus heute Morgen, und gewiß wirst Du Dich jetzt recht bald und schnell erholen, wenn Du nur erst einmal festes Land betrittst. Die alte häßliche Seefahrt hat so lang gedauert.«

»Du gehst an Land?« frug Clara rasch und wie erschreckt, die Freundin mit ihrem Arm leise von sich drückend, ihren reisefertigen Anzug zu betrachten — »Du gehst fort von hier — und — und Deine Mutter auch?«

»Nein, Clara noch nicht mein Herz — wir bleiben noch kurze Zeit zusammen« erwiederte Marie, aber sie mußte sich zwingen daß sie die Thränen zurückdrängte, die ihr in's Auge pressen wollten.

»Wo ist Deine Mutter?« frug Clara, noch immer nicht beruhigt — »bitte sie zu mir zu kommen ich — ich möchte sie sehen.«

»Du darfst Dich jetzt nicht aufregen mein Herz« antwortete das junge Mädchen ausweichend — »nachher, wenn Du wieder wohl und auf bist — ich soll Dich jetzt von ihr grüßen und küssen.«

»Weshalb kommt sie nicht selber? — sie ist fort!« rief die Kranke und suchte sich selbst emporzurichten.

»Quäle Dich nicht mit solchen Gedanken, Clara — was hast Du nur?«

»Fräulein Marie sollen nach oben kommen — der Wagen wartet« rief in dem Augenblick der Steward in die Cajüte hinunter.

»Der Wagen? — was für ein Wagen?« rief Clara, rasch aufmerksam geworden, indem sie versuchte ihre Coye zu verlassen. Marie verhinderte sie daran.

»Bleibe liegen mein süßes Herz« bat sie in Todesangst, »bleibe liegen — ich muß jetzt fort; bald — bald komme ich wieder — Gott schütze Dich« und ihre Lippen auf die heiße Wange der Freundin pressend, richtete sie sich rasch empor und floh aus der Cajüte.

»Marie!« schrie Clara, die Arme nach ihr ausstreckend — »ich muß — «

»Mich m ä ß i g e n« sagte Henkel ernst und finster, der in diesem Augenblick in der noch offenen Thür erschien und mit einem warnenden Blick diese wieder schloß.

»Teufel!« stöhnte die Unglückliche und sank, ihr Antlitz in den Händen bergend, erschöpft, gebrochen, auf ihr Lager zurück.

# Capitel 4.

### Abschied der Passagiere.

Unten am Wagenschlag an der Levée, während Professors noch auf die zurückgebliebene Marie warteten, stand Fräulein von Seebald, Abschied von den bisherigen Reisegefährten zu nehmen, und ihnen das Geleit zu geben, so weit als möglich.

»Und was ist Ihr Ziel hier, mein liebes Fräulein?« frug die Frau Professorin, als ihr die junge Dame wieder und wieder, mit Thränen im Auge, die Hand geschüttelt hatte, »werden Sie in New-Orleans bleiben, oder gehen Sie ebenfalls in das Innere?«

»Mein Ziel liegt weit von hier« sagte Fräulein von Seebald mit dem ihr eigenen Anflug von Schwärmerei, »weit im fernen Westen, in dem jungen Staate Arkansas, wo noch die wilden rothen Krieger und Jäger das Land durchstreifen, und die Büffel und Bären fällen.«

»Nach Arkansas? — und ganz allein?« rief Anna erschreckt, »aber was um Gottes Willen zieht Sie dorthin?«

»Familienbande — die Bande des Herzens« lächelte aber Amalie, »eine liebe Schwester lebt mir dort, an einen tapferen Polen, einen Grafen, der sein Vaterland nach jenen unglücklichen Kämpfen verlassen mußte, verheirathet.«

»Und wie kommen Sie dorthin?« frug die Frau Professorin.

»Morgen, wie ich aus den Zeitungen ersehen habe, die mir der Capitain freundlich mitgebracht hat, geht ein Dampfboot den Arkansasstrom hinauf, und ihre Heimath ist nur wenig englische Meilen von dessen Ufern entfernt.«

»Das nenne ich Geschwisterliebe« sagte die Frau Professorin freundlich mit dem Kopf nickend, und die Hand der jungen Dame herzlich pressend — »einen so weiten Weg allein zu gehn.«

»Nennen Sie es Eigennutz — Selbstsucht liebe mütterliche Freundin« rief aber Fräulein von Seebald lächelnd aus — »das prosaische Leben Deutschlands ekelte mich an, und ich konnte der Sehnsucht nicht länger widerstehn das freie herrliche Land selber aufzusuchen, in der die Schwester ihren Herd gebaut.«

»Und es geht ihr gut dort?«

»Gewiß, Graf Olnitzki hat dort eine eigene Farm, und zahlreiche Heerden — aber sie hat lange nicht geschrieben, und ich werde sie jetzt überraschen.«

»Sie weiß gar nicht daß Sie kommen?«

»Nicht ein Wort.«

»Das wird ein Jubel sein« sagte die gute Frau — »lieber Gott, wenn man sich nach so langen Jahren wieder sieht — wie lebhaft kann ich mir die Freude denken.«

In diesem Augenblick kam ein kleiner Trupp ihrer Reisegefährten aus dem Zwischendeck, über die ausgelegte Planke an Land — sie hatten Neger bei sich die ihr Gepäck trugen.

Voran ging Eltrich, seine kleine Frau am rechten, sein Kind auf dem linken Arm, und ihnen folgte ein stämmiger Schwarzer mit einem großen Holz- und einem kleineren Lederkoffer mit zwei Hutschachteln und einem Reisesack dem Violinetui und ihren Betten auf einem zweirädrigen Handkarren — eine kleine Tasche trug noch Adele am Arm. Als sie an dem Wagen vorbeigingen grüßten sie freundlich die Damen, und wandten sich dann der nächsten Querstraße zu, die hinauf in die Stadt führte.

»Welch ein liebes freundliches Gesicht die junge Frau hat« sagte Anna, die den Gruß herzlich erwiedert hatte und ihnen nachschaute »ein so zartes Wesen und hat die ganze Reise im Zwischendeck ausdauern müssen — ich habe sie oft bewundert; und sie war immer froh und heiter.«

»Ich wäre gestorben«; seufzte Fräulein von Seebald.

»Da kommen noch mehr Zwischendecks-Passagiere«!« rief Anna, nach der Planke zeigend, wo in diesem Augenblick Herr Mehlmeier die Hände in den Taschen, und einen rothseidenen Regenschirm unter den linken Arm gedrückt, von einem Mulatten begleitet, der einen nicht eben schweren Koffer auf der Schulter trug, leise ein Lied vor sich hinpfeifend die Planke hinunterstieg, und dicht an dem Wagen vorüberging. —

»Wünsche Ihnen eine recht glückliche Reise meine Damen« murmelte er dabei mit seiner feinen Stimme, während er keine Miene verzog und sie eher mit einem Gesicht anschaute als hätte er sagen wollen, »Na I h r könntet auch zu Fuße gehn.«

»Ist das ein grober Mensch« lächelte die Frau Professorin hinter ihm her — »sind nun so lange auf e i n e m Schiff gewesen, und soweit mitsammen über das Wasser gekommen, und er grüßt nicht einmal, hat uns auch nie an Bord gegrüßt, und uns nur immer steif und hölzern angesehn.«

»Mir war es fast als ob er Ihnen glückliche Reise wünschte« sagte Fräulein von Seebald — »aber ich konnte es nicht deutlich verstehen.«

»Nein gewiß nicht« lachte Anna, »er verzog ja keine Miene dabei — aber da kommt auch der Dichter — wenn das sein ganzes Gepäck ist, wird er nicht viel Umstände damit haben.«

Es war allerdings Theobald, dem ein junger Mulattenbursch mit einem sehr schmächtigen gelben Lederkoffer unter dem linken Arm, und einem kurzen Reisesack auf dem ein Pegasus gestickt war in der rechten Hand, voran lief. Theobald selber trug ein pappenes, etwas mitgenommenes Hutfutteral in der rechten Hand und einen schwarzseidenen Regenschirm mit einem Fischbein-Stöckchen hineingebunden, unter dem linken Arm, faßte aber, als er die Damen an der Levée halten sah, seinen gelben Lastträger hinten in den Bund, daß er ihm nicht in dem Gewirr von Menschen abhanden kam, und bedeutete ihn mit nach dem Wagen hinüber zu gehn, und dort zu warten. Er sprach kein Wort englisch und die ganze Unterhaltung mußte durch Zeichen geführt werden.

»Meine Damen, ich habe die Ehre — ich möchte fast sagen den S c h m e r z — mich Ihnen gehorsamst zu empfehlen« sagte er, hier angekommen mit einer besonders bedeutungsvollen Verbeugung gegen Fräulein von Seebald, und einen Ausdruck in den Zügen, der mehr sagen sollte als die kalten Worte.

»Und wohin trägt Sie Ihr Flug?« frug Amalie mit einem leichten, vielleicht kaum bewußten Erröthen.

»Wohin?« rief Theobald stehen bleibend und in der Begeisterung des Augenblicks die Hand mit dem Hutfutteral emporhebend, »in den Strudel der sich hier vor uns öffnet, in die Charybdis dieses weiten Reichs spring ich hinein, ein kühner Schwimmer. Ob mich die Wasser tragen werden? — ich weiß es nicht — ob ich darin untergehe? — « die Hand mit dem Hutfutteral kam wieder herunter — »wer mag den dunklen Schleier der Zukunft lüften — nur ein Gott.«

Er stak fest — die Frauen waren in Verlegenheit was sie ihm darauf erwiedern, ob sie ihn trösten oder bewundern sollten, und Theobald selber hatte den Faden verloren, als der kleine Mulatte beide Theile aus der Verlegenheit riß. Da dieser nämlich nicht den mindesten Grund sah weshalb er hier stehn bleiben und seine schöne Zeit versäumen solle, während er, wenn er rasch zurückkam, leicht noch eine Passagierfracht von demselben Schiffe aus befördern konnte, so setzte er plötzlich, ohne weiter auf den Eigenthümer des Koffers und Reisesacks Rücksicht zu nehmen, seinen Weg queer über die Fahrstraße fort.

»Sie da! — Sohn Afrikas — hallo!« rief Theobald, in der Sorge um sein Eigenthum plötzlich wieder auf die Erde herabkommend — »hallo da — warten Sie bis ich mit komme!«

»Sie werden schon eine Laufbahn finden, die Ihrer würdig ist« sagte mit leisem tröstenden Ton Fräulein von Seebald — der Koffer drohte aber in dem Gewirr von Menschen zu verschwinden.

»Sie werden entschuldigen meine Damen!« rief Theobald, die Schnur des Hutfutterals in die Finger der linken Hand pressend, die rechte zum Hutabnehmen frei zu bekommen — »ich hoffe jedenfalls noch das Vergnügen zu haben Sie wieder zu sehn« und sich den Hut fest in die Stirne drückend folgte er raschen Schrittes seinem viel zu eiligen Mulatten.

Anna lachte, Fräulein von Seebald aber sagte sinnend.

»Wie wir nun Alle hier, die wir bis jetzt nur einer Bahn gefolgt, am Scheidewege stehn und hinausziehen nach Nord und West und Süd und Ost. Wo werden wir uns wiedersehn, und wird das überhaupt wohl je geschehn?«

»Gewiß — und mit Gottes Hülfe froh und glücklich« sagte die Frau Professorin herzlich — »aber da kommt Marie, Kind, Kind, Du hast Dich, und wahrscheinlich auch Clara furchtbar aufgeregt!«

»Nein, meine liebe Mutter« betheuerte Marie, sich die großen hellen Thränen aus den Augen trocknend; »ich bin ihr davon gelaufen, ehe sie nur ein Wort sagen konnte.«

»Und nun fort!« rief der Professor, der sich bis jetzt von der Levée ab den Arm fast ausgeschwenkt hatte, die gar zu lang an Bord zögernde Tochter zurück zu winken »Kinder wir haben noch furchtbar viel zu thun. Eduard Du besorgst Alles ordentlich und notirst Dir besonders die Nummern der Karren, denen Du die Fracht überlieferst, und giebst ihnen jedesmal den Zettel mit der darauf verzeichneten Anzahl mit; ich denke zwei Karren werden den Rest bequem mit fortbringen, und dann kommst Du augenblicklich nach — *Jane Wilmington*, hier mit der Adresse der Straße an deren Fuß sie liegt. Ah Fräulein von Seebald. Sie entschuldigen.«

»Recht, recht glückliche Reise.«

»Danke — danke herzlich — Capitain ich sehe Sie noch ehe das Boot abgeht?«

»Ich bin gleich oben, habe nur noch etwas mit dem Steuermann zu reden — auf Wiedersehn. Ich komme dann gleich mit Herrn Henkel nach.«

»So Kutscher — wir haben doch Nichts vergessen?«

»Nein Alles in Ordnung.«

»Also *go ahead*! — vorwärts und mit Gott!«

»Adieu — adieu!«

Der Wagen bog in die Stadt ein, da an der Levée das Gedräng der Karren und Fußgänger zu groß war, und fuhr in scharfem Trabe den nächsten Weg nach der Dampfbootlandung, während Eduard jetzt rasch das noch zurückgebliebene Gepäck beförderte, mit dem letzten Karren den Eltern nachzufolgen.

Der junge Eltrich, der an dem Morgen mit Hülfe eines mitten in der Stadt aufgegriffenen Deutschen ein kleines Logis (Stube und Kammer wenigstens) gefunden hatte, war rasch zurückgeeilt seine Frau und sein Kind aus dem entsetzlichen Zwischendeck zu befreien. Mit ihrem Gepäck hatten sie, da Alles oben vor ihrer Coye stand, gar keine Umstände, Lastträger gab es zu hunderten an allen Theilen der Levée mit Hand- und Pferdekarren, und so stand ihnen denn Nichts weiter im Weg das Schiff, wo seine arme Frau besonders eine schwere Zeit verlebt, so rasch als möglich zu verlassen. Der Neger kannte übrigens die Straße und das Haus wohin sie wollten, und als er die Sachen auf seinen Handkarren geladen, nahm Eltrich sein junges Weib an, sein Kind auf den Arm, und zog, das Herz voll Jubel und froher Hoffnung mit ihnen in eine neue Welt, in ein neues Leben ein.

Das war A m e r i k a , der feste Grund den sie unter den Sohlen fühlten — das endlich erreichte Land ihrer Sehnsucht, für das sie gedarbt und gespart daheim, und die hellblitzende Sonne schien ihnen freundlich zuzuwinken im neuen Vaterland — der wolkenleere reine Himmel ein frohes Omen zu sein, all ihrer Hoffnungen und Träume. Freilich ringen und kämpfen mußten sie auch hier; eine Bahn galt es erst sich hier zu brechen, vielleicht wieder mit Sorgen und Entbehrungen, wie vordem, aber dafür bot ihnen auch das ungeheure Reich einen freien ungehinderten Spielraum für ihre Thätigkeit, und Eltrich fühlte die Kraft in sich, fühlte daß er im Stande war alle Hindernisse zu besiegen und sich den Weg zu bahnen, zu einer selbstständigen sorgenfreien Existenz. Seine Ansprüche an das Leben waren dabei mäßig; auf seinem Instrument aber war er Meister, und die aufblühende Kunst in Amerika mußte dem Künstler endlich ein Feld bieten zu wirken und den Lohn dafür zu erndten. War das aber auch nicht, nun so scheute er sich hier keiner Arbeit, die in dem freien Lande ihn nicht schändete und ihm nicht, einmal begonnen, die Bahn verschloß zu einer edleren Thätigkeit, wie blinde Vorurtheile das im alten Vaterland gethan. Jung und kräftig brauchte er nicht zu fürchten Hunger zu leiden, und wo so viele Tausende ihr Glück — eine Heimath fanden, durfte auch er der Zukunft mit froher Zuversicht entgegensehn.

»Was für ein reges wunderliches Leben das hier ist, meine Adele« sagte er, den Arm der Gattin pressend, der in dem seinen hing, und lächelnd zu ihr niederschauend — »sieh nur allein die wunderlichen Farben, an der Tausende, die hier herüber und hinüber eilen — nicht zwei haben gleiche Schattirungen und es ist fast, als ob der ganze Erdball seine Bewohner hierher geschickt hätte, die eine Stadt zu füllen.«

»Aber was für häßliche Gesichter diese Neger haben« lächelte die Frau, in komischer Angst über die Schulter zurück nach dem Schwarzen sehend, der ihnen die Sachen nachführte, »besonders jener Bursche da hinter uns; was für böse Augen und entsetzliche Lippen. Und so höhnisch und tückisch sehn sie dabei aus.«

»Was können sie für den Ausdruck ihrer Race« lachte Eltrich, »aber es sollen vortreffliche Arbeiter sein, und meist guten Humors — sehr oft guten Herzens. Was kümmert uns ihre Farbe und der Schnitt ihres Profils; wer weiß überdieß, ob wir ihnen nicht eben so häßlich erscheinen, wie sie uns.«

»Oh die herrlichen Früchte!« rief da Adele, als sie vor einem Stand vorbeikamen, der mit Ananas, Orangen, Bananen und Cocosnüssen bedeckt war — »oh der gottvolle Duft! ach das thut wohl s o l c h e Luft zu athmen nach so langer Zeit — und Blumen da drüben — oh sieh die lieben herrlichen Blumen an, Paul; nicht wahr, so wie wir uns nur ein klein wenig eingerichtet haben, gehen wir mit dem Kind hinaus in's Freie und pflücken uns viele viele Blumen — ich freue mich selber wie ein Kind darauf.«

»Gewiß mein Herz gewiß — aber die Blumen hier in Amerika sollen keinen Duft haben wie die unsrigen, wie man den Vögeln auch hier nachsagt daß sie nicht singen könnten.«

»Verleumdung Paul – böse Verleumdung!« rief die kleine fröhliche Frau, die vor dem Blumenstand stehn geblieben war und sich zu den vollen, zierlich gebundenen Bouquets die ein reizendes Quadroonmädchen feil bot, niedergebogen hatte – »hier überzeuge Dich selbst was für einen zarten herzigen Duft das kleine weiße Blümchen hat – und Luz muß auch riechen – nicht wahr Herz das riecht anders, wie da unten in dem bösen dunstigen Schiff, wo mein armer kleiner Bursche so lange gesteckt hat, und sich nicht herumtummeln konnte auf grünem Rasen.«

Das Mädchen bot ihnen Sträuße zum Verkauf an, doch Adele schüttelte erröthend den Kopf, drängte von dem Korbe fort, und bat den Gatten mit leiser Stimme kein Geld an solche Sachen zu wenden, wo sie es vielleicht zum Leben nöthig in der ersten Zeit gebrauchten.

»Es sind die ersten Blumen die uns geboten werden« sagte aber lächelnd der junge Mann, »laß sie uns nicht zurückweisen. Sie mögen uns ein gutes Zeichen sein. Was kosten die Blumen Kind?« frug er dann auf Englisch das junge Quadroonmädchen das sie feil bot.

»Nichts« sagte dieses aber, jetzt selber tief erröthend in reinem Deutsch – »die junge Frau und das Kind mögen sie nehmen!«

»Du sprichst deutsch?« rief Eltrich im höchsten Erstaunen aus, »und bist doch nicht über dem Wasser drüben geboren.«

»Nein« sagte die Sclavin ernst den Kopf schüttelnd – »aber mein Master ist ein Deutscher, und in seinem Hause wird deutsch gesprochen, da habe ich es schon als Kind gelernt.«

»Wie heißt Dein Master?«

»Messerschmidt.«

»Aber dürfen wir da die Blumen nehmen?«

»Ich darf sie geben« sagte das junge Mädchen, und das Blut drohte ihr in dem Augenblick die Schläfe zu zersprengen, »denn ich habe heute Morgen schon mehr, weit mehr für meine Blumen gelößt als mein Master von mir verlangt — ich bitte Sie recht herzlich darum sie zu behalten.«

»Recht herzlichen Dank dann für Dein freundliches Geschenk, Du liebes Kind« sagte Adele, ihr die Hand hinüber reichend, die sie nur schüchtern nahm — »es mag uns Glück bringen in dem neuen Land.«

»Sie sind noch nicht lange hier?«

»Erst seit heute.«

»Du lieber Gott!« sagte das junge Mädchen die Hände faltend.

»Aber liebes Kind wir müssen fort« unterbrach hier Eltrich das Gespräch, indem er zurück und dann um sich her schaute, den Neger zu sehn, der ihre Koffer fuhr — »der Bursche ist wahrhaftig wohl schon voran gegangen und ich weiß jetzt nicht einmal ob ich den Weg wieder so rasch finden kann.«

»Er wird doch ehrlich sein« rief Adele mit jähem Schreck — »guter Gott, sein Gesicht sah nicht darnach aus. Hast Du einen Neger jetzt ganz kürzlich hier vorbei gehn sehn, mein Kind, der einen Wagen zog auf dem zwei Koffer mit anderem Gepäck standen?«

»Es gehn so viele vorbei, man achtet nicht darauf« sagte das Mädchen — »fast war mir's aber, als ob gleich hier unten Einer vor kurzer Zeit in die Quergasse eingebogen wäre. Das schadet aber Nichts« setzte sie rasch und beruhigend hinzu — »die Leute haben meist alle ihre Nummer, und wenn Sie die gemerkt haben kann er mit den Sachen hingehn wohin er will, die Policey schafft sie Ihnen gleich wieder.«

»Die Nummer?« — sagte Eltrich, etwas bestürzt vor sich hinsehend »ja — ich glaube er hatte eine Nummer, aber welche, wahrhaftig und wenn ich sterben sollte, ich wüßte es nicht.«

»Barmherziger Himmel wenn alle unsere Sachen — « rief Adele in Todesangst — »es wäre furchtbar — was fingen wir nur an?«

»Thorheit, liebes Herz« suchte aber der Mann ihr die Sorge von der Stirn zu lachen — »er weiß das Haus und ist vorangegangen wo er auf uns warten wird. — Ah, hier ist der Zettel, — straße Nr. 43.«

»Der Weg führt hier gerade hinauf« sagte die junge Sclavin, »und oben am fünften Square von hier — der fünften Querstraße die Sie treffen, biegen Sie links ein, Sie können nicht fehlen.«

»So adieu mein Kind, und nochmals schönen Dank für Dein Geschenk!«

Auch die Frau nickte ihr noch freundlich zu, aber die Sorge für Alles was sie jetzt auf der Welt noch das ihre nannten, nahm für den Augenblick ihre Sinne und Gedanken zu sehr in Anspruch, an etwas Anderem mehr als momentan zu haften. Die Läden an denen sie vorbeigingen, die wunderlichen Charaktere und Menschen, denen sie begegneten, die ausgestellten Waaren, die eigenthümliche Bauart der Häuser, mit all dem Neuen und Interessanten um sie her, das eine fremde Welt ihr bot, lockte sie nicht mehr oder vermochte ihr Auge zu fesseln, das nur einen Punkt zu suchen schien in der weiten fremden Stadt — das häßliche Gesicht des Negers. So eilten sie, Eltrich selber weit ängstlicher als er der Frau gestehen mochte, ihre eigene Sorge nicht noch, vielleicht nutzlos, zu mehren, die Straßen entlang, so rasch sie eben mit dem Kind vorwärts kommen konnten, immer noch in der Hoffnung den doch wohl nur vorangegangenen Schwarzen zu überholen.

»Ha dort geht er!« rief Eltrich plötzlich — »Gott sei Dank wir haben uns geirrt!« und der Seufzer den er dabei ausstieß bewieß wie sehr er selber das Schlimmste gefürchtet.

»Nein, das ist er nicht!« rief aber Adele, deren schärferes Auge leicht den Unterschied in Neger wie Gepäck entdeckt hatte — »das sind nicht unsere Koffer.« —

Es war nur zu wahr — ein fremdes Gesicht blickte sie an als sie daran vorüber eilten und ihm forschend in's Auge sahen, fremdes Gepäck lag auf dem kleinen Karren, und fast im Lauf flohen sie jetzt die Straße hinauf, bogen um die bezeichnete Ecke und standen wenige Minuten später vor der Nummer des Hauses — wo k e i n Karren sie erwartete.

»Er ist noch nicht da« stöhnte Eltrich — »wir sind zu rasch gelaufen und haben ihn übersehn.«

Adele zitterte am ganzen Körper — sie w u ß t e das war nicht geschehn, sagte aber kein Wort.

»Oder er ist vielleicht in eine andere Straße eingebogen wo er ungestörter fahren konnte — die vielen Wagen hier. — «

»Er kann noch nicht dagewesen sein« sagte Adele endlich leise, so leise als ob sie fürchte der unwahrscheinlichen Vermuthung auch nur Raum zu geben.

»Er hätte gewartet!« — sagte aber auch Eltrich jetzt mit einem tiefen, angstvollen Seufzer — sein Blick flog die Straße auf und nieder — umsonst, der Neger ließ sich nirgends sehn, und die Gewißheit drang sich ihm immer furchtbarer auf daß er Alles — Alles — nein es war ja nicht möglich — Gott konnte nicht wollen daß sie s o von allem entblößt was sie noch das ihre bis dahin genannt, in der fremden Stadt in der fremden W e l t ein Leben beginnen sollten — es war nicht möglich; aber auch schon diese Ungewißheit, eine Höllenqual.

Er bat jetzt sein Weib mit dem Kind einen Augenblick an der Thüre stehn zu bleiben, während er hinein in das Haus lief dort in ihr Zimmer zu sehn — der Neger konnte die Straße heraufkommen während er im Inneren war. Er kehrte nach wenigen Minuten zurück. —

»Er ist n i c h t oben?«

Traurig, verzweifelnd schüttelte er mit dem Kopf.

Nur noch eine Hoffnung blieb ihm jetzt — er wollte noch kurze Zeit warten — noch war es möglich daß der Bursche, in eine andere Straße vielleicht eingebogen, sich da aufgehalten und verspätet hatte — er k o n n t e noch kommen, kam er aber n i c h t, dann wollte er rasch auf die Policey und dort die Anzeige des Geschehenen machen. Lieber Gott es war das eine schwache, trostlose Hoffnung — ohne Nummer oder Namen des Negers konnte er der Policey selbst keinen Halt geben an irgend etwas; große Augen und aufgeworfene Lippen hatten alle die Tausende von Negern die sich in New-Orleans herumtrieben und er wußte ja selber nicht, ob er sogar zu dem Mann würde schwören können, wenn er ihn jemals wieder angetroffen. Adele aber mußte erst mit dem Kind in ihrem Zimmer untergebracht werden, daß er selber freie Hand behielt; er führte sie hinauf. Es war ein kleines Gemach, das auf den engen Hof hinaus sah; die Thür stand offen, denn zu stehlen war Nichts darin, und das Meublement bestand in einem Tisch, drei Rohrstühlen und zwei leeren Bettstellen.

»Habe nur ein klein wenig Geduld Adele, ich bin bald wieder zurück — und — quäle und ängstige Dich nicht zu sehr — noch ist Hoffnung da; ein trauriger Anfang macht oft ein fröhliches Ende, liebes Herz.«

Er küßte sie auf die Stirn, nahm das Kind auf und herzte es ab, und verließ dann rasch das Zimmer; Adele aber legte die Blumen vor sich auf den Tisch, barg, darüber gebeugt, ihr Antlitz in den Händen, und weinte still und trostlos.

Auf der Haidschnucke waren indessen die drei, bei dem Leuchtschiff in der Weser an Bord gekommenen Passagiere in die Cajüte zum Capitain gerufen worden, dort entlassen zu werden. Sie traten, die Mützen in der Hand herein, und blieben an der Thür mit dem Untersteuermann neben sich stehn, den Capitain zu erwarten, der in sein eignes Zimmer gegangen war, und nach einer Weile mit einigen Papieren und ein paar kleinen Packeten in der Hand, zurück kam.

»Na Ihr seid fertig an Land zu gehn?« rief er, nach einem flüchtigen Blick auf die Leute — »Stürmann, sin here Sahken ruut schafft.«

»All's klaar Captein — « antwortete der Seemann.

»Gut, dann könnt Ihr jetzt gehn wohin Ihr wollt. Hier Pelz, da hast Du Deinen Zettel — hier Du Deinen Alper, und da Du den Deinen Mooswerder.«

»Ne ich bin Mooswerder, Capitain — « sagte der zweite.

»Schon gut, Ihr könnt sie Euch an Land dann aussuchen — es steht drinn daß Ihr Euch in Deutschland gut aufgeführt hättet — Ihr werdet das schriftlich brauchen, denn auf Euer Gesicht glaubt's Euch doch hier Niemand.«

»Muß das ein J e d e r hier haben?« frug der älteste der drei, das Papier etwas mistrauisch betrachtend.

»Ich soll D i r wohl auch noch eine Erklärung geben,« fuhr ihn der Capitain barsch an — »da hier« setzte er dann ruhiger hinzu, »sind auch für jeden noch fünf Dollar Amerikanisches Geld, daß Ihr die ersten Wochen was zu leben habt; für 3 Dollar die Woche könnt Ihr hier in den billigsten Gasthäusern Kost und Logis bekommen, und habt Zeit Euch nach A r b e i t umzusehn; verstanden? Daß Ihr Euch gut zu betragen habt, brauch ich Euch nicht erst noch zu sagen, wohlmeinend warnen möcht ich Euch aber doch keine dummen Streiche zu machen, denn sie verstehn hier keinen Spaß; aber Ihr werdet selber am Besten wissen was Euerer Haut gut ist.«

»Denke so, Capitain« sagte der Alte, die Hand nach dem Geld ausstreckend — »sind doch alt genug dazu.«

»Schön — weiter hab' ich mit Euch Nichts zu thun — Eure Kisten stehn oben an Deck, in einer halben Stunde müßt Ihr an Land sein.«

»Vielleicht wäre es gut, Herr Capitain« sagte da der Alte mit einem eigenthümlich versteckten Lächeln, »wenn Sie sich von den hiesigen Behörden eine Quittung über r i c h t i g e  A b l i e f e r u n g geben ließen.«

»Geht zum Teufel!« rief aber Capitain Siebelt ärgerlich, »oder ich lasse Euch die Quittung noch vorher auf den Rücken schreiben.«

»Nun Nichts für ungut« lachte der Alte, »war nur so eine Meinung von mir; übrigens sind wir hier f r e i e  B ü r g e r« setzte er mit einer Art versteckten Trotz hinzu.

»Ja, sobald Ihr an Land seid« sagte der Capitain — »nicht bei mir an Bord.«

»Danke für den Wink« lachte der Alte, »und glückliche Rückfahrt. — G r ü ß e brauchen wir Ihnen doch wohl nicht aufzutragen?«

Die Andern lachten, der Capitain aber winkte dem Steuermann ungeduldig die Burschen hinauszuschaffen, die übrigens gar nicht daran dachten den Mann noch böse zu machen, und rasch dem Befehl gehorchten.

An Deck oben standen ihre Kisten schon bereit, die Jeder von ihnen — sie waren leicht genug — schulterte, und damit, ohne sich weiter um irgend einen der anderen Passagiere zu kümmern, das Schiff verließ.

»Capitain!« sagte Henkel, der in demselben Augenblick die Cajüte betrat, als die drei Männer sie verlassen hatten, »dürfte ich Sie bitten mein Gepäck nach oben schaffen zu lassen, ich möchte es, noch ehe wir an Bord der Jane Wilmington fahren, gern befördern.«

»Aber was eilen Sie?« frug der Capitain, der eben seinen Hut und Stock genommen hatte, seinen Passagier zu begleiten, »Ihre Fracht wird auch noch nicht oben sein, und für Ihre Frau Gemahlin ist es doch am Ende besser daß sie noch ein paar Tage ruhig in ihrer Coye bleibt, bis sie sich vollständig erholt hat. Der Arzt kann sie ja auch hier besuchen.«

»Meine Ballen kommen eben herauf« sagte Henkel aber, »und ich habe schon Jemanden dabei, der mit ihnen auf das Steueramt geht und dort Alles berichtigt, und meine Frau wird sich jedenfalls besser an Land erholen. Unsere Wohnung ist nicht weit von hier.« —

»Gut, wie Sie wollen, ist Alles herausgesetzt?«

»Ja, hier von der Cajüte — ein Drayman steht schon oben und wartet, das Gepäck in Empfang zu nehmen.«

»Und weiter ist Nichts?«

»Noch zwei Koffer die in der Coye stehn, mit Kleidern und Wäsche meiner Frau.«

»Dürfen die Leute hinein?«

»Ich werde sie selber heraussetzen.«

»Gut« sagte der Capitain, »dann will ich nach oben gehn und den Steward mit einem von den Matrosen hinunter schicken; aber machen Sie rasch, wir haben nicht viel Zeit zu verlieren und ich muß selber um halb zwölf in Canalstraße sein.«

Er verließ die Cajüte und wenige Minuten später folgte ihm Henkel, aber er sah bleich und erregt aus — seine Lippen zitterten und er strich sich mit der Hand ein paar Mal heftig die Stirn. Selbst dem Capitain, sonst gerade kein scharfer Beobachter, fiel das Aussehn seines Passagiers auf, und er rief überrascht:

»Hallo Sir, Sie sehn ja aus als wenn Ihnen ein Gespenst begegnet wäre — was ist Ihnen?«

»Mir? — o Nichts« erwiederte Henkel, sich gewaltsam sammelnd — »nur unwohl wurde mir plötzlich unten — ich weiß nicht wovon; der Kopf schwindelte mir und es wurde mir so schwarz vor den Augen; aber es ist vorbei jetzt« setzte er ruhiger hinzu, »ich habe auch schon früher etwas Ähnliches gehabt — ein leichtes Unwohlsein, das eben so rasch entsteht wie verschwindet.«

»Hier zu Lande muß man vorsichtig mit solchen Dingen sein« meinte Capitain Siebelt kopfschüttelnd — »Sie sahen wie eine Leiche aus, als Sie an Deck kamen.«

»Wirklich?« lachte Henkel, aber das Lachen klang hohl und unheimlich »ah da kommen die Sachen« unterbrach er sich rasch, als der Steward mit einem der Matrosen, jeder einen Koffer tragend, an Deck erschien — »dort dem Mann Leute, überliefert das Gepäck; Nr. 477 er weiß wohin es kommt.«

»Ist Alles herausgesetzt unten?«

»Ja; — nein — zwei Koffer stehn noch in der Cajüte, aber meine Frau wird selber darüber bestimmen, wann die fortgeschafft werden sollen. Doch bald hätte ich ja vergessen — hier Steward, ist etwas für Ihre Bemühungen.« —

»Oh ich bitte, Herr Henkel — war gar nicht nöthig; nun ich danke auch recht viel tausendmal.«

»Und hier Steuermann, haben Sie die Güte das von mir den Leuten an Bord zu geben.«

»Danke herzlich, Herr Henkel, in deren Namen — werden sich einen guten Tag damit machen können — aber das hätte ja Zeit gehabt, Sie kommen doch wieder an Bord.«

»Ich? — ja — allerdings — aber ich könnte es vergessen.«

»Sind Sie fertig?« frug der Capitain, der indessen langsam vorangegangen war und schon unten auf der Levée stand, herüber.

»Ich komme Capitain — also Steuermann, ich verlasse mich auf Sie, daß der Mann da rasch befördert wird — die Karrennummer ist 477.«

»Er soll in zehn Minuten die Sachen an Bord haben« sagte der Seemann, »so wahr ich Köhler heiße.«

Der Steuermann stand oben an der Reiling, mitten auf den ausgeschobenen Planken, und sah den fortfahrenden Männern nach, als er vom Schiff aus angeredet wurde.

»Herr Obersteuermann, wenn ich bitten darf?«

»Ja wohl, was giebts? — ah Herr Maulbeere — nun auch zum Abmarsch fertig? das ist ja schnell gegangen.«

»Freut mich, wenn meine Bereitwilligkeit Ihr angenehmes Schiff zu verlassen, Ihren Beifall hat — wäre gern noch länger geblieben, aber Sie wissen wohl, Geschäfte müssen immer den Vergnügungen vorgehn.«

»Ja wohl Herr Maulbeere und was für Geschäfte haben Sie? wenn ich fragen darf?«

»Scheerenschleifen mit Ihrer Erlaubniß Herr Obersteuermann; die Scheeren in hiesiger Stadt sollen sich, neueren Nachrichten zufolge, in einem höchst traurigen und vernachlässigten

Zustand befinden, es ist demnach die höchste Zeit, daß ich an Land komme.«

»Ich hoffe nicht« lachte der Seemann trocken, »daß Ihnen in diesem löblichen Vorsatz irgend Jemand an Bord etwas in den Weg gelegt hätte.«

»Müßte es lügen« sagte Maulbeere ruhig, »der Herr Untersteuermann hat mich schon dreimal ersucht, zu machen daß ich fort käme.«

»Nun so eilig ist's nicht« lachte der Steuermann, »Mittag können Sie immer noch bei uns machen. Die Familien dürfen sogar noch über Nacht bleiben; wir wollen die Leute nicht Hals über Kopf auf die Straße setzen.«

»Höchst christliche Grundsätze und wirklich verführerisch genug« versetzte Maulbeere »Jemanden, der nicht in gar zu großer Eile wäre, zu veranlassen seinen Magen noch einmal mit Bremer Erbsenbrüh zu ärgern.«

»Nun es zwingt Sie Niemand« meinte der Steuermann kurz.

»Danke Ihnen« sagte Maulbeere.

»Und was wünschen Sie von mir?«

»Daß Sie die Gnade hätten« sagte Maulbeere mit ironischer Devotion, »mir meine Werkstätte zu Tag fördern zu lassen.«

»Ihre Werkstätte?«

»Den Schleifsteinkarren, der im unteren Gefache Ihres Schiffes liegt, wenn Ihnen das deutlicher ist.«

»Ach den überwachsenen Schiebbock?« sagte der Seemann, »der gehört Ihnen?«

»Ich bin der glückliche Eigenthümer, und es ist Alles was mich noch an Bord fesselt.«

»Nun da kann geholfen werden« rief der Steuermann, von der Planke herunter und zur offenen Luke tretend, »Du Jahn, smiet mal dat Tüg da rup, vor de Scheerenslieper; de ole scheepe Kaar met en Raad dervör!«

»Dat Donnerslagse Ding; ick hebb mi all min Schen dran verstoten« fluchte eine Stimme von unten herauf.

»Nu? kommt se vorn Tag?«

»Ja, gliek — hahl op! — «

»Staat by hier — oh — aho-y-oh!«

Der Karren, ein ungeschlachtes Ding, mit einem Kasten dabei, in den wahrscheinlich die Steine gepackt waren, denn die Leute die ihn heraufwanden fluchten über das Gewicht, kam bald darauf zu Tage, und Maulbeere nahm ihn in Empfang, untersuchte ihn erst auf das Sorgsamste, und begann dann, ihn zum augenblicklichen Gebrauch in der Stadt, vollständig in Ordnung zu bringen.

Als er noch damit beschäftigt war kam Meier mit seiner Frau aus dem unteren Deck herauf; Beide schienen ebenfalls gerüstet das Schiff zu verlassen, aber die Frau sah todtenbleich und abgemagert aus, und war so schwach daß sie sich kaum auf den Füßen halten konnte. Maulbeere kauerte neben seinem Kasten, und sah die Beiden vorüber gehn, unterbrach aber seine Arbeit nicht dabei, und hämmerte und schraubte ruhig fort.

Das Gepäck der Beiden war schon heute morgen früh an Land und durch Meier selber nach einem billigen Boardinghause in — Street geschafft worden; die Frau trug nur ein kleines in ein rothbuntes seidenes Tuch eingeknüpftes Bündel, und wankte hinter dem Mann her, der den Hut etwas auf einer Seite, die Hände in den Hosentaschen und einen ziemlich derben Stock unter den linken Arm gedrückt, ohne weiter Notiz von irgend Jemand an Bord zu nehmen, im Begriff war das Schiff zu verlassen. Nur als er vor Maulbeere vorüber ging blieb er stehn, sah zu ihm nieder und sagte:

»Auch fertig?«

»Bald« erwiederte der Scheerenschleifer, eben im Begriff eine etwas schwergehende Schraube einzuziehn, was seinem Gesicht eine fast dunkelrothe Färbung gab.

»Ist hübsch in Amerika.« —

»Sehr!« sagte der Scheerenschleifer.

»Schon Aussichten?«

»Siebzehn!«

»Guten Morgen.« —

»Morgen!« lautete die trockene Antwort, und der Mann ging, dicht von der Frau gefolgt, ohne sie aber zu führen oder zu stützen auf dem schwanken Bret, über die Planke an Land. Der Scheerenschleifer aber, in seiner Stellung mit dem eingestemmten Schraubenzieher bleibend, und nur mit den Augen dem wunderlichen Paare folgend, sah ihnen eine Weile nach, bis sie über die Levée verschwunden waren, und wollte dann eben wieder in seiner Arbeit fortfahren, als der Untersteuermann zu ihm trat, und hinter dem fortgegangenen Passagier herdeutend sagte:

»Ein hübsches Pärchen, wie? — scheint sich recht wohl zusammen zu fühlen.« —

»Scheint so« sagte Maulbeere, wieder an der Schraube beginnend.

»Ihr wißt nicht wo sie her sind?«

»Ja.«

»Und was der Bursche drüben gewesen ist?« frug der Seemann neugierig. —

»Ja wohl« sagte Maulbeere.

»Umsonst ist der nicht weggegangen von zu Haus.«

»Das weiß Gott« meinte der Scheerenschleifer — »er hat für zwei Personen theuere Passage zahlen müssen?«

»Also Ihr wißt was Näheres über ihn?«

»Näheres? — ich kann Ihnen den Fleck zeigen wo er die letzten sieben Wochen geschlafen hat, Herr Untersteuermann.«

»Bah, ich meine von drüben.«

»Oh von drüben meinen Sie.«

»Was war er denn drüben?«

»Glücklicher deutscher Staatsbürger.«

»Ich meine was er sonst getrieben hat.«

»Ich werde nachher den Herrn Obersteuermann um die Schiffsliste ersuchen, und Ihnen dann mit größtem Vergnügen das Nähere mittheilen.«

»Gehn Sie zum Teufel!« sagte der Untersteuermann ärgerlich.

»Danke Ihnen«, Maulbeere, vollkommen ruhig an seiner Arbeit fortfahrend.

Maulbeere, der mit unerschütterter Gemüthsruhe, den Matrosen dabei fortwährend im Weg, seine Arbeit beendet, das Rad eingeschlagen und vier oder fünf Schiebladen in seinem Gestell mit allerhand Dingen aus einem kleinen Kistchen gefüllt hatte, stand jetzt auf, setzte seinen Hut auf, nahm den breiten ledernen Tragriemen über die Schultern des unverwüstlichen grünen Rockes — (dessen Glanz dort oben auch dadurch seine Erklärung fand) und war im Begriff das Schiff zu verlassen indem er seinen Scheerenschleiferkarren vor sich her, über den Gangweg hin, der Planke zuschob.

»Nun Herr Maulbeere glückliche Reise!« sagte der Obersteuermann, der ihn kopfschüttelnd die letzten Minuten beobachtet hatte — »aber was soll mit dem Kistchen hier geschehn?« — Der weiße kleine Kasten war an Deck zurückgeblieben.

»Den vermach ich dem Schiff!« sagte Maulbeere, den Karren etwas mehr nach der linken Seite werfend, das Gleichgewicht herauszubekommen.

»Und Ihr anderes Gepäck?«

»Gegenwärtig.«

»Was? — keine Kleider mehr? — wo ist denn Ihre Wäsche?« lachte der Seemann.

»In der Wäsche Herr Obersteuermann« sagte Maulbeere, und war eben im Begriff mit einem plötzlichen Ruck über eine im Wege, und queer über den Gangweg liegende Handspeiche hin zu fahren, als Frau Henkel mit Hedwig die Cajütstreppe heraufkam und auf den Obersteuermann zuging.

Sie sah todtenbleich aus, war aber vollständig angezogen, mit ihrem Hut auf und einen weiten Shawl um ihre Schultern geschlagen; eben so Hedwig, die eine Tasche in der Hand trug, und stark verweinte Augen hatte.

»Halt Maulbeere!« rief der Obersteuermann — »wartet einen Augenblick, ich glaube die Damen wollen an Land gehn, daß Ihr ihnen nicht mit Eurem gefährlichen Karren da in den Weg kommt.«

»Werde ihnen Bahn machen« sagte jedoch Maulbeere, eben nicht gesonnen Rücksichten auf Jemand zu nehmen, wer es auch sei; der Seemann trat ihm aber in den Weg, und zwang ihn dadurch zum Stillhalten, während Clara Henkel auf ihn zutrat und freundlich sagte —

»Dürfte ich Sie bitten mir zwei von Ihren Leuten mitzugeben und meine beiden Koffer tragen zu lassen?«

»Sie wollen doch nicht zu Fuß in die Stadt gehn, Madame?« sagte der Steuermann — »ich glaubte erst, Sie wünschten nur einmal frische Luft wieder zu schöpfen, aber da besorg ich Ihnen doch lieber einen Wagen.«

»Ich danke Ihnen« sagte die Frau mit leiser, doch entschlossener Stimme — »wir werden gehn — aber ich möchte die Koffer mit mir nehmen.«

»Sie sehen noch so blaß und angegriffen aus« sagte der Seemann auf seine derbe doch herzliche Weise — »wenn Sie mir folgen, lassen Sie sich einen Wagen holen.«

Clara schüttelte mit dem Kopf, und sich umsehend auf Deck sagte sie endlich:

»Hat Herr Henkel sein ganzes Gepäck fortschaffen lassen?«

»Alles, bis auf das was in der Coye stand.«

»Ist nicht ein kleiner gelber lederner Koffer mit schwarzen Riemen zurückgeblieben?«

»Nicht daß ich wüßte, aber ich kann fragen.«

»Nein Madame« mischte sich hier aber einer der Matrosen in das Gespräch — »ich habe selber die Sachen mit auf den Karren und den kleinen gelben Lederkoffer mit hinausgetragen; der Koffer fiel mir noch auf weil er so hübsch gearbeitet war und eben die schwarzen Tragriemen hatte.«

Clara seufzte tief auf, aber sie sah freudiger dabei aus — es war als wenn eine Last von ihrer Seele genommen wäre.

»Ich weiß selber nicht einmal wohin die Sachen geschafft sind« sagte der Steuermann wieder, »und die Leute wissen auch nicht Bescheid.«

»Wir werden uns schon zurecht finden« sagte Frau Henkel — »ich bitte Sie recht sehr mir zwei Leute mitzugeben.«

»Von Herzen gern, wenn Sie es denn absolut wollen — heh Jahn und Görg — loopt mal gau daal in de Cajüt, und sackt die beiden Koffers op. — Sind sie herausgestellt, Madame?«

»Sie stehen vor unserer Thür.«

»Also flink Jungens, und dann gaat Jü mit Madame in de Stadt. — Kann ich Ihnen sonst noch mit etwas dienen?«

»Ich danke Ihnen Steuermann« sagte die Frau freundlich, aber gar wehmüthig lächelnd — »ich brauche N i c h t s weiter — leben Sie wohl. Vielleicht aber sehn wir uns recht bald wieder — wann wird Ihr Schiff fertig sein zur Rückfahrt?«

»Ja das hängt von der Fracht ab, Madame, aber ich denke doch s p ä t e s t e n s in vier Wochen.«

»Ich danke Ihnen leben Sie wohl!« Sie ging, von Hedwig jetzt unterstützt, auf deren Schulter sie sich lehnte, langsam über die Planke an Land, und die Matrosen folgten ihr, mit den beiden Koffern auf den Schultern.

Maulbeere hatte seinen Karren hingesetzt, und war ein stummer, doch sehr aufmerksamer Zeuge der letzten Scene gewesen; jetzt aber, wieder unter das Lederband duckend, sagte er sehr förmlich zu dem Seemann, der noch auf der Planke stand und den Damen nachschaute.

»Erlauben mir j e t z t der Herr Steuermann daß ich a u c h hinaus darf?«

»Oh mit Vergnügen Herr Maulbeere«, rief der Seemann, lachend auf die Seite tretend — »thut mir unendlich leid Sie aufgehalten zu haben.«

»Bitte mich dem Herrn Capitain gehorsamst zu empfehlen« sagte der Passagier, ohne eine Miene zu verziehn, indem er an dem Steuermann vorbeischob. —

Die Matrosen die in der Nähe standen lachten, der Scheerenschleifer kümmerte sich aber nicht weiter um sie, fuhr in einen kurzen Trab die etwas schräg nach dem Land liegende Planke nieder, an der anderen Seite mit kräftigerem Anstoß hinauf, und verschwand bald darauf in dem am Lande wogenden Gedräng von Menschen.

# Capitel 5.

### Der Mississippi.

Die Jane Wilmington einer jener mächtigen Mississippi-Dampfer, von denen hunderte die Wasser jenes riesigen Stromes befahren, lag zur Abfahrt fertig an der Levée von New-Orleans, mitten zwischen einigen dreißig anderen, ihr ganz ähnlichen Booten.

Keinen lebendigeren, geschäftigeren Platz giebt es auch wohl auf der Welt, so weit Handel und Schiffahrt Länder und Menschen mit einander verbinden, als die Dampfbootlandung von New-Orleans, besonders in dieser Jahreszeit. Die Stadt ist neuverjüngt; das gelbe Fieber das alljährlich im Spätsommer, bis Ende September, oft sogar bis in die ersten Tage des Oktober, New-Orleans fast entvölkert, die wohlhabenderen Bewohner nach dem gesünderen Norden hinaufscheucht, die Fremden decimirt, und der ganzen Stadt das Ansehn eines großen Leichenhauses giebt, von dessen tausenden von Leichen sich zuletzt selbst die Aasgeier in Ekel abwenden, hatte schon lange seine letzten Opfer gefordert, und der bis dahin gewaltsam zurückgehaltene Handel, der seine natürliche Strömung nach dieser mächtigsten Hafenstadt des Südens hat, brach sich jetzt wie gewaltsam wieder Bahn. Ganze Flotten von Dampfern, die scheu und ängstlich in der schweren Zeit den Platz gemieden, und sich mit geringer Fracht, und der ungeheueren Concurrenz wegen nur mit wenigen Passagieren begnügend, zwischen den oberen Staaten herumfuhren, und wenn sie ja Mannschaft nach der »Peststadt« bekommen konnten und es wagen wollten, nur eben hinunter fuhren, an Bord nahmen was Geld hatte seine Passage zu zahlen, und dann schnaubend und in Ballast wieder zurückeilten nach Norden auf, führten jetzt die tausende zurück in ihre verlassene Heimath, die der »Gelbe Jack« wie die Epidemie spottweise heißt, daraus vertrieben, und brachten zugleich die Schätze des Nordens den verödeten Waarenhäusern der Stadt.

Boot nach Boot kommt, die gelbe Fluth vor sich aufspritzend, den Strom nieder — noch ist es nicht elf Uhr Morgens, und das siebzehnte ist schon gelandet; gewaltige Fahrzeuge mit von vier bis acht Kesseln an Bord, viele mit einer Mannschaft von 50-60 Leuten, die breiten *guards* [7] bis hoch hinauf selbst über das höchste Deck mit einer ordentlichen Wand von Baumwollenballen umthürmt, andere, ihre oberen Decks wenigstens frei, aber doch bis zu den *guards* im Wasser gehend, die gesalzenes Schweinefleisch in tausenden von Fässern von Cincinnati, Mehl von Ohio und Pensylvanien, Whiskey von eben daher, Blei von Missouri, Vieh von Kentucky, und feines Salz und Tabak aus Virginien herunter bringen.

Die Levée selbst liegt schon fest gepreßt unter einer riesigen Last all solcher Produkte, die der Norden hier hernieder schickt, baar Geld oder die Erzeugnisse der Tropen dafür einzutauschen — Baumwollenballen so weit das Auge reicht; Fleisch und Mehlfässer und *whiskey barrels* mit ihren rothen Böden und dem Cincinnati-Stempel; Kaffee- und Reissäcke zu tausenden als neue Fracht für die eingetroffenen Boote; Blei in schweren kurzen Barren; Syrop- und Zuckerfässer; Salzsäcke und dichtgeschnürte Ballen kostbarer Felle vom Norden; ein stehendes Waarenmagazin unter freiem Himmel von kaum berechenbarem Werth, Nachts unter dem Schutz von vielleicht ein oder zwei schläfrigen Wachen, seine Masse behauptend, während hunderte von Karren ununterbrochen daran arbeiten es abzutragen.

Und das Gewimmel von Menschen auf dem Platz, über den hie und da kleine Austerbuden wie gesprenkelt stehn, die Hungrigen zu erquicken, während die Häuser der ganzen Front ihre unteren Hallen verlockend öffnen den Durstigen jene Unzahl Mischungen geistiger Getränke zu bieten, wegen denen Amerika berühmt ist. Die Karrenführer selbst, meist Irländer und Neger mit wenigen Deutschen, eine wilde thätige, rauflustige Bande, die tausende von Bootsleuten der verschiedenen Dampfer, Feuermänner und Matrosen, die schwere Fässer vor sich her die Levée hinaufrollen, oder gewichtige Kaffee- und Reissäcke auf den Schultern niedertragen, oder mit stumpfen Handhaken, Stiefelziehern nicht unähnlich, riesige Baumwollenballen in Schwung bringen und herüber und hinüber werfen, als wären es Körbe mit Federn gefüllt — wie sie da schaffen und arbeiten, und lachen und fluchen. Und zwischen den kräftigen sonngebräunten Burschen mit aufgestreiften Ärmeln und offenen Hemdkragen, denen der Schweiß in hellen dicken Tropfen auf den rothen Stirnen perlt, und deren Sehnen wie Stricke an den markigen Armen herunter liegen, seht Ihr jene kleinen schmächtigen Gestalten in seidene Fracks oder lichte Oberröcke gekleidet, mit gewichsten Stiefeln und gegen die Sonne gespanntem Regenschirm, kleine Bücher in der Hand, und den gespitzten Bleistift mit den dünnen Lippen feuchtend? das sind die »*clerks*« oder Buchhalter der Kaufleute aus der Stadt, oder die der verschiedenen dortliegenden Dampfboote, Waaren überliefernd, oder übernehmend, und den Kopf voll Zeichen und Zahlen.

Passagiere drängen dabei herüber und hinüber, denen sich die Bewohner der Stadt, in Geschäften oder Müssiggang, zu gesellen; der lebendige Franzose dessen Stamm ziemlich den vierten Theil der ganzen Stadt bevölkert, und sich selbst dem, im Besitz befindlichen Amerikaner gegenüber das Recht seiner Muttersprache in den Gerichtshöfen neben dem Englischen gesichert hat; der ruhige Spanier mit seinem breiträndigen *sombrero*; der geschäftige Yankee, an der langen ungelenken Gestalt, dem knochigen Gesicht und den grauen lebendigen Augen kenntlich; zwischen ihnen der reiche Creole [8] mit seiner sonngebräunten Haut und der thätige Deutsche, der schweigsame Engländer und der feurige Italiener, durch ein Gewühl von Negern und Mulatten drängend, die mit Fracht auf und ab die Levée steigen, oder hin und her geschäftig laufen, und dabei lachen und singen, schreien und zanken.

Und da hindurch pressen die Züge der ankommenden Einwanderer, meist Deutsche in ihren Nationaltrachten, wie sie daheim den Bauerhof verlassen, auch viele Irländer in ärmlichen Kleidern, aber mit entschlossenen, fröhlichen Gesichtern, die meist ihr Gepäck selber den Dampfschiffen zuschultern, auf denen sie im Begriff sind die Fahrt in's Innere anzutreten.

Die Deutschen besonders tragen schwere hölzerne Kisten, gewöhnlich zwei und zwei zusammen; alte Truhen mit buntgemalten Kränzen von unmöglichen Blumen, und frommen Sprüchen geziert, über die hin keck und rücksichtslos der Name des Eigenthümers und das Wort A m e r i k a , mit schwarzer Farbe seinen Platz gesucht, während die Frauen, Kinder auf dem Arm und an der Hand, in weitbauschigen Ärmeln und kurzen Röcken, die braunen Stirnen der Sonne vertrauend preisgegeben, den Männern folgen. Jetzt stehn sie und suchen den Namen des Bootes für das sie sich bestimmt, von »Läufern« indeß überrannt, die sie dem oder jenem Dampfer werben wollen. Kleine Seelenverkäufer in ihrer Art, diese Burschen, und eigentlich wilde Schößlinge der Überseeischen Agenten, die auch ihre Procente haben *pro* Kopf, für alle die sie als Passagiere sicher auf ein Dampfboot liefern. Ob dann die Leute dorthin kommen wohin sie gerade wollen, und ob sie dort glücklich sind oder zu Grunde gehn, was kümmerts die; nur so und so viel Köpfe sicher an Bord, so und so viel *escalins* [9] dafür eingestrichen, aus dem fremden Volk mag dann werden was da will.

Die Deutschen geben sich aber am wenigsten mit den Leuten ab; wieder und wieder schon im alten Vaterland vor ihnen gewarnt, lassen sie sich wenigstens nicht mehr soleicht auf der Straße von ihnen abfangen, fallen ihnen aber sonst doch noch in die Hände. Haben sie jedoch erst einmal den Namen eines bestimmten Bootes, dann halten sie sich auch hartnäckig an dem fest, mögen die Bequemlichkeiten darauf sein wie sie wollen, schaffen ihre Sachen selber an Bord, und richten sich dann wieder, das alte Zwischendecks-Leben frisch im Gedächtniß, gar bald für die Tage die sie auf dem Wasser noch zubringen müssen, häuslich ein.

Das Alles wogt und drängt über die Levée von New-Orleans, und auf dem Strome herrscht gleiches reges Leben. Hier kommt ein schnaubender Dampfer, die Thüren vor den Kesseln weit aufgerissen daß die Hitze da ausströmen kann, und das Boot aussieht als ob es einen glühenden Rachen geöffnet habe, pfeilschnell bergab, zieht einen weiten Bogen in der schäumenden Fluth, und gleitet, von kundiger Hand geführt, genau in die Lücke ein die jenes andere Boot gelassen, das eben noch in Sicht, langsam stromauf dampft. Dort stößt ein anderes ab — seine Planken sind eingezogen, die die Verbindung mit dem Lande unterhielten, aber sein Deck schwärmt noch von Fremden aller Farben, die Geschäfte oder Neugier an Bord getrieben. Die Leute legen sich indessen unter dem gellenden Ho-y-oh! der Matrosen in lange ausgeschobene Stangen, den Bug zurückzuschieben, die Maschine beginnt zu arbeiten, und wie das breitmächtige Boot langsam nachzugeben beginnt und, die *guards* der beiden Nachbar-Dampfer reibend, sich rückwärts hinausdrängt aus der langen Reihe, springen an beiden Seiten die Müßiggänger und nicht an Bord Gehörigen hinüber auf andere Boote, nicht mit hinaus in den Strom genommen zu werden, denn der Capitain hielte wahrlich keine Secunde an ihretwegen, und der erste Landungsplatz wäre wahrscheinlich erst dreißig oder vierzig Miles [10] stromauf gewesen, wo er das erste Holz einnehmen mußte. Jetzt hat sich das schnaubende Boot frei gemacht und schießt mit vermehrter Kraft, über sein Steuer fort, eine Strecke in den Strom hinein — nun drängt sich der scharfe Bug hinauf, nach vorne ein, die Räder schlagen, die Wasser kräuseln, brechen sich unter der Gallion, und werden zu Schaum geschlagen von den peitschenden Radplanken, und fort schießt das gewaltige Fahrzeug von der ungeheueren Kraft getrieben, auf seiner Bahn. Die Schaar von Menschen aber, die eben dem einen Boot entsprang, eilt jetzt flüchtigen Laufs an Land das andere, eben gekommene Boot zu gewinnen; Kofferträger und Verkäufer, Boardinghaus-Wirthe und Taschendiebe — oft beide zu einer Klasse gehörend — Käufer und Zwischenhändler von jeder Farbe, jedem Stand, und das Drängen und Treiben beginnt von vorne an.

Die Jane Wilmington, eben so überladen von Menschen wie alle übrigen abgehenden Boote, hatte das Zwischendeck dabei von Deutschen und Irischen Auswanderern mit ihren Kisten so vollgedrängt, daß an ein Hindurchgehn schon gar nicht mehr zu denken war, und wer wirklich hindurch oder hinein mußte, konnte sehen wie er eben über die Kisten und Koffer hin eine Passage fand. Und nicht um eine Idee besser sah es oben in der Cajüte aus, wo sich, als Lobensteins die schmale Treppe zum Boilerdeck hinauf gestiegen waren, die Männer, ihre Cigarren im Mund, die Hüte auf dem Kopf, Schulter an Schulter herumdrängten, hier in kleinen Gruppen standen und plauderten, dort an der *bar* (dem Schenkstand) ein Abschiedsglas mit irgend einem Bekannten leerten, oder auch eben nur, die Hände in den Taschen, müßig, und sehr zum Ärger einer Zahl von Kofferträgern umherschlenderten, die ihre Lasten auf Schulter oder Kopf, mit einem ununterbrochenen »*please Sir — beg your pardon gentlemen*« aus einem Knäuel in den anderen preßten, durchzukommen.

Lobensteins konnten kaum die für sie bestimmten, sehr elegant eingerichteten Cajüten erreichen, und der Professor hätte ohne Henkels Hülfe durch das Gewühl von Menschen im Leben nicht sein Gepäck zusammengefunden. Endlich war aber Alles glücklich an Bord, Eduard mit den letzten Koffern angekommen, und Capitain Siebelt hatte schon lange Abschied genommen und seinen bisherigen Passagieren eine glückliche Weiterreise gewünscht, als sich auch Henkel dem Professor wie den Frauen empfahl, seinen »eigenen Geschäften« wie er sagte, nachzugehn.

»Und grüßen Sie uns nur noch recht herzlich Ihre liebe Frau« bat ihn die Frau Professorin, als er auf dem Gangweg, vor der Damencajüte die hinter dem Radkasten liegt, sich verabschiedete,

»und sie soll sich ja recht schonen — ich lasse sie herzlich darum bitten.«

»Und tausend Grüße und Küsse noch von uns« rief Anna — »lieber Gott, es wäre doch recht traurig wenn sie ihren Eintritt in das fremde Land gleich mit einer Krankheit beginnen sollte.«

»Und Sie besuchen uns also mit Clara noch diesen Herbst!« frug Marie, ihm scharf dabei in's Auge sehend — »Sie haben es versprochen.«

»Gewiß« sagte Henkel, ihr lächelnd die Hand entgegenstreckend.

»Ein Wort ein Mann!« rief Marie, zögernd ihre Hand in die seine legend.

»Sie haben doch die Adresse die ich Ihnen gegeben Herr Professor?« frug Henkel jetzt noch einmal — »dort draußen läutet die dritte Glocke und ich werde am Ende noch mit fortgeschleppt.«

»Und Claras Angst dann!« rief Anna.

»Es wäre allerdings fatal, aber noch kann ich abkommen.«

»Die Adresse habe ich, und denke daß ich ein Geschäft mit dem Herrn mache, wenn mir das Land nur irgend convenirt,« sagte der Professor.

»Es ist ein Ehrenmann, Sie können sich auf sein Wort verlassen.«

»Desto besser — also auf Wiedersehn!«

»Auf Wiedersehn!« rief Henkel und hatte wirklich nur noch eben Zeit die *guards* des nächsten Bootes zu erreichen, ja mußte schon zu dem Zweck hinauf auf den Radkasten laufen und von dort hinüber springen, als die wackere Jane das Freie suchte, und wenige Minuten später lustig den vorangelaufenen Steamern nachdampfte.

Eine solche Menge von Menschen, alle nicht zum Boot gehörig, hatte sich dabei empfohlen, daß die wirklichen Passagiere

98

mit Erstaunen, aber auch großer Befriedigung sahen, wie sie Raum genug behielten, und keineswegs gedrängt waren, und nur mit der ersten Stunde überstanden, die sie allerdings gebrauchten ihr verschiedenes Gepäck einiger Maßen in Ordnung zu bringen, konnten sie sich ganz dem Genuß der reizenden Gegend hingeben, an der das wackere Boot sie rasch hinaufführte.

Es giebt wohl kaum ein wunderlieblicheres Bild, so im Vorbeifliegen gesehn, als die Ufer des Mississippi überhalb New-Orleans. Mit Plantagen dicht besäet, deren reizende Pflanzerwohnungen aus einem Dickicht von Blüthenbüschen und fruchtschweren Orangenbäumen lauschig und still hervorschauen, schmiegen sich die kleinen, colonienähnlich gebauten Negerwohnungen dicht an diese an, und geben der ganzen Gegend einen so wohnlichen, geselligen Charakter, daß das Auge mit Entzücken auf ihnen weilt. Berge fehlen freilich im Hintergrund, den nur ein einziger dunkler Streifen Wald bildet – der Mississippi-Sumpf – aber die üppigen Felder, die sorgsam eingefenzt, so weit das Auge reicht dem Blick begegnen, die geschäftigen Schaaren weiß gekleideter Neger in den Feldern, theils beschäftigt Zuckerrohr zu schneiden, oder Baumwolle zu pflücken, die munteren Heerden auf den Weiden dazwischen, das rege Leben auf dem breiten bequemen Fahrweg, der zwischen der sich am ganzen Strom hinauferstreckenden Levée und den Fenzen der Plantagen hinläuft; die kleinen freundlichen Städtchen dabei am Ufer, die Kirchen mit ihren schlanken Thürmen, die gewaltigen Waarenhäuser, und dahinter die hohen dunklen Schornsteine der Zuckerfabriken, die aus dem dichten Laub der Fruchtbäume herüberschaun; das Alles fesselt das Auge des Fremden rasch genug, und hält ihn ordentlich an Deck gebannt, keinen Moment, keinen Punkt dieses freundlich sonnigen Bildes zu versäumen. Alles ist hier neu, alles eigenthümlich, und fehlen dem Fremden auch die Palmen, die seine Phantasie wohl meist dem Süden der vereinigten Staaten (oft selbst dem Norden) giebt, so bietet ihm doch auch die Vegetation schon des Neuen und Südlichen viel, ihn dafür wenigstens in etwas zu entschädigen. Stattliche Pecanbäume am Ufer, mit ihren schlanken Stämmen und schattigem Laub, und weiter drinnen im Land die riesigen hochwüchsigen Cypressen mit ihrer rothen Rinde und dem prachtvoll wehenden grauen Moos, die fruchtbedeckten Orangendickichte, die freundlichen Blumen geschmückten Gärten, mit ihren Tulpenbäumen, Rosenranken, und Granatbüschen, das Alles zeugt für die heiße Sonne dieser Breite, wäre nicht schon das wehende Zuckerrohr am Ufer und die eigenthümliche Baumwollenpflanze selbst Beweis genug auch ohne das.

So lichtbeschienen liegt das weite, wunderschöne Land dort ausgebreitet — ein Paradies, wenn man's so flüchtig sieht und auf bequemem raschem Boot daran vorübergleitet — aber es ist das nur die äußere Rinde des Ganzen, die blitzt und glänzt und in die Augen scheint, nicht alles ächt und Gold. Wie lieblich liegen jene acht oder neun Reihen gleichmäßig gebauter reinlicher Häuser mitten in diesem »Paradies« — dort wo wir gerade vorüber fahren sind große weitästige Feigenbäume vor die Thüren gepflanzt, kleine sauber gehaltene Gärtchen schließen sich daran, und vor den Thüren spielen Kinder — kleine schwarze, braune und gelbe lachende Gestalten mit frohem Jubel herüber und hinüber, von alten Leuten dabei beaufsichtigt die, zu alt zum Arbeiten, von ihren Herren jetzt das Gnadenbrod bekommen, und ihre übrige Lebenszeit, die ihnen Gott noch giebt, in Ruhe und Frieden verleben dürfen. —

Ruhe und Frieden! — dem alten Manne da, der das Kind auf dem Schooße hält und hätschelt und es küßt — Ihr könnt vom Boot aus die Thränen nicht sehn, die ihm die dunklen, tiefgefurchten Wangen hinunter rollen — ist vor drei Tagen seine Enkelin, ein bildhübsches Mädchen von achtzehn Jahren, nach Kentucky hinauf verkauft, und ein anderer Enkel von ihm, ein junger Bursch von zwölf Jahren, wurde blutig gepeitscht, weil er die Ruthen nicht selber, wie es der Aufseher befahl, von den Weiden schneiden wollte, mit denen die eigene Mutter geschlagen werden sollte. Der Knabe liegt jetzt da drinnen — in demselben freundlichen Haus vor dem der alte Feigenbaum steht — auf seinem harten Lager, mit blutigen, geschwollenen Gliedern und ächzt und stöhnt, und der Alte hat das kleine Kind auf dem Schooß, und küßt es und herzt es, und sieht im Geist schon die Peitsche gehalten, hört die scharfen entsetzlichen Streiche, die auf die zarte Haut des Lieblings niederfallen werden.

»Seht die reizenden Wohnungen an« haben viele Reisende geschrieben — »wie behaglich und warm sind eben diese Sclaven hier gebettet, und möchten sie mit den unglücklichen Armen unseres eigenen Vaterlandes tauschen, die mit fröstelnden Gliedern, in erbärmlichen zugichen Hütten ihre trockene Brodrinde oder faule Kartoffeln kauen, und sich das Haar raufen wenn ihnen die Kinder die Ärmchen entgegenstrecken und umsonst nach Nahrung schreien?« — Ich weiß es nicht; aber ein Elend wird nicht durch das andere gehoben, und tausende und tausende von ihnen würden lieber die letzte Brodrinde mit dem Kind theilen und mit ihm hungern, als daß sie es aus ihren Armen gerissen sähen, einem anderen, nicht geringeren Elend entgegengeschleudert zu werden. Die Weißen, die den lockeren sittlichen Verhältnissen jener Staaten nach, und in dem ungestörten unantastbaren Recht des Herrn schon alle Familienbande ihrer Sclaven außerdem mit Füßen treten, zerreißen diese auch nach Gutdünken durch Verkauf der einzelnen Glieder — der kleine Kreis der Sclaven, der nach schwerer Arbeit um das Feuer seiner Hütte sitzt, kann er selbst dieses Glück in Ruh genießen, wo er nicht sicher ist, ob nicht des Herren Wille schon morgen, schon heute Nacht, das liebste Kind aus ihrer Mitte nimmt — das vom Bord des Dampfers noch einmal die Hände nach ihnen hinüberstreckt, und todt — verloren ist für sie auf immer?

Die Sclaverei, das Brandmal der Civilisation, wird immer ihre Vertheidiger finden, die aus Eigennutz oder Unwissenheit diesem Fluch der Menschheit das Wort reden, und den faulen giftigen Kern mit der hie und da glatten Rinde entschuldigen wollen, wer aber in ihrem Kreis gelebt, die zitternden Geschöpfe unter dem Hammer des eisblütigen Tabakskauenden Auktionators gesehn, und die Thränen gezählt hat, wer dem Elend gefolgt ist, mit dem der Eigennutz hier unter dem frechen Schutz christlicher Gesetze Menschen foltert, der wird sich nur mit Abscheu von dem Elend wenden, dem er nicht steuern kann und darf — ob's ihm auch fast das Herz manchmal zerreißt.

Aber vorbei — vom Dampfboot aus sehen wir Nichts von alle dem; nur die freundlichen Dächer blitzen zu uns herüber aus dem Grün des Buschwerks, und die geschäftigen regen Gruppen, klein und zierlich mit scharfen Umrissen in der reinen Luft wie auf dem Spiegelbild einer *camera obscura*, geben der Scene ihren heiteren lebendigen Charakter.

Das Boot schießt und schäumt jetzt dicht am Ufer hin, und seine wildtanzenden Schlagwellen die hinter den Rädern drein tanzen, waschen und schleudern an dem so schon genug unterwühlten Ufer auf, und hetzen vergeblich hinter dem davonbrausenden Fahrzeug drein. Dort auf der Levée spielt ein munterer Trupp Creol-Poneys; die kleinen lebhaften Thiere halten, wie sie das riesige Fahrzeug herankommen sehn, wiehern und schnauben ihm mit offenen Nüstern entgegen, und stampfen den weichen Boden mit den unbeschlagenen Hufen, bis es ihnen fast gegenüber ist — Wetter noch einmal wie sie da die dicken langen Mähnen und die Schweife emporwerfen, und klappernd und tollend geht's die Levée entlang in wildem Lauf. — Hier treiben sich kleine Negerkinder am Ufer auf und ab; ein ganzer Schwarm ist's, und sie suchen Stücken schwimmenden Holzes aus der Fluth zu fischen, die der Strom zu ihnen niederführt. Eine alte Negerin sitzt dabei und paßt auf die unbändigsten, daß sie sich nicht zu keck hinauswagen an den tückischen Uferrand, der oft nur noch oben den dünnen Rasen über einen verrätherisch darunter kochenden Wirbel spannt. Selbst ihre alte Haut wäre vor Strafe nicht sicher, wenn sie eines der Kinder verunglücken ließe, denn sie sind fast so werthvoll wie die glatthaarigen feurigen Poneys dort.

Wie die kleine Bande schreit und singt und tanzt und jauchzt, als das Boot in Steinwurfs-Nähe an ihnen vorüber rauscht — glückliche Kinderzeit, in der die ganze Welt noch im rosigen Lichte liegt — selbst dem Sclaven.

Vorüber wühlt sich das Boot seine Bahn — ha was ist das? — was liegt da so gestreckt und glitternd in der Sonne mit seiner Schuppenhaut, blinzelt mit den kleinen tückischen Augen halb scheu halb trotzig herüber, und hebt den langen häßlichen Kopf empor? — ein Alligator ist's, ein tüchtiger Bursch, der seine fünfzehn Fuß wohl mißt, und sich hier sonnen wollte auf dem weichen feuchten, warmen Rasen, bis ihn die keuchende Maschine aufgestört. Das Boot will vorbei, aber er traut dem Frieden nicht;

müßige Gesellen an Bord haben ihm schon ein paar Mal im Vorüberfahren die scharfen Kugeln auf den Pelz gebrannt und wenn es ihm auch gerade nicht schadete, war's ihm doch auch nicht eben angenehm. Jetzt regt er sich — es ist Zeit, denn der eine Cajütenpassagier ist richtig schon hineingesprungen in seine Coye seinen Reifel [11] zu holen für das bequeme Ziel.

»Dort liegt er!« zwanzig Arme deuten hinüber und freuen sich auf den Schuß, aber wie ein Stein rollt die schwerfällige Gestalt hinein in's Wasser, und die ihm etwas zu spät nachgeschickte Kugel zischte in die Fluth die über ihm zusammenschlägt.

Weiter — weiter — der Dampfer hält mehr in die Mitte des Flusses hinaus, einer Sandbank zu entgehen die sich an dieser Stelle hin gebildet hat, und dem tiefgehenden Boot gefährlich werden konnte. Ha was schwimmt dort im Strom — ein großer Vogel, der die Reise zu Floß nach New-Orleans macht? — es ist ein Aasgeier, der auf einem ertränkten und häßlich angeschwollenen Rinde sitzt, an dem er sich über und über gesättigt hat, und nun zu faul oder zu vollgefressen ist hier aus der Mitte des Stromes das feste Land wieder zu erreichen; er wartet ruhig bis sein ekles Fahrzeug näher zum Ufer kommt, oder treibt auch wohl noch mit bis zum anderen Morgen, den guten Bissen nicht sogleich zu verlieren.

Und da drüben? — Pilot um Gottes Willen ist das nicht eine menschliche Leiche die da schwimmt? — Wo? — dort? wohl möglich, das kommt oft vor und treibt wohl von Vicksburg oder Natchez oder aus Arkansas und dem Redriver nieder — »Aber wollen Sie nicht das Boot hinüberschicken? —« »Boot hinüber schicken wegen dem Cadaver? — Bah, da hätten wir viel zu thun; der ist gut aufgehoben.«

Weiter — weiter — was das für wunderliche Boote oder Fahrzeuge sind, denn Boote kann man sie nicht nennen, die mit vier oder fünf schläfrigen Gesellen an Bord, ohne Räder, ohne Segel langsam den Strom niedertreiben. Unförmlichen Kasten gleich, viereckig, von sechzig bis achtzig Fuß lang, und zwanzig Fuß breit, fünf oder sechs Fuß hoch mit einem rohen Gestell von

Bretern von denen queerübergebogene auch das Dach bilden, aufgerichtet. Ein langes Ruder (von denen eines vorn und eines hinten angebracht ist, denn es bleibt sich gleich wie sie treiben), dient dazu es wenigstens in etwas zu steuern, und ein paar, oft auch zwei paar eben solche lange Seitenruder *sweeps* genannt, die finnenähnlich an den Seiten sitzen und nur aus einem kurzen Bret an einer Stange schräg genagelt bestehn, dienen dazu manchmal das schwerfällige Fahrzeug einem drohenden *snag*, [12] einer Sandbank, oder einer unbequemen Gegenströmung aus dem Weg zu schieben. Die Arbeit ist aber anstrengend, und wenn nicht ein m u ß da ist, rühren sich die faulen Burschen gewiß nicht.

Aber diese Archen — und sie werden in der That oft so genannt — so unscheinbar und roh sie aussehn, führen nicht selten kostbare Ladungen den Strom hinunter; Mehl und Fleisch, Whiskey, Äpfel, Mais, Butter, Hühner, Schmalz, wildes Heu, Tabak, getrocknetes Obst, Faßdauben und Reifen und lebendiges Vieh, Rinder, Schaafe, Schweine, Pferde, Maulthiere. In den Städten des Südens dann angekommen, landen sie ihr Boot, dessen vorderer Theil gleich zu einer Art Verkaufslokal, ziemlich frei von Waaren gelassen ist, und verkaufen nicht allein ihre Ladungen sondern auch das ganze Fahrzeug, dessen Planken auseinander geschlagen und wieder benutzt werden. Die Verkäufer aber, die Monate lang dazu gebraucht aus den verschiedenen Flüssen, Ohio und Missouri, Arkansas und Redriver, ja selbst aus den nördlichsten Strömen des großen Reiches, aus dem Illinois und Foxriver niederzuschwimmen, fahren an Bord der Dampfer in wenigen Tagen jetzt wieder zurück in ihre Heimath, vielleicht ein neues Boot bauen zu helfen und dieselbe Fahrt von vorne zu beginnen.

Wie sich so leise der blaue Rauch aus den flachen nieder geduckten Booten stiehlt, und langsam und gerade in die Höhe wirbelt — die Leute kochen ihr Abendbrod, und wenn es Nacht wird fahren sie an das nächste Land, werfen ein Tau um einen irgendwo eingestürzten oder selbst noch stehenden Baum, und liegen daran, bis ihnen Tageslicht wieder die freie Bahn zeigt, und sie nicht mehr der Gefahr ausgesetzt sind im Dunkel irgendwo auf den Strand zu treiben oder von einem, wenig darnach fragenden Dampfer überrannt zu werden.

Weiter — weiter der Abend naht — über den Strom streichen lange Züge von Wildenten und Gänsen — dort drüben an der kleinen Insel die mitten im Fluß liegt — der Mississippi zählt deren einige achtzig — hat sich ein großes Volk Pelikane auf der Sandbank zu Ruh gesetzt — sie schauen dem weit von ihnen ab vorbeibrausenden Dampfer ruhig nach, und nur manchmal ärgerlich nach einem unfern von ihnen auf einem alten Stamm sitzenden Loon oder Wassertruthahn hinüber, der ihnen mit seinem monoton melancholischen Schrei zu viel Lärmen an dem stillen Abend macht. Dort in den Wipfeln jener Cypressen geht ein Volk weißer und blauer Reiher zu Ruh; schlanke langhalsige Burschen, die sich die höchsten Spitzen der Bäume aussuchen, darauf zu schaukeln. — Und die Nacht, wie sie so still durch den Wald zieht, erst die Büsche und Dickichte füllt und die Schluchten, dann weiter und weiter preßt und sich zuletzt erst, wenn der Wald schon in tiefem Schweigen ruht, mit weißlichem Hauch auf den Strom legt, der jetzt noch einmal so rasch zu laufen, noch einmal so laut zu rauschen scheint.

Wie die Maschine da klappert, die Räder schlagen und schäumen, und der Dampf so scharf und zischend aus den schlanken Röhren fährt. Und die Fluth quirlt so dick und tückisch darunter hin, und hebt sich und springt hinten nach, wie ein bissiger Köter, der schnappend nach dem stolz vorbeitrabenden Roß hinüber fängt.

Die Arbeiter an den Plantagen ziehn zu Haus, muntere Lieder tönen von dort herüber wo die kleinen Feuer sichtbar werden, die Leute haben einen Arbeitstag hinter und eine freie Nacht vor sich, warum sollen sie nicht fröhlich sein? — bis die Negerglocke morgen früh um 4 Uhr tönt dürfen sie ruhen.

Und vorwärts wühlt und klappert und schnaubt das Boot; die Gluth der unter den Kesseln geschürten Feuer wirft einen rothen unheimlichen Schein links und rechts hinaus auf die Fluth, und vor den Kesseln, mit langen Schürstangen in der Hand, mit nacktem Oberleib, an dem der Schweiß in Strömen niederträuft, die Gesichter und Arme geschwärzt, und die Stirnen so heiß und glühend fast wie der Heerd an dem sie arbeiten, stehen die Feuerleute des Boots, rühren die flammenden Scheite durch- und ineinander, und werfen neue ein in die kleine Öffnung die zu dem Zweck über den Thüren gelassen. Es sind Neger und Weiße – meist freie Schwarze, oft aber auch Sclaven und zwischen ihnen die Söhne aller Stände, fast aller Welttheile, die mit der Schürstange und dem heißen Schweiß sich ihr Brod verdienen müssen im Lande der Freiheit. Manche Hand, die sich sonst nicht ohne glacirtes Leder der Luft preisgab hat hier den eisernen Schürer geführt, und mit dem Eimer die schmutzige Fluth heraufgezogen, einen frischen Labetrunk zu thun; manches Muttersöhnchen, das zu Hause gehätschelt und gepflegt und verzogen wurde, und den Zug meiden mußte und die kalte Nachtluft, hat hier eingeholt, was es daheim versäumt, und ist mit triefender Stirne und von der schweren Arbeit zitterndem Körper, hinausgesprungen auf den offenen Gangweg, von dem kalten einigen Luftstrom der sich dem Boot entgegenwarf die fieberheißen Glieder kühlen zu lassen und dann von Neuem in das Gluthenmeer der Kessel einzutauchen. Grafen und Barone, Referendare und Lieutenants haben neben und mit dem zäheren Neger hier schon oft geheitzt, mit ihm aus einer Schüssel gegessen, in einem Raum geschlafen, wie er behandelt und bezahlt und – sind nicht schlechter dadurch geworden; aber kräftiger und gesunder – wer von ihnen es eben aushielt und nicht vielleicht in New-Orleans im Pottersfield [13] oder an irgend einer Holzladung im Mississippi-Sumpf abgeladen und eingescharrt wurde.

»*Flatboot ahead – look out to starbord!*« schreit der Mann der ganz vorn oben auf das oberste Deck (*hurricane deck*) gestellt ist, dem Lootsen, der in dem kleinen Glashaus oben aufsteht, Nachricht zu geben wenn er irgend etwas im Strom sieht, das dem Boot gefährlich werden könnte, oder das sie vermeiden müssen – das Steuerrad dreht sich rasch, den Bug des Dampfers nach Larbord hinüber zu werfen, und dicht an ihnen vorbei, so dicht daß das Radhaus den einen auf Decke gelegten *sweep* des unbehülflichen Fahrzeugs faßt und abreißt, und die dunkle schwerfällige Masse wie ein Schatten an ihnen vorüber fliegt, schießt das Boot vorbei. An Deck des Flatboots aber rennt die erschreckte und für Fahrzeug und Leben nicht mit Unrecht besorgte Mannschaft wild und kopflos durch einander, und schreit und flucht noch drohend nach, wie die Gefahr schon lange für sie vorüber ist, und die nachschäumenden Wellen den ungelenken Kasten nur noch tanzen und schaukeln machen.

Wie der Mond jetzt dort so still und freundlich über den niederen dunklen Waldstreifen heraufsteigt, und sein mildes Licht über die lauschigen Plätze am Ufer, über das matt glitzernde Wasser des Stromes gießt; dicht am Land schnauben wir wieder hin, und können jetzt das Rauschen der hohen stattlichen Bäume, das Quaken der Frösche hören, die in den Sümpfen drin ihre Nacht feiern. Und dort? — o wie so süß der leise Flötenlaut des *mocking bird* klingt, der sich im niedern Busche sein Nest gebaut hat, und jetzt die Kleinen in Schlaf singt, die auf den Zweigen träumen — die Amerikanische Nachtigall nennen ihn die Creolen, und er verdient's. Wie sich das so heimlich fährt, so dicht am Ufer hin, wenn man die Wellen an den Damm plätschern und das Lachen und Sprechen von Menschen am nahen Lande hört, in Sprunges Nähe fast an ihnen hingleitet und doch in einer ganz anderen, ganz verschiedenen Welt als jene lebt. Wie es dem Luftschiffer zu Muthe sein mag, der in stiller Nacht langsam und tief über dem großen Ameisenhaufen, den wir Menschen eine Stadt nennen, hingleitet, nieder in die erleuchteten Fenster, auf die rauchenden Schornsteine sieht, und dem Summen und Treiben der lebendigen Welt unter sich, der er in diesem Augenblick nicht mehr gehört, dann lauscht; so braust das Boot, eine kleine abgeschlossene Welt in sich selber mit seiner staatlichen und bürgerlichen Einrichtung, dem Ufer fremd an dem's vorüberschießt, dicht an dem dunklen Lande hin. Am Ufer drüben grünt's und blüht's, die Blumen duften stärker in der Nacht dort, im traulichen Familienkreis sammeln sich die Glieder um den geselligen Tisch — Hunde bellen — Gänse schnattern und die regelmäßigen Schläge der Axt, die Brennholz in die Küche liefert, tönen noch, selbst durch die Nacht im Takt herüber — Alles fremde Laute, und nicht dieser Welt gehörig, in der die Schürstange die blitzenden Funken zum schwarzen hohen Schlot hinaus gegen den dunklen Himmel jagt, und das Rasseln und Klappern der Maschine, das dumpfe Brausen der Räder, den Sang der Nachtigall vertreten muß.

Weiter — weiter — dort drüben leuchtet ein Feuer am Ufer, von einem Neger geschürt, der hier den Mosquitos zum Trotz die Wache hat. Es ist das ein Zeichen für die Dampfboote daß dort Holz zu verkaufen liegt, und die Landung gut ist, und der Neger, wenn er auf solche Art ein Boot in der Nacht zum Landen bringt, hat einen Viertel Dollar Prämie von seinem Herrn — dafür muß er sich aber den Schlaf selber abstehlen und zündet manches Feuer vergebens an. Die Glocke läutet jetzt, die Heizer werfen die Thüren auf, aus denen eine Gluth herausströmt Blei schmelzen zu machen, und die ihnen oft auf viele Schritte Entfernung die Kleider am Leib versengt, und Blasen in die Haut zieht. Der breite Bug dreht sich dem Lande zu, von dessen Levée aus Hunde klaffen, und Stimmen, auf die Frage von Deck aus, Preis und Art des Holzes herüberschreien. Vorn zu Starbord, ein zusammengerolltes Tau in der Hand, steht ein Matrose zum Wurf bereit, und sobald das Ende nur das Ufer erreichen kann, springen Neger, von denen indessen eine Menge zusammengelaufen, hinzu es zu fangen. Jetzt fliegt es aus, wird gefaßt, in Land gezogen dort in Hast um einen Baum oder Stumpf geschlagen und »*hawl in!*« tönt der Ruf; die *deckhands* an Bord fassen zu, und holen das Tau zurück an Bord so weit es reicht, es dort zu festigen, Planken werden ausgestoßen und die Bootsmannschaft mit einem Theil der Zwischendeckspassagiere, die ihre Passage billiger bekommen wenn sie sich verpflichten mit Holz zu tragen, strömen hinaus, schichten die einzelnen Scheite der lang aufgestapelten »Korde« auf die Schultern, und eilen damit an Bord zurück.

Wie eigen doch das aussieht — die hellen Feuer die auf der Levée jetzt zu lichter Gluth geschürt werden, daß sie hoch aufflammen und den Platz erleuchten, die neugierigen Gesichter der Neger mit den großen blitzenden Augen und hellen prachtvollen Zähnen, in ihren weißen Jacken und Röcken, Männer, Frauen und Kinder, die den Ort mit einem gewissen Wohlbehagen umdrängen auch einmal weiße Leute arbeiten zu sehn — eben wie Neger; der Verkäufer des Holzes selbst, gewöhnlich der Oberaufseher der Plantage, in lichtgestreifter Jacke und Hose, den breiträndigen Hut auf und das Pferd, von einem der Sclaven geführt, gesattelt hinter sich, mit den wildmalerischen Gestalten der Dampfbootleute, die sich neues Material holen für ihr nächtiges Werk. Rechts davon der stille Frieden des Landhauses mit seinen lauschigen Schatten, links das weißgemalte Boot mit den vielen hellerleuchteten Thüren und Fenstern, den buntgekleideten und gemischten Gestalten auf seiner Gallerie, und den riesig dunklen Schornsteinen, wie es da innerlich kochend und brausend aber festgebunden liegt, und nur mit den Rädern noch langsam, fast wie ungeduldig, gegen die Strömung anarbeitet, einem gefesselten Stier nicht unähnlich der mit den Füßen scharrt, und den Augenblick nicht erwarten kann der ihm wieder den Gebrauch seiner mächtigen Glieder giebt.

Wieder tönt die Glocke! »Alle an Bord« schallt der, den Leuten willkommene Ruf des Steuermanns — was noch am Lande ist und dort nicht hingehört eilt zurück, die Planken werden eingeholt »*let go!*« das Tau am Ufer losgeworfen, der Bug vom Lande mit langen dazu besonders gehaltenen Stangen abgestoßen, und schärfer schlagen die Räder ein — höher kräuselt die Fluth am Bug; der Koloß ist frei und arbeitet wieder, seine Bahn verfolgend, in den Strom hinaus.

# Capitel 6.

**Leben an Bord des Dampfers.**

Aber wir müssen uns auch zu dem Inneren des gewaltigen Bootes wenden, denen tausende unserer Landsleute Leben und Eigenthum auf Tage und Wochen anvertrauen, ihr weit im Lande d'rin gelegnes Ziel, sei es, in welchem Staat es wolle, zu erreichen. [14]

In der Cajüte, einem sehr geschmackvoll eingerichteten geräumigen Salon, der an beiden Seiten seine bequemen *staterooms* oder Einzelcajüten für zwei Passagiere zusammen hatte, war die größte Zahl der Reisenden um die lange Tafel versammelt, die in der Mitte stand, und bei den Mahlzeiten zum Eßtisch, später in ihren einzelnen Theilen auseinander genommen, meist zu Spieltischen verwandt wurde. Hie und da hatte sich auch schon ein kleines Spiel arrangirt, und sich drei und drei zu einer Parthie Whist oder Eucre, oder zwei zu einem Schach oder Domino zusammengefunden; die Leute waren aber noch nicht recht bekannt mit einander geworden. Das unbehagliche Gefühl, sich selber fremd an einem Ort zu wissen, den man auf kurze Zeit zu seiner Heimath machen soll, hatte sich noch nicht überwinden lassen, und Manche gingen auch, theils allein, theils in Gesellschaft, in der Cajüte auf und ab, miteinander plaudernd und eben Bekanntschaft knüpfend.

Hopfgarten allein hatte noch eine Zeitlang volle Beschäftigung seine Coye, wie er sich das schon früher gedacht und ausgemalt, ordentlich herzurichten. Ein *life preserver* (Lebenserhalter) ein großer Ring von luftdichtem Zeug zum Aufblasen, hing vor allen Dingen über seinem Bett; er war dabei so fest überzeugt daß sie auf dieser Fahrt irgend ein — Unglück konnte er es eigentlich nicht nennen, — aber irgend einen Zufall haben würden, daß er dem Professor schon die bittersten Vorwürfe gemacht hatte, sich nicht besser auf etwas derartiges vorgesehn, und besonders für die Damen die nöthigen Vorkehrungen getroffen zu haben. Außerdem hatte er aber, auch nach anderer Seite hin gerüstet zu sein, einen zweischneidigen Dolch und ein paar Pistolen bei sich, von denen der erste vorn unter seiner Weste, dem Auge verborgen, der Hand aber erreichbar, ruhte. Aber das nicht allein; er führte auch eine kleine Taschenapotheke mit, in der Heftpflaster, Charpie, Wundbalsam etc. etc. einen sehr vorragenden Platz einnahmen; ebenso war er mit Lanzetten, Verbänden, Bandagen etc. versehn, und besaß in der That Alles, einen menschlichen Körper nach allen Arten von Hieb-, Stich- und Schußwunden, Quetschungen, Brüchen etc. etc. wieder soviel nur irgend möglich auf die Beine zu helfen.

Nachdem er dieß nun Alles, soweit sich das hier thun ließ, sorgsam geordnet und zum augenblicklichen Gebrauch bereit gelegt, trat er durch die allgemeine Cajüte auf das vorn liegende Boilerdeck hinaus, wo Professor Lobenstein, die Hände auf dem Rücken, dem Gewirr von Sprachen und Menschen ein klein wenig entzogen zu sein, still und allein spatzieren ging, sich aber nicht besonders wohl darin zu fühlen schien. Unbehaglich dabei war ihm schon die, allerdings sonst höchst wohlthätige Einrichtung an Bord, die Herren und Damen, außer der Tischzeit in abgesonderte Räume verwiesen und getrennt zu sehn. Den Herren allerdings die Damen ihrer Verwandtschaft an Bord haben, ist es gestattet unter Umständen die Damencajüte zu betreten, aber die Menge fremder Damen verleidete ihm das bald, während es Herrn Hopfgarten den Besuch direkt abschnitt und unmöglich machte. Er konnte sich nur bei dem Professor nach ihrem Wohlbefinden erkundigen, und wie er darüber gute Auskunft erhalten, gingen die beiden Männer, jeder mit seinen Gedanken beschäftigt, eine Weile nebeneinander auf und ab, als Hopfgarten, jedenfalls seinen bis dahin verfolgten Ideeen Worte gebend, plötzlich sagte:

»Aber ich weiß doch nicht — sein Betragen in der letzten Zeit hat mir gar nicht gefallen.«

»Wessen Betragen?« frug der Professor erstaunt.

»Wessen Betragen? Henkels.«

»Aber wie kommen Sie denn jetzt auf Henkel?«

»Sprachen wir denn nicht von ihm?«

»Wir haben nicht daran gedacht; aber wie so — wie verstehn Sie das? sein Betragen in gesellschaftlicher Beziehung da weiß ich doch nicht; er hat sich immer höchst anständig benommen.«

»Oh das dank' ihm der Teufel!« rief Hopfgarten rasch, »nein ich meine sein Betragen gegen seine Frau.«

»Ich habe Nichts bemerkt was mir aufgefallen wäre« sagte der Professor gutmüthig.

»Das ist sehr leicht möglich« meinte Hopfgarten, »auffällig war aber jedenfalls, daß die beiden Leutchen die letzten Tage gar nicht mehr zusammen an Deck erschienen sind, oder wenn es geschah, kein Wort mit einander gewechselt haben. Was ich nicht gleich an Bord bemerkte oder beachtete, ist mir nachher, bei ruhigerem Nachdenken erst wieder ein- und aufgefallen und es muß etwas, kurz vor unserer Landung zwischen den beiden Gatten vorgefallen sein, was sie uns übrigen Passagiere eben nicht wollten merken lassen.«

»Wenn das wirklich der Fall war, so hatten sie da aber auch vollkommen recht« lachte der Professor — »es muß nicht Alles gleich an die große Glocke geschlagen werden, was zwischen Eheleute tritt und sie vielleicht auf kurze Stunden entzweit — das Alles gleicht sich dann bald wieder aus.«

»Ja das ist allerdings richtig« sagte Hopfgarten nachdenkend, »aber die plötzliche Krankheit der Dame dann nachher, das furchtbar bleiche Aussehn — das stille Wesen, sie die noch kurz vorher die lebendigste heiterste Frau unseres ganzen Schiffs gewesen war. Es kam uns nur das Land und die Landung und all das Neue dazwischen, und es thut mir jetzt wahrhaftig leid, nicht noch kurze Zeit in New-Orleans geblieben und der Sache besser auf die Spur gekommen zu sein. — Es war ein gar zu liebes nettes Weibchen,« setzte er nach kurzer Pause, wie mit sich selber redend, hinzu.

»Bah, junge Eheleute haben auch manchmal einen kleinen Tanz miteinander« sagte der Professor kopfschüttelnd, »und wenn das zum ersten Mal kommt, nimmt sich's die junge Frau gewöhnlich um so mehr zu Herzen, weil sie vielleicht bis dahin geglaubt hat, daß so etwas in i h r e r Ehe gar nicht vorfallen könne, und solche Enttäuschung ist immer schmerzlich. Das giebt sich aber bald, und sind nur Gewitterwolken, die um so rascher wieder dem schönsten blauen Himmel weichen müssen.«

»Hm — ja — ich will es hoffen — wenn ich aber nur eine Idee hätte, daß der Mann d i e Frau schlecht behandelte oder unglücklich machte, wahrhaftig, ich kehrte mit dem nächsten Dampfboot wieder nach New-Orleans zurück und — «

»Und?« — frug der Professor ihn lachend dabei anschauend — »und was wollten Sie dann nachher thun? wie und auf welche Art könnten Sie sich in die Familienverhältnisse irgend eines Hauses mischen?« —

»Ich forderte ihn!« rief Hopfgarten entschlossen.

»Bah« sagte aber der Professor kopfschüttelnd, »damit würden Sie nicht einmal der Frau, noch weniger aber sich selber einen Gefallen thun — sich mit dem Mann f ü r dessen Frau schlagen, hahahaha, das wäre wahrhaftig nicht so übel. Übrigens« setzte er hinzu, als Hopfgarten mit fest verschränkten Armen finster und schweigend neben ihm auf- und abging »haben Sie sich da nur selber irgend etwas in den Kopf gesetzt, was wahrscheinlich nichts weiter ist als eine Geburt Ihrer Phantasie. Meine Töchter sind doch auch viel mit ihr zusammengewesen, und haben Nichts gemerkt.«

»Sie haben wahrscheinlich noch gar nicht mit ihnen darüber gesprochen?«

»Nein, allerdings nicht.«

»Nun sehn Sie — die Sache geht mir furchtbar im Kopf herum, aber es läßt sich in diesem Augenblick freilich Nichts dagegen thun, und in einigen Wochen denke ich so wieder unten in New-Orleans zu sein.«

»So rasch?«

»Vielleicht etwas später, das kommt eben auf Verhältnis an; jedenfalls werde ich einige Zeit das nördliche Land durchkreuzen und den Mississippi nach verschiedenen Richtungen befahren.«

»Ihrem alten Projekte nach?« lächelte der Professor.

»Zum Theil« lachte Hopfgarten, »aber doch auch in der Absicht das Land kennen zu lernen und dessen Charakter; ich bin deshalb besonders nach Amerika gekommen, und habe mir eben nur ein paar tausend Dollar zu der Reise ausgesetzt — sind die verthan, so gehe ich wieder nach Deutschland zurück.«

»Weshalb ist Herr von Benkendroff eigentlich nach Amerika gegangen?« frug der Professor.

»Gegründete Ursache zu haben über Amerika schimpfen zu können« lachte Hopfgarten — »ich bin fest überzeugt er hat keinen andern Grund. Ich freue mich schon darauf ihn nach einigen Wochen wieder zu sprechen.«

»Sie werden ihn dann aber schwerlich finden, denn er durchreist doch gewiß ebenfalls das Land.«

»Kommt aber auch sicher wieder nach New-Orleans zurück, und hat mir für dort schon seine Adresse gegeben. Doch es wird kühl, wir wollen hineingehen; Sie spielen ja Schach, da können wir uns die Zeit mit einer Parthie vertreiben.«

In dem großen hellerleuchteten Saal herrschte eine angenehme Temperatur; an den verschiedenen Tischen saßen jetzt mannichfaltige Gruppen spielend oder plaudernd, mit einer Flasche Wein oder gemischten spirituösen Getränken zwischen sich; es wurde gelacht und erzählt und das Ganze, mit den dazwischen herumgehenden Aufwärtern die neuen Vorrath von Getränken herbeitrugen, oder gebrauchte Gläser fortschafften, gab der Cajüte fast das Ansehn eines großen geräumigen und sehr eleganten Cafés in irgend einer bedeutenden Stadt — nur daß es über einen Krater gebaut stand, unter dem die Maschine hämmerte, die Räder wirbelten, die Kessel siedeten, und oft schon gerade ein solches sorgloses Stillleben mit einem furchtbaren Schlag in Tod und Vernichtung geschleudert haben. Ein dumpfer Knall — ein Prasseln und Brechen, ein gellender Schrei, und die zerstückten Leichname der fröhlichen lebenslustigen Menschen, die vergoldeten und mit Bildern behangenen, hellerleuchteten Wände flogen zerrissen, zerfleischt, zerstückt hinaus, und der gierige tanzende Strom spielte mit den entsetzlichen Resten.

Aber was thuts? — wir können deshalb nicht langsamer fahren, weil das und jenes Boot einmal seinen Kessel sprengte, und eine Anzahl Passagiere zu früh in die Ewigkeit sandte — auf dieser Fahrt wird es nicht gleich platzen lautet der gewöhnliche Trost der Reisenden, und kaum eine Stunde an Bord, vergessen sie die Gefahr, ja reizen sie wohl sogar noch selbst in dem oft still gedachten, oft laut geäußerten Wunsch, das oder jenes Boot was eben in Sicht vorausläuft, zu überholen. Niemand will auf einem langsamen Dampfer fahren, an die Möglichkeit einer Zerstörung wird kaum noch mehr gedacht, und das Völkchen lacht und plaudert und trinkt und schläft so sicher und ruhig über dem Vulkan, wie — die buntere, wild gemischtere Schaar, die hinter der Maschine, im sogenannten Zwischendeck ihr Lager im eigentlichen Sinn des Wortes aufgeschlagen.

Was für ein Unterschied zwischen den beiden Plätzen, die nur durch eine Reihe Planken und dünner Balken voneinander getrennt liegen. — Oben Luxus und Bequemlichkeit, Alles vergoldet und tapezirt, mit Teppichen belegt und blank polirt, Licht und Glanz den ganzen Raum durchströmend, und elegant und reinlich gekleidete Leute im behaglichen Bewußtsein ungestörter Ruhe das Alles genießend — unten, nur rohe und unbehobelte Breter zu Verschlägen angeschlagen — Kisten und Koffer überall im Weg, der ja freie Boden von Tabakssaft schlüpfrig gemacht; eine Masse Volk, zusammengewürfelt aus allen Schichten der Gesellschaft, selbst bis zur letzten nieder, und in der letzten gar nicht selten am häufigsten vertreten, durch einander drängend und fluchend und schreiend — Niemand mit einem gewissen Platz, die Wenigen ausgenommen, die zuerst gekommen waren, und einen der Verschläge für sich besetzen konnten. Hier ein Trupp Bootsleute, schon halb betrunken, die vollen Flaschen noch zwischen sich auf einer Auswandererkiste, gleichviel wem sie gehört, die Nacht durchzuschwelgen und zu toben, weil sie doch keinen Platz haben sich hinzulegen; dort ein paar andere bei einem schmutzigen laufenden Talglicht — Privateigenthum — über einen Kasten und ein altes Spiel kaum erkennbarer Karten gebückt. Dort weinende und schreiende Kinder, die von ihren Müttern mit eben so gellender Stimme in Schlaf gesungen werden sollen, und dort drüben ein Bursche, der trotz allem Lärm und Toben, mitten in dem Gewirr ruhig an einem Pfeiler lehnt, und zum Besten seiner Bootsmannschaft, mit der er auf einem Flatboot den Strom herabgekommen, wie aller Anderen die es hören und nicht hören wollen, eine alte wahnsinnige Violine mishandelt.

Ein fast glühender Ofen, in solcher Temperatur gehalten die verschiedenen Töpfe und Geschirre mit Wasser zum Kochen zu bringen, in denen sich die verschiedenen Familien nach der Reihe ihr Abendbrod selber kochen müssen, wird besonders von den Frauen mit rothheißen Gesichtern umlagert, und verbreitet drückende Schwüle und einen fatalen Fettgeruch durch den ganzen, schon ohnedieß vollgedrängten und dunstigen Raum. Eine trübe mattbrennende Laterne wirft zu gleicher Zeit ein unsicheres zuckendes Licht über das Drängen und Treiben unter sich, und das Rasseln und Klappern und Schleifen und Schütteln der dicht daneben befindlichen Maschine donnert den Chor zu dem ganzen Lärm.

Ha was war das? — die hellen reinen glockenähnlichen Töne die da plötzlich das dumpfe Murmeln und laute Schreien, sogar die gellenden Kinderstimmen und scharfen Discorde der Violine überwältigen, und plötzlich aus all dem Wirrwarr herauszittern, sind sie nicht wie Öl in die stürmische See gegossen, dem sich die bäumenden Wellen selber, im Aufruhr der tobenden Elemente schmiegen? Selbst zum Ingenieur, der vorn an den Kesseln steht und eben den Stock gehoben hat die Dampfstärke zu proben, sind sie gedrungen, und er bleibt in der Stellung und biegt den Kopf zurück, dem ungewohnten, fremden Ton zu lauschen — das Toben und Kreischen vorher hatte er gar nicht mehr gehört. Und in dem Zwischendeck selbst — welch wunderbare Veränderung brachte der leise schwimmende Laut. Die Violine schweigt mitten in einer Parodie auf Alles was nur Harmonie und Takt genannt werden konnte, der Spieler vergißt seine Karten zu mischen, die Frauen den siedenden Topf vom Feuer zu nehmen, die schwatzenden, lachenden, singenden, brüllenden Gruppen öffnen sich und drängen, und suchen dem einen Ortes zuzukommen. Selbst die Trinker stoßen nur noch ein wildes »Juch!« aus, und horchen der neuen wunderlichen Musik, die jetzt in weichen aber wunderbar harmonischen Tönen gerade aus dem Mittelpunkt des Zwischendecks herüber tönt, und von Niemand Anderem herrührte als unserem alten Bekannten, dem Polnischen Juden Veitel Kochmer.

Mit weiter keinem Gepäck als einem kleinen, mit altem Seehundsfell überzogenen Kistchen, das neben der Holzharmonika alle seine wie des Knaben irdische Habseligkeiten enthielt, hatte sich Veitel Kochmer, der aus Gott weiß welchem Grunde mehr Vertrauen zum Norden gefaßt zu haben schien Geld zu verdienen, oder sich vielleicht auch noch in der warmen Jahreszeit fürchtete ein so heißes Klima für seinen gefütterten Kaftan zu wählen, als New-Orleans um diese Zeit noch war, auf dem ersten besten Dampfer eingeschifft der stromauf ging, und hielt die Zeit jetzt für vollkommen passend, den Grund zu dem in Amerika zu erwerbenden Vermögen zu legen.

Auf einer gerade dort stehenden breitdeckeligen Kiste, die sich vortrefflich zum Resonanzboden eignete, breitete er bei dem Schein eines dazu geborgten Stückchen Lichts, seine Hölzer aus; die Umstehenden, neugierig was der wunderliche Fremde beginnen würde, gaben ihm gern Raum, und Veitel ließ jetzt die ersten Töne erschallen, die mit ihrer wunderbaren aber doch durchdringenden Weise, bis in die entfernteren Räume drangen, nur erst einmal die Aufmerksamkeit der Passagiere auf sich zu lenken. Das gelang ihm auch vollkommen, und von allen Seiten ergingen jetzt Aufforderungen an ihn zu spielen, und sein Instrument hören zu lassen. Veitel Kochmer war aber nicht der Mann der etwas umsonst gethan hätte, wo Aussicht auf Gewinn sich zeigte; so also einen Landsmann, den er sich schon unter den Passagieren aufgefunden und der vollkommen gut englisch sprach, in der Geschwindigkeit eine große Geschichte aufbindend, erzählte er ihm, daß er, der Musikus, ein armer eingewanderter Pole sei, der den politischen Verfolgungen in Europa entflohn, im Canal Schiffbruch gelitten und fast Alles verloren habe was er sein nannte, und nun gezwungen wäre sein Brod in dem neuen Vaterland, dem Lande der Freiheit, mit Musikmachen zu verdienen. Der Deutsche mußte das den Amerikanern übersetzen und hinzufügen, der arme Mann habe nur sein Instrument gestimmt und in Ordnung gebracht, und wolle damit, wenn es der Capitain erlaube, in die Cajüte hinauf gehn, um sich dort bei den Cajütspassagieren ein paar Dollar einsammeln zu können.

»Verdamm die Cajütspassagiere!« rief aber da Einer der Bootsleute dazwischen, der, die Taschen voll Geld von verkaufter Ladung, sich in seinem Stolz gekränkt fühlte, weniger gelten zu sollen als die »*Swells*« — »wir haben hier ebenso viel Geld wie die da oben, wenn nicht noch mehr, ob wir gleich im Zwischendeck fahren; sind eben so gut *gentlemen* wie die »*fine folks*« in der Cajüte, und wenn Musik eben für Geld zu haben ist, können wir's gerade so gut bezahlen.«

»Ja wohl, ja wohl!« schrieen Andere dazwischen, froh irgend etwas zu haben, ein paar Stunden der langweiligen Nacht zu vertreiben »spiel auf Pole, spiel auf, und was d i e Dir da oben geben, geben wir Dir auch.«

Veitel Kochmer verlangte gar nicht mehr; die Cajüte lief ihm überdieß nicht weg, und er war gern bereit dem allgemeinen Verlangen zu willfahren. Der Knabe trat jetzt ebenfalls an seinen Platz, und die Zwischendeckspassagiere jauchzten und jubelten, als sie die merkwürdig reinen Flötentöne des Kindes hörten, wollten es auch im Anfang gar nicht glauben daß er es mit der Stimme allein mache, und drängten sich dicht um ihn her, und sahen ihm starr in's Gesicht, ob er nicht doch noch eine heimliche Flöte irgendwo versteckt habe. Die Sammlung fiel dabei viel reichhaltiger aus, als der Alte je gedacht haben mochte; Viertel Dollar regnete es von allen Seiten und Veitel füllte seine ganze Tasche mit Silber. Nach der Sammlung mußte er aber wieder spielen, und die Bootsleute besonders, die den Ton hier anzugeben schienen, verlangten jetzt auch ihnen bekannte Lieder, wie Lord *Howes hornpipe*, Washingtons Marsch, Napoleons Retirade, *the star spangled banner* und besonders den *Yankee doodle*. Die Melodieen kannte aber der Alte nicht, und ein langer Yankee setzte sich vor ihn hin auf eine Kiste, spitzte den Mund und begann ihm die einzelnen Melodieen vorzupfeifen.

Die Unruhigsten der Schaar fingen aber schon an sich über das viele Musiciren, das ihnen überhaupt nicht laut genug war, und dessen fremden Melodieen sie, wie sie sich ausdrückten, »nicht verstanden«, zu ärgern und langweilen, und wie der Yankee die ihnen bekannten Weisen zu pfeifen begann, stimmten sie, jeder nach seiner eigenen Tonart, mit ein. Nicht einmal den Beginn eines ganz anderen Liedes respektirten sie dabei, und nach kaum einer Viertelstunde wogte ein Gewirr von Mistönen durch den Raum, daß der alte Polnische Jude sein Instrument in Verzweiflung einpackte und wegstellte.

Ein neuer Lärm, der am anderen Ende des Decks stattfand, lenkte aber auch die Aufmerksamkeit der Leute wieder nach anderer Richtung. Zwei Irländer waren sich über ihr Kartenspiel in die Haare gerathen, der Eine sollte betrogen haben und suchte jetzt seine Unschuld dem Andern mit der Faust zu beweisen; das aber war ein Spiel was dieser auch verstand, und die beiden stämmigen Burschen flogen in voller Wuth gegeneinander an, bald mit ordentlichem Boxen, wobei sie einander die Augen schwarz schlugen, bald wieder in einander gehakt mit Armen und Beinen, daß ihre Köpfe gegen Pfeiler und Kistenecken anschlugen, den Kampf zu entscheiden. Die Weiber kreischten, die Kinder schrieen dazu und die Männer jauchzten und jubelten, brüllten Hurrah und klatschten in die Hände.

Der Eine von ihnen bekam die Sache aber, da sich Niemand weiter hinein mischte, doch endlich satt, und schrie »genug!« wonach ihn sein Gegner für vollständig überzeugt hielt, und wurde von seinen Freunden halb besinnungslos fortgeschleppt; der Andere aber erging sich in seiner Freude in allerlei ungewöhnlichen Capriolen, schlug sich mit den flachen Händen auf die Lenden, krähte wie ein Hahn, sprang dann in tollem Übermuth im Deck herum, und bot Jedem der »*gentlemen*« fünf Dollar, der sich mit ihm prügeln wollte. Es dauerte lange ehe der, von Whiskey halbtolle Mensch konnte beruhigt und zu Ruhe gebracht werden. Der Abend war aber indessen auch weit vorgerückt, das Holztragen vorüber, und die Passagiere mußten daran denken Plätze zu suchen, wo sie sich für die Nacht nur einiger Maßen unterbringen konnten.

Viele hatten sich das weit leichter gedacht als es sich auswieß; die unverhältnißmäßig wenigen Coyen, da ein Dampfbootcapitain an Zwischendeckspassagieren aufnimmt was er eben bekommen kann, waren sämmtlich besetzt und in Beschlag genommen, die einzelnen Kisten zu kurz sich darauf auszustrecken, und der Boden selber so von Tabakssaft der kauenden Amerikaner verunreinigt, daß selbst ein solches Lager zur Unmöglichkeit wurde. Manche krümmten und rollten sich doch noch auf Kisten und Koffern, oft in den verdrehtesten Stellungen zusammen, Andere kauerten sich in eine Ecke, und suchten auf diese Art der Nacht eine Stunde Schlaf abzupressen. Wer so glücklich war irgend eine Art Rücklehne zu finden, setzte sich auf was er eben kam, und ein Theil versuchte sogar mit Auf- und Abgehen in dem vollgedrängten Deck die Nacht hinzubringen, mußte das aber bald aufgeben, und drückte sich nun in dem Maschinenraum auf dort aufgespeicherte Zuckerfässer, oder selbst auf die *guards* hinaus, trotz der feuchten Nachtluft, wo der Zimmermann des Bootes eine Hobelbank stehen hatte, und die beiden Plätze, darunter und oben drauf, den vollen Werth einer Coye bekamen. Es war ein entsetzliches Gewirr von Gliedmaßen, das hierdurch, über- und ineinander lag.

Ein paar deutsche Familien, und unter ihnen die mit der Haidschnucke erst nach New-Orleans gekommenen Webersleute, hatten sich, so gut das gehen wollte, in die eine Ecke ihre Kasten zusammengerückt, wenigstens für die Frauen und Kinder einen in etwas geschützten Ort zu bekommen, und unfern von ihnen kauerte auf seinem kleinen Kistchen, den Knaben zu seinen Füßen, an einer Stelle, von der sie erst eine größere Kiste weggeschoben, Veitel Kochmer. Das an dem Abend eingenommene Geld hatte Veitel aber in einen leinenen Beutel gesteckt, und in eine Seitentasche seines Kaftans geschoben, die neben ihm ihrer Schwere wegen, mit auf dem Kistchen stand. Nicht vermeiden ließ es sich dabei, daß mehre der anderen Passagiere dicht um ihn herum ihren Platz nahmen, wie es der Raum gerade gestattete, und kaum ein wild gemischteres Bild ließ sich auf der Welt denken, als dieß Deck mit seinen bunt und toll zusammengewürfelten, halb liegenden, halb kauernden, über und durch einander gestreckten Gestalten, über welche das matte Licht der Laterne nur seinen ungewissen zitternden Schein warf, und hie und da dichte Schatten ließ, aus denen in der und jener Ecke ein paar Beine oder Arme, oder ein unnatürlich zurück gebeugter Kopf hervorschauten.

Es war indessen, im so schrofferen Gegensatz zu dem früheren Toben, still und ruhig hier geworden; nur hie und da tönte das regelmäßige Schnarchen eines der Glücklichen vor, die eine Coye erbeutet hatten und auf dem Rücken, wenn auch auf harten Planken, doch ausgestreckt liegen konnten, und Brust und Lunge frei behielten. Auch ein leise gemurmelter, aber darum nicht minder herzlich gemeinter Fluch theilte da und dort die Lippen Einer der ineinander gekrümmten Gestalten, wenn sich der Gegenmann oder Antipode im Schlafe streckte und ihm vielleicht mit den rauhen Füßen über Gesicht oder Brust fuhr. Die Maschine allein klapperte und schleifte dabei regelmäßig fort und der Ingenieur, der mit der Öllampe daran herumging, die einzelnen Gelenke derselben anzufeuchten, schien das einzige lebendige, bewußte Wesen in dem ganzen unteren Raum.

Philipp, der Knabe des Polen, war nach der Anstrengung des Abends fest eingeschlafen und lag, halb zurück an den Vater gelehnt, mit weit nach hinten gebeugtem Kopf und offenem Mund, die bleichen schönen, aber jetzt verzerrten Züge von der Laterne matt beleuchtet, da, und der Alte saß, den Kopf auf seinen schmutzigen Kaftan vorn stützend, in unruhigem Schlummer, in dem er auf- und niedernickte und das schwere, von seinem Hut voll beschattete Haupt bald auf die, bald auf jene Seite sinken ließ.

Zu seiner Rechten kauerte eine, in ein blaues kurzes Oberhemd, wie es die Bootsleute trugen, gekleidete Gestalt, deren Gesicht von einem breiträndigen Hut ebenfalls ganz bedeckt wurde. Halb über sich herüber, wenigstens die linke Schulter und einen Theil der Brust bedeckend, hatte der Mann einen alten hellen, aus einer wollenen Decke zugeschnittenen Rock, gleichsam als Schutz gegen die frischere Nachtluft gezogen, obgleich es in dem untern Deck noch warm genug war, das entbehren zu können, und auch er schien zu schlafen, und im Schlaf eben mehr und mehr, wie um ein bequemeres Lager zu bekommen, sich an seinen Nachbar anzulehnen. Der Pole, dem das unbequem wurde, sträubte sich im Anfang dagegen, aber in solchem Fall hören alle Rücksichten auf, und der schläfrige Gesell, drei, vier Mal angestoßen, knickte doch immer, so wie er wieder in Schlaf kam, nach seinem etwas höher sitzenden Nachbar hinüber, der ihn zuletzt mußte gewähren lassen, oder auch selber endlich darüber einschlief.

Aber der Bursche schlief nicht, denn unter dem breiten Rand des Hut's heraus blitzten von Zeit zu Zeit ein paar kleine stechende Augen scheu und forschend hervor, überflogen wie suchend den weiten Raum, und hafteten dann wieder mistrauisch und prüfend an der ruhigen Gestalt des Polen. Nach und nach, aber so langsam und allmählich, daß es kaum zu erkennen war, brachte er dabei den rechten Arm mehr und mehr unter seinen übergeschobenen Rock, und die kaum sichtbare aber geschäftige Thätigkeit seines Ellbogens verrieth, daß er ihn nicht nur zum Ausruhen dort hingehoben habe.

Veitel Kochmer nickte und schwankte indessen im Schlaf herüber und hinüber, als er auf einmal, den Kopf auf die Brust gesenkt, den rechten Arm an seiner Seite herunter hängend, daß der Ellbogen jedoch leicht auf dem Beutel mit Geld auflag, oder ihn wenigstens berührte – still und regungslos sitzen blieb. Seinem Nachbar, der jedenfalls ein bedeutendes Interesse dabei hatte ihn in Schlaf zu halten, mochte das verdächtig vorkommen, denn auch er rührte von diesem Augenblick kein Glied mehr, und athmete schwer und regelmäßig, ja schloß selbst unbewußt die Augen unter dem tiefen Schatten des Hutes, als ob das hätte sein Athmen bekräftigen können. So mochten die Beiden wohl etwa zehn Minuten gesessen haben, und kein Laut sonst als die schon vorerwähnten hatte die Stille bis dahin unterbrochen, da fing Veitel wieder an mit dem Kopf zu nicken, schwankte erst etwas rechts, dann etwas nach links hinüber, lehnte den Kopf zurück an das Mittelbret der hinter ihm befindlichen Coye, und fing an leise zu schnarchen. Aber der Bursche an seiner Seite traute dem Frieden noch immer nicht, und den eignen Kopf langsam emporhebend, wie in tiefem Schlaf unbewußt nach einer bequemeren Stellung suchend, blinzte sein Auge scheu nach dem bleichen bärtigen Angesicht des Nachbars auf. Das aber lag regungs-

und ausdruckslos an der Bretwand an, und mit dem Drängen der Zeit, denn jeden Augenblick konnte irgend ein Lärm die Schläfer wecken, begann der bis dahin ruhig gebliebene Arm seine Thätigkeit wieder.

Wie die Maschine so still und ruhig mit ihren gewaltigen Armen und Hebeln hämmerte — wie das *flywheel* schlug und schwirrte, und das Rauschen der mächtigen Räder, mit den rasch und regelmäßig einschlagenden *bucketplanks* [15] zum Takt dazwischen die Wellen peitschte, und sie schäumend hinter dem Boot hinauswarf. Wie so ruhig der Strom da draußen lag, daß man das Murmeln selbst der kleinen Wogen hören konnte, und die schlummernden Gestalten hier im Deck, von dem schon halb verlöschten Lichte der Laterne kaum noch beleuchtet, so ruhig und friedlich schliefen, als lägen sie daheim in ihren weichen Betten, und nicht über Kistendeckel und Fässer, Körbe und Schachteln hin, mit eingezwängten Gliedern. —

»Diebe! Mörder! Diebe!« ein gellender, kreischender Aufschrei schmetterte durch das Zwischendeck die Schläfer wach, und jagte sie, fertig angezogen wie sie ringsum lagen, so rasch empor, als ob sie von einem Zauberstab berührt, aus dem Boden heraufgesprungen wären.

»Hallo! wer ist todt? — wo brennts? — aufgeblasen — bei Gott!« schrieen verschiedene Stimmen, von denen einzelne schon befürchteten, daß dem Boot irgend ein Unglück zugestoßen sei, wild und erschreckt durcheinander.

»Diebe — Mörder! Diebe — Diebe!« dröhnte aber Veitel Kochmers Stimme in gutem Polnischen Deutsch unverdrossen und gellend dazwischen, und die noch halb Schlaftrunkenen sahen wie der Mann mit dem wunderlich spitzen Bart und dem langen seidenen Rock, den sie schon vorher unten mit einer Frau, und oben mit einem Affen verglichen hatten, einen Andern, der sein Möglichstes versuchte von ihm wegzukommen, beim Rockschoß gefaßt hielt und die Hülfe der Übrigen anrief. Allein war er aber nicht im Stande den Mann länger im Griff zu behalten, und ehe die Übrigen sich besinnen und zuspringen konnten, riß der seinen Rockschoß aus dem krampfhaften Griff des Polen, und wollte mit einem Satz hinaus auf die offenen und vollkommen dunklen *guards* des Bootes springen, als sein Fuß in einem der anderen Schläfer, die hier queerüber der Passage lagen, hängen blieb, und er der Länge nach, mit einem lauten Aufschrei niederschlug. Im nächsten Moment hatten sich auch ein paar stämmige Kentuckier, die unfern von dort ebenfalls gelegen und jetzt aufgesprungen waren, über ihn geworfen und hielten ihn fest, und während er mit Armen und Beinen um sich schlug und austrat, schrie Veitel in einem fort, und ohne irgend eine der von allen Seiten an ihn gerichteten Fragen zu beantworten, »mein Geld — mein Geld — Gott der Gerechte mein Geld!«

»Aber zum Donnerwetter was ist los? — was brüllt der Bursche hier? — was hat der da verbrochen?« schrieen die Amerikaner durcheinander, die wohl eine undeutliche Ahnung haben mochten was geschehen sei, die Sache aber auch genauer erfahren wollten, und von dem Schreien des deutsch Redenden keine Sylbe verstanden.

»Mein Geld — mein Geld!« brüllte aber Veitel und warf sich über den Gefangenen, seine Hände und Taschen zu untersuchen, während sein früherer Dolmetscher den Übrigen die gerufenen Worte übersetzte. Alles drängte jetzt gegen den Gefangenen an, vor allen Dingen das *corpus delicti* zu finden, und den Verbrecher dadurch zu überführen; dieser aber hatte sich indessen, von den ihn Umdrängenden jedoch noch immer festgehalten, wieder aufgerichtet, und fing nun auch seinerseits an eine eigene Meinung über die Sache zu bekommen.

»Was, im Namen von Hölle und Verdammniß habt Ihr mit mir?« schrie er mit lauter trotziger Stimme, »seid Ihr toll oder betrunken, daß Ihr einen Menschen, den die verrückte Bestie von einem Halbaffen da aus dem Schlafe geschrieen, überfällt und festhaltet, als ob er irgend etwas verbrochen hätte? Was wollt Ihr von mir, was soll ich — weshalb preßt Ihr mir die Arme zusammen, als ob sie von Eisen wären — wer zum Teufel hat ein Recht mich so zu behandeln?«

»Nur ruhig, *honey*!« rief ihm aber Einer der Irländer, der jetzt seinen Rausch so ziemlich ausgeschlafen hatte, freundlich zu,

»nimm's nur kaltblütig mein Herzchen, und wenn Du's nicht kaltblütig nehmen kannst, nimm's doch so.«

»Was wollt Ihr? — weshalb haltet Ihr mich? weil der verrückte Schuft da im Schlafe brüllt? — Da, such, was willst Du von mir, Canaille, i c h habe Nichts.«

»Mein Geld! mein Geld!« schrie aber der Israelit, mit zitternden Händen an dem Mann, freilich vergebens, herumfühlend — »er hat mein Geld gestohlen.«

Die nächsten Minuten war es kaum möglich ein weiteres Wort zu verstehn; Alles schrie, tobte, lachte und fluchte durcheinander, und der Ingenieur verließ seine Maschine, die Mannschaft vorn ihre Posten, und was noch wach an Bord war, drängte nach dem Zwischendeck zurück, zu sehn und zu hören was es da gebe. Veitel Kochmer war aber in der Zeit auch nicht müßig gewesen, und das Geld nicht an dem vermeintlichen Dieb findend, suchte er dort, von wo dieser aufgesprungen, und fand da den Sack auf der Erde liegen, mit einem kleinen scharfen und geöffneten Federmesser dicht daneben; rasch an seinen Kaftan fühlend entdeckte er dort zugleich einen breiten Schnitt, der diesen mit der Tasche vollständig offen gelegt, und sogar noch in den leinenen Sack hineingeschnitten hatte, so daß die Thatsache selber Allen, die ihn beim Suchen unterstützten, klar genug wurde. Der Mann mit dem blauen Überhemd leugnete aber Schnitt und Messer ab, wie überhaupt irgend etwas von dem Juden oder seinem Geld zu wissen; er habe dagesessen und fest geschlafen, und sei durch das Brüllen seines Nachbars aufgeschreckt worden, ja im Anfang der Meinung gewesen die Kessel wären geplatzt, und nur im Instinkt der Selbsterhaltung aufgesprungen.

»Ja wohl *honey*«, lachte der Irländer dabei, während Veitel sein Geld wieder barg und erstaunt von einem zum anderen der Männer sah, ohne ein Wort von dem was sie sprachen zu verstehn, »das glaub' ich Dir schon, daß Du die Geschichte im Instinkt hast, denn es mag nicht das erste Mal sein, daß Du in Gedanken oder im Instinkt in anderer Leute Taschen kommst — wie war also die Sache, Langbart da, woher weißt Du, daß dieser *gentleman* hier Dein Geld im Instinkt forttragen wollte?«

Andere, die deutsch sprachen, übersetzten dem Polen die Frage, und dieser erzählte jetzt wie er im Schlaf seinen rechten Arm auf dem Geldsack habe liegen gehabt, einmal aber, halb munter geworden, sei es ihm vorgekommen, als ob Jemand langsam daran ziehe. Nicht recht sicher, sei er ruhig sitzen geblieben, bis auf einmal das Geld ihm unter dem Arm fortgeglitten und der Bursche da, als er rasch und erschreckt emporfuhr, in dem Augenblick auch auf und fortgesprungen wäre.

Der Dieb leugnete natürlich Alles, und schrie über Gewalt und Unrecht, das einem Bürger der Vereinigten Staaten auf die schlaftrunkene Anklage eines fremden Juden angethan würde. Das fremde unnütze Gesindel sei überdieß nur da, und komme von Europa herüber sie, die Amerikaner, auszusaugen, ihren Arbeitslohn herunter zu drücken und den Eingeborenen *(natives)* das Brod vor dem Munde wegzuschnappen.

»Hör' einmal mein Junge!« fiel ihm da Einer der langen Kentuckier in die in Zorn ausgesprudelte Rede — »es will mir beinah vorkommen, als ob Dir die Fremden noch verdammt wenig Arbeitslohn heruntergedrückt hätten. Außerdem wissen wir noch gar nicht einmal ob Du ein Amerikaner bist oder nicht.«

»Ich bin im »alten Staat« [16] geboren!« rief der Gefangene trotzig.

»Kein Compliment für den alten Staat« sagte der Kentuckier ruhig, »doch das bleibt sich jetzt gleich. Wir sind hier verdammt, eine Woche mitsammen auszuhalten »in Freud und Leid« wie die Friedensrichter bei den Trauungen sagen, und müssen uns also auch die Luft frei und die Taschen zu halten vor derartigem Gesindel das daran herumschneiden will.«

»Aber was wollt Ihr da von m i r ?«

»Wirst es gleich hören mein Herz.«

»Werft den Lump über Bord und laßt ihn an Land schwimmen« schrie der Irländer dazwischen.

»Frieden da!« rief aber der Kentuckier, »wir dürfen einen Mann nicht strafen, ohne ihn gehört zu haben; wählt einmal einen

Richter unter Euch, Kameraden, und zwölf Geschworene; zu schwören brauchen sie weiter nicht, da wir keinen wirklichen Richter haben, und dann wollen wir der Sache gleich auf den Grund kommen.«

»Hurrah für den Kentuckier!« schrieen eine Masse Stimmen, froh jetzt irgend etwas zu haben die lange Nacht durchzubringen, »wählt eine Jury — wählt einen Richter!«

»Wir wollen den Steuermann zum Richter nehmen!« rief eine feine Stimme durch den Lärm — der Steuermann war mit den übrigen Neugierigen ebenfalls herbeigekommen, zu sehn was es gäbe.

»Was schiert uns der Steuermann!« schrie aber ein langer Bootsmann aus dem Staat Mississippi dazwischen — »wir sind hier Passagiere und was wir untereinander haben, machen wir auch untereinander aus.«

»Ja wohl, ja wohl!« riefen Andere — »der Kentuckier soll Richter sein; Hurrah für den Kentuckier!«

Unter Lärmen, Lachen und Schreien, während der ertappte Dieb jetzt freigelassen war, sich aber so von Wachen umstellt sah, daß an ein Entrinnen nicht zu denken war, wurde jetzt auch eine Jury aus den Passagieren gewählt, wozu man jedoch nur Amerikaner nahm, und den Angeklagten dann frug ob er mit der Wahl zufrieden sei. Dieser aber, dem doch nicht wohl dabei wurde als die Leute Ernst machten, protestirte gegen ein solches Verfahren, verschwor sich noch einmal hoch und theuer daß er von der ganzen Geschichte Nichts wisse, neben dem Juden ruhig geschlafen habe, das Messer gar nicht kenne und ein ehrlicher Mann sei, und verlangte den Capitain zu sehen, der ihn vor einer solchen Behandlung wie sie ihm hier widerfahre schützen müßte, oder er verklage ihn selber in der ersten Stadt an der sie anlegten, wegen Mishandlung seiner Passagiere.

Das half ihm übrigens Alles Nichts, die Leute im Zwischendeck hatten Langeweile, brauchten etwas, das ihnen die Nacht hindurch die Zeit vertriebe, und die Bootsleute selber, Capitain und Steuermann, hüteten sich schon da einzugreifen, wo sie doch recht gut wußten daß ihnen die Macht fehlte, noch dazu da es hätte zu Gunsten eines Burschen geschehen müssen, gegen den doch ziemlich gegründeter Verdacht wenigstens beabsichtigten Diebstahls vorlag.

Dem Angeklagten nun hätte es frei gestanden gegen sechs aus der Jury, Amerikanischen Gesetzen nach, Protest einzulegen, wofür dann andere gewählt worden wären; da er aber gegen die ganze Jury protestirte, und ihr das Recht abstritt über ihn zu urtheilen, wurde sie ganz beibehalten, und das Verhör begann. Veitel Kochmer, der sich jetzt übrigens gern von der ganzen Geschichte zurückgezogen hätte, bekam einen Dolmetscher, und mußte besonders *in figura* wieder zeigen wie sie Beide gesessen hatten, während man noch alle übrigen Zeugen vernahm, die vorher die beabsichtigte Flucht des Angeklagten mit angesehn.

Als die vernommen worden, wurde der Angeklagte aufgefordert Zeugen für sich selber zu stellen, und ein anderes Individuum, das sich aber weit besser ruhig verhalten hätte, trat jetzt freiwillig auf, und erklärte den Angeklagten schon seit einer Reihe von Jahren als einen braven, in seiner Heimath geachteten, und sonst in jeder Beziehung ehrenwerthen Mann zu kennen. Dem Burschen stand das Wort »Gauner« aber mit so deutlichen Zügen auf der Stirn geschrieben, daß die ganze Jury laut lachte als er von Ehrlichkeit und Achtung sprach, und der Angeklagte selber schien nicht sehr mit der Fürsprache zufrieden zu sein. Es war ein langer hagerer Gesell, der neue Zeuge, mit einer hellgrünen Flanelljacke an, die sehr kurz in den Ärmeln, seine Gelenke und dünnen Armen weiter zeigte als gerade schön sein mochte; auf dem einen Auge schielte er dabei, und da das andere nicht eine Secunde auf ein und demselben Menschen haftete, konnte sich keiner an Bord rühmen dem Blick des Burschen auch nur ein einziges Mal begegnet zu sein. Einen alten zerknitterten Fitz, den er bis dahin auf dem struppigen Haar gehabt, drückte er, so lang er mit der Jury sprach, in den Händen herum.

Der Staatsanwalt, zu dem sich ebenfalls ein junger, ganz ordentlich gekleideter Mann an Bord für diesen einzeln Fall gemeldet hatte, trat jetzt auf und versicherte der Jury, unter dem schallenden Gelächter sämmtlicher übrigen Passagiere, nur nicht der beiden Freunde, daß dieser Zeuge die Sache des Angeklagten eher verschlimmert als verbessert habe, hob dann noch einmal in sehr glücklich gewählten, meist humoristischen Wendungen das ganze Entsetzliche dieses Falles an einem Ort hervor, wo Alle so zusammengedrängt waren daß sie schon ohnedieß Einer die Hände in den Taschen des Anderen haben mußten nur stehen zu können, und eröffnete schließlich den geehrten Geschworenen, daß ihnen kaum etwas anderes übrig bleiben würde als den Mann zu — hängen, wie seinen Freund Landes zu verweisen.

Ein lautes Hurrah! antwortete diesem Vorschlag, der von Allen natürlich als ein Scherz aufgenommen wurde, nur nicht von dem Angeklagten selber, der vielleicht schon früher Zeuge gewesen war, wessen eine Bande müssiger Bootsleute, in Übermuth und Langerweile fähig sei. Die Jury zog sich jetzt auf die Außenguards zurück dort miteinander den Fall zu berathen, kehrte aber nach sehr kurzer Zeit wieder, und erklärte kein Urtheil abgeben zu wollen, bis man nicht weitere Beweise gegen den Mann habe, der zu diesem Zweck zu visitiren sei, ob er nicht irgend etwas Verdächtiges bei sich trage was seine jetzige böse Absicht noch mehr bekräftigen könne.

Dagegen sträubte sich aber der Angeklagte auf das Entschiedenste, machte sogar Miene sich ernsthaft zur Wehr zu stellen und schrie, als ihn ein paar von den baumstarken Flatbootmen unterliefen und hielten, aus Leibeskräften um Hülfe und Feuer und Mord. Das Alles half ihm aber nicht allein Nichts, sondern machte die Leute nur noch mistrauischer gegen ihn, die jetzt ohne weiteres, während ihn Einige festhielten, seine Taschen umdrehten und ihn auffordern sein Gepäck auszuliefern das er an Bord habe.

Wider Erwarten entdeckte man bei ihm ein mit Geld sehr wohlgespicktes Taschenbuch, in dem sich einige zwanzig ganz neue Banknoten der »*White water canal banking company*« mit einigen einzelnen Mississippi-Dollar-Noten und einige kleine Münzen vorfanden. Hiervon erregten aber die neuen Noten Verdacht, von denen eine im Kreis herumging, bis sie zu den Händen des Staats-Anwalts, jedenfalls eines jungen Handlungscommis der irgend eine Anstellung im Norden suchte, kam. Dieser erklärte sie nach kurzer Besichtigung für *counterfeit money* (falsches Geld), und erbot sich sehr freundlich und bereitwillig selber zu hängen, wenn er nicht die Wahrheit gesagt habe und das Geld genau kenne. Mit diesem Ausspruch allein begnügten sich aber die Passagiere nicht, und eine Deputation wurde hinauf in die Cajüte geschickt, zu sehen ob noch Einer von den Buchhaltern wach wäre, dessen Urtheil über die Banknoten zu hören.

Der zweite Buchhalter war kurz vorher vom Steuermann geweckt worden, da das Boot wieder anlegen mußte Holz einzunehmen. Noch halb im Schlaf wollte der freilich die Passagiere erst unwirsch wieder abweisen, ließ sich aber doch endlich bewegen, einen in Neu-York herausgegebenen *counterfeit detector*, in dem allmonatlich sämmtliche falsche Banknoten veröffentlicht werden, nachzusehn, und erklärte die Banknote dann ebenfalls nach kurzer Untersuchung für falsch. Das war genug und die Sache im Zwischendeck, die bis jetzt mehr in Scherz und Übermuth getrieben worden, drohte einen ernsteren Charakter zu bekommen.

Der Kentuckier nahm vor allen Dingen das als falsch erkannte Geld in Beschlag, zerriß es in Stücken und steckte es unter dem wüthenden Heulen und Schreien des Angeklagten in den Ofen, wo es bald hell aufloderte, das übrige Geld wurde ihm jedoch zurück gegeben, und die Jury ging dann noch einmal auf die *guards* hinaus, das Endurtheil zu fällen, als die Glocke draußen — das Zeichen zum Landen und Holztragen — ertönte.

»*Wood pile, wood pile boys!*« [17] schrie der Mate oder Steuermann, froh eine Gelegenheit zu haben den Skandal zu unterbrechen, in das Deck hinein — »hinaus mit Euch wer nicht bezahlt hat, Eure Albernheiten könnt Ihr nachher abmachen — *Wood pile!*«

Das Boot landete, die Planken wurden ausgeschoben, und die Zwischendeckspassagiere, die sich eben zum Holztragen verpflichtet hatten, konnten sich dessen nicht weigern; der Delinquent sollte indessen unter der Aufsicht von drei oder vieren, die nicht mit zu tragen brauchten, zurückgelassen werden; das aber duldete der Mate nicht, der erklärte daß er den Mann nothwendig zum Holztragen brauche; wenn sie was von ihm wollten, könnten sie das ebensogut nachher abmachen, hier in Nacht und Nebel und einem wildfremden Staat würde er ihnen nicht fortlaufen. Die Anderen trauten ihm jedoch nicht, und zwei von den Kentuckiern erboten sich draußen an seiner Seite zu bleiben, und jeden etwaigen Versuch zur Flucht unmöglich zu machen.

Der Bursche, der aber jedenfalls ein böses Gewissen hatte, und vielleicht nicht mit Unrecht fürchtete auch noch andere Sachen an den Tag gebracht zu sehn, schien das Resultat der Jury nicht abwarten zu wollen, denn als er, einmal im Freien, seine zweite oder dritte Ladung aufgenommen, wußte er seine Gelegenheit zu benutzen, warf dem Einen von seinen beiden Wachen den ganzen Stoß Holz auf den Leib, sprang über ihn fort, und war im nächsten Augenblick über die Fenz hin, in einem Baumwollenfeld verschwunden, das Boot wie seine bezahlte Passage im Stich lassend.

# Capitel 7.

### Die Ufer des Mississippi und Ohio.

Der Dampfer verfolgte indessen rasch seine Bahn, und erreichte am nächsten Nachmittag die Grenze der Plantagen; die Grenze nämlich insofern, als diese kein geschlossenes Ganzes, Fenz an Fenz mehr bildeten, und den Urwald erst in schmaleren, dann immer breiter werdenden Streifen zum Ufer des Stromes heranließen, bis zuletzt Wald, dichter finsterer mächtiger Wald an beiden Seiten lag, und nur hie und da eine größere Lichtung den Ort verrieth, wo die Axt des Menschen thätig gewesen war sich in das Herz der Wildniß einzuwühlen, und den überreichen Boden sich zinsbar zu machen.

Der Strom gewann hier einen ganz anderen Charakter; noch war das graue wehende Moos an den Bäumen sichtbar, aber es hing nicht mehr in solch gewaltigen prachtvollen Massen von den höchsten Wipfeln bis zur Erde nieder, die Riesen des Waldes in einen weiten Schleier hüllend. Dichte Schilfbrüche füllten dabei den Unterwald bis zum äußersten Rand des eingebrochenen Ufers, von dem ab zahlreiche unterwaschene und niedergeschwemmte Stämme die Verheerung nur zu deutlich verriethen, die hier von den ungestüm reißenden, und noch täglich weiter in das feste Land hineinfressenden Wassern angerichtet worden.

Wieder kamen dann weite, Plantagen bedeckte Flächen, wie die ganze Strecke von Point-Coupée, bis fast zum Atchafalaya — einem Abstrom des Mississippi der sich auf eigene Faust in den Golf von Mexiko ergießt — hinauf; aber das Zuckerrohr wurde hier schon seltner, Mais nahm dessen Stelle ein, und nur die Baumwollenfelder dauerten noch fort.

Weiter und weiter arbeitete das Boot — die Lichtungen wurden schmäler und seltener, auch die Gebäude unansehnlicher, die an den Ufern standen, bis sie zuletzt zu niedere fensterlose, in Sumpf und Rohr gebaute Blockhütten zusammenschrumpften, mit mächtigen Reihen Klafterholz an der Seite, den auf- und abgehenden Dampfern das so nöthige Material zu liefern, und kaum einen halben Acker urbar gemachten Landes dabei, für die Bewohner der Hütte etwas Mais und einige Kürbisse und Melonen zu ziehn.

Mitten aus dem Wald heraus leuchteten den Reisenden dann wieder plötzlich die hellen und oft ganz stattlichen Gebäude eines bald größeren bald kleineren Ortes entgegen, und nirgends läßt sich der Unternehmungsgeist der Amerikaner gerade besser erkennen, als an den Ufern der westlichen Ströme, wo sich der Mensch ordentlich in die Öde mit seinen Bedürfnissen hineinbohrt, weiter und weiter um sich greift, und aus dem Wald heraus, von Wölfen Nachts umheult und von der rauschenden Wildniß dicht begrenzt, seine Städte mit ihrem Handel und Verkehr, Dampfmaschinen und Banken heraufzaubert. Im Anfang sind diese denn auch natürlich nur auf den Strom selber angewiesen, dessen Schiffahrt sie entstehen ließ; nach und nach aber siedeln sich Nachbarn an, Plantagen und Farmen entstehn, Mühlen und Fabriken werden gebaut, Wege angelegt, und das Holz verschwindet unter den unausgesetzten Schlägen der gefräßigen Art.

So passirten sie Natchez und Vicksburg, beide Städte mit prachtvollen massiven Gebäuden, scheinbar an der Grenze der Civilisation gegründet, und ließen die Mündung des gewaltigen Redriver an ihrer Linken, der seine rothen Fluthen, ein fast ebenso mächtiger Strom als der Mississippi selber, in diesen wälzt, ohne dessen Ufer auch nur eines Schrittes Breite auszudehnen. Ebenso hat der »Vater der Wasser« den stattlichen Arkansas, den White River, den breiten Ohio, mit einer Unzahl kleinerer Flüsse aufgenommen, ohne die Breite seines Bettes, von der Mündung des fast noch bedeutenderen Missouri auch nur im mindesten zu ändern. Aber tiefer und reißender wird er, je weiter er sich wühlt, und je größere Kräfte er in sich aufnimmt; weiter hinein in den Grund reißt er sich seine furchtbare Bahn, und die größten Kriegsschiffe würden ihn tausende von Meilen befahren können, dämmte seine Mündung nicht die, den meisten großen Flüssen gefährliche Queerbank, die gerade über sein Fahrwasser wegliegt, und tiefgehenden Schiffen den Eingang hartnäckig weigert.

Weiter, weiter schäumen wir stromauf; dort drüben zu unserer Linken mündet der Arkansas seine Wasser, eine kurze

Strecke weiter oben ein Arm des White River, und der kleine Ort, in die Spitze, die beide Ströme miteinander bilden, hineingebaut, heißt Montgomery.

Unser Lootse weiß aber von dem Ort da drüben, und von dem Mann der hier das erste Haus gegründet, viel zu erzählen. Er selber ist früher lange Jahre auf dem Arkansas gefahren und oft an der Spitze die Montgomerys Point hieß und noch heißt gelandet; der aber, der hier den ersten Axtschlag gethan, war Einer jener wilden Charaktere wie sie der Westen leider noch in Masse liefert — Männer die nur das eine Ziel im Auge tragen — Geld — deren Herz und Seele, wenn sie Beides wirklich haben, nur dem einen Trieb sich weiht und eigen giebt, und die selbst Raub und Mord zu Brücken brauchen, das zu erreichen. Wenn nur die Hälfte von dem wahr ist, was er dem an das Lootsenhaus gelehnten Passagier halblaut, und mit einem scheuen Blick dort hinüber in's Ohr flüstert, daß es dem Mann eine Eishaut über den ganzen Leib jagt, so hat das Land da drüben Ursache fruchtbar zu sein, denn es ist mit Menschenblut gedüngt.

Wald dehnt sich jetzt zu rechts und links — weiter endloser Wald mit furchtbaren Sümpfen die nur, das Ufer des Stromes verlassend, der Jäger betritt, den Bär in seinem Schlupfwinkel aufzusuchen, oder die hier ziemlich zahlreichen Hirsche zu jagen. Selbst Büffel haben sich, noch etwas weiter zurück vom Mississippi, in diesen furchtbaren Dickichten gehalten, und es ist das der einzige Platz in den, in die Union aufgenommenen Staaten, wo sie noch zu finden sind.

Auch die Vegetation nimmt hier wieder einen etwas anderen Charakter an; das graue Moos ist ganz verschwunden, selbst die Cypressen kommen schon vereinzelter vor als weiter unten, und der mächtige *cotton* oder Baumwollenholzbaum, nach einer weißen Flocke in der sein Saamen sitzt, so genannt, hat den Ehrenplatz am Ufer, und füllt das flache sumpfige Land mit seinen wahrhaft riesigen Stämmen. Aber während der rastlos schaffende und vernichtende Mississippi an dem einem Ufer den Boden unterwäscht und wühlt, und oft ganze Acker Land, mit hunderten von Stämmen in sein Bett herniederreißt, wirft er am andern wieder weite Sandbänke aus, deckt sie und düngt sie mit dem fruchtbaren Schlamm, den ihm der Missouri aus den weiten Steppen des Westens hernieder führt, und läßt sich vom Wind dann, in den leichten fasrigen Flocken, den Saamen des Baumwollenbaumes niederstreuen auf den jungen Grund. Jedes Jahr legt er sich der Art einen kleinen Streifen um den neugegründeten Besitz, und während das erst besäete Stück schon die jungen Cottonbäume bis zehn und fünfzehn Fuß Höhe trägt, die sich mit den saftgrünen jungen Kronen dicht und fest an den alten Urwald selber anschmiegen, werden sie kleiner und kleiner je weiter sie dem Ufer selbst sich nähern, bis sie in kleinen, kaum sichtbaren Schößlingen, noch von dem Schaum des Stromes bespühlt, nur eben erst die schwachen grünen Keime zeigen, und damit eine förmliche grüne Stufenleiter bilden, bis zum Wasser nieder.

Auch die Alligatoren sind jetzt verschwunden und zeigen nicht mehr die dunklen zackigen Rücken und Stirnen, verbranntem Holze gleichend, über der trüben Fluth; statt dessen sonnen sich weichschalige Schildkröten in Masse auf dem gelben Sand und den in den Strom geschwemmten Stämmen, strecken die langen Köpfe neugierig und scheu herauf, wie sie das heranschnaubende Boot hören, und lassen sich dann schwerfällig nieder gleiten in die Fluth, dem fremden unheimlichen Feinde zu entgehn.

Auch die weißstämmige Sycamora, mit ihrem schweren rothen Holz das nicht im Wasser schwimmt, drängt sich bis zum Ufer vor, gar seltsam gegen die dunklen Stämme der übrigen Waldung abstechend, während bis zu ihren ersten Ästen hinauf, in dreißig und vierzig Fuß Höhe, eine feste grüne Wand emporsteigt, das Mississippi-Rohr (*cane*) das seine Bambusähnlichen Wurzeln bis in den neben ihnen hinwaschenden Strom hinunter hängt, und eine fast ununterbrochene Mauer bildet gegen das offene Flußbett zu.

Als ob ein einzelner Baum umgeschlagen wäre und da hinein hie und da eine kleine, kaum bemerkbare Lücke gerissen hätte, so sehen die kleinen Lichtungen aus, in die sich ein Holzhauer gedrängt und sein Lager da mitten im furchtbarsten Sumpf, von Wasser und Schlamm rings umgeben, aufgeschlagen hat mit Frau und Kind. Gegen das Gesetz der Vereinigten Staaten, das dem Einzelnen verbietet Holz auf Grund und Eigenthum der Union zu schlagen, macht er ein anderes Recht der Squatter, das *preemption right* für sich geltend, das dem armen Ansiedler erlaubt Land, ohne es gleich zu bezahlen, so lange zu occupiren und zu bebauen und dann darauf das Vorkaufsrecht zum Congreßpreis (1¼ *Dollar pr. acre*) zu behalten, bis es vermessen und zum Verkauf dann ausgeboten wird. Dem Staat gegenüber erklären diese Leute, wenn sie je darum gefragt werden sollten, daß sie die Bäume hier fällen um das Land urbar zu machen, und es für sich selber, zu ihrem bleibenden Wohnsitz zu wählen, in Wirklichkeit aber bleiben sie nur bis sie sich eine gewisse Summe baaren Geldes durch den Holzverkauf an die Dampfboote verdient haben, und ziehen dann weiter westlich in gesündere Gegenden, sich dort erst anzukaufen — wenn sie nicht früher schon durch den Verlust von Frau oder Kindern oder durch eigene Krankheit in den bösen Miasmen der Sümpfe verscheucht und gezwungen werden die Hügel aufzusuchen, das eigene Leben zu retten. Von kaltem Fieber geschüttelt, von Mosquitos zerstochen, an Stellen die von giftigen Schlangen wimmeln, vor denen sie die Kinder kaum genug hüten können, verleben die armen Frauen besonders dort eine traurige Existenz. Ja diese wird oft selbst durch den Strom bedroht, der in seinen furchtbaren Überschwemmungen das ganze Land überfluthet, das geschlagene und mühsam aufgeschichtete Holz und nicht selten die niederen Blockhütten selber faßt, und weit hinabschwemmt dem Meere zu, so daß diese Holzhauer, besonders an den niedrigst gelegenen Stellen, stets gezwungen sind ein Boot oder Canoe an ihrem Haus zu haben, in der Zeit der Gefahr wenigstens ihr Leben vor der Gewalt der Wasser schützen zu können, und stromab den Hügeln zuzuflüchten.

S'ist eine traurige Existenz die tausende von Menschen auf solche Art führen, und bezeichnend dabei, daß fast nur Amerikaner selber, die abgehärteten und die Wildniß gewohnten Kinder der Pioniere und ersten Vorkämpfer der Civilisation, sie freiwillig wählen. Selten oder nie findet man in diesen Hütten und Sümpfen Deutsche, oder andere fremde Einwanderer, die fast alle geringeren Verdienst und gesünderen Boden vorziehn, auch wohl dieß Klima mit seinen Entbehrungen nicht so ertragen könnten als der Amerikaner.

Weiter wühlt sich das Boot, an Hütte und Wildniß vorbei und was ist das dort drüben, das so weiß und breit da aus dem Wasser ragt? — Ein versunkenes Dampfboot, das in Nacht und Nebel gegen ein *snag* rannte und sank — »aber die meisten Passagiere wurden gerettet« — und da drüben, das mit den schwarzen Rippen? — das ist ein anderes Boot das mitten auf dem Strom in Brand gerieth und unglücklicher Weise, ehe es das feste Ufer erreichen konnte, auf eine Sandbank lief. Der Steuermann weiß eine furchtbare Geschichte davon zu erzählen, denn er war an Bord, und man hat nie erfahren wie viel Unglückliche ihr Leben dabei einbüßten.

Und weiter da drüben? — lieber Freund das sind auch die Überreste eines Wracks; es ist hier gerade eine etwas gefährliche Stelle, aber überhalb der Mündung des Ohio ist's noch viel ärger, denn dort haben die Bootsleute einem Theil des Stromes den Namen, »Dampfers Kirchhof« gegeben, und manches Menschenleben hat der schon gekostet.

Es ist wahr, auf keinem Strom der Welt ist mit Dampfbooten schon soviel Unglück geschehn, wie gerade auf dem Mississippi mit seinen Nebenflüssen; auf keinem wird dabei trotzdem leichtsinniger gefahren, auf keinem werden, neben den prachtvollsten, besteingerichtetsten Fahrzeugen, schlechtere, untüchtigere Kasten benutzt Waaren und Menschen zu transportiren wie gerade hier, denn der Amerikaner will und muß Geld verdienen, und so lange ein Dampfboot nur eben noch auf dem Wasser schwimmt, so lange die wieder und wieder geflickten Kessel nur noch möglicher Weise halten, wird ihm seine Ladung anvertraut, und drängen sich die Passagiere selber an Bord, nur keine Zeit zu versäumen, und vielleicht einen halben Tag länger warten zu müssen mit einem besseren, neuen Boot dieselbe Fahrt zu machen. Aber wir müssen auch gerecht sein; auf keinem Strom der Welt fahren und kreuzen sich eine solche Masse von Dampfern jeder Größe, jeder Gattung wie hier, von dem stattlichen Boot an das mit acht Kesseln an Deck und jeder ordentlichen Bequemlichkeit ausgestattet, von drei bis vier tausend Ballen Baumwolle im Stande ist zu tragen, bis zu dem kleinen Diminutiv-Boot nieder, das kaum zwölf Zoll im Wasser gehend die zahlreichen kleinen Nebenflüsse befährt und explorirt, mitten in Wald und Wildniß hineindampft allen Gefahren zum Trotz, und nicht selten den Bären und Panther überrascht die zum Trinken herabkamen, und scheu und entsetzt jetzt vor dem fremden Ungethüm zurück fliehen in Dickicht und Gestrüpp. Die Nebenflüsse mitgerechnet, von denen ab die einzelnen Dampfer den Mississippi immer wieder berühren, beträgt die Zahl derselben jetzt weit über sieben hundert, und im Verhältniß ist die Zahl der Unglücksfälle dann noch immer nicht gar so entsetzlich, wie es von solchen, die nur die dunklen Seiten jenes Landes aufzudecken suchen, oft geschildert und beschrieen, nicht beschrieben wird.

An Bord war indessen, seit der Flucht des Diebes, der sich doch nicht hatte der Gefahr aussetzen wollen einen Urtheilsspruch der übermüthigen Reisegefährten abzuwarten, und lieber seine schon gezahlte Passage (Gepäck hatte er gar nicht) im Stich ließ, Alles ruhig und friedlich abgegangen, und Veitel Kochmer besonders hatte seine Zeit gut benutzt, auch oben in der Cajüte mit der Holzharmonika und der Kehle des Kindes Geld zu verdienen.

Professor Lobenstein redete ihn da, als alten Reisegefährten an, frug ob noch andere Passagiere von der H a i d s c h n u c k e an Bord seien, und erfuhr von ihm, daß sich auch die Weberfamilie auf der Jane Wilmington eingeschifft habe nach Cincinnati zu gehn, dort unter den vielen Deutschen leichter Arbeit zu finden. Nun war es aber dem Professor, jemehr sie sich dem Orte näherten wo er selber ein neues ungewohntes Leben beginnen und Arbeiten unternehmen sollte, die sich doch in der Praxis ganz anders herausstellten als in Büchern, schon mehrfach im Kopf herum gegangen, wo er Jemand passenden gleich herbekam ihm wenigstens in der ersten Zeit zur Hand zu gehn. Auch seine Frau, seine Töchter brauchten eine Hülfe, denn waschen, scheuern, das Vieh besorgen etc. waren ebenfalls Dinge an die er noch nie so sehr gedacht hatte wie gerade jetzt, und die er den Seinigen kaum zumuthen konnte, vom ersten Augenblick gleich an zu übernehmen. Von Hopfgarten, mit dem er darüber Rücksprache nahm war sogar entschieden dagegen, daß den an etwas derartiges gar nicht gewohnten Frauen je dergleichen Beschäftigungen obliegen dürften, und betrachtete es als eine Sache die sich von selbst verstände, daß er Leute engagiren müsse, die eben die gröberen Arbeiten für ihn verrichteten. Da aber solche, wie sie vielfach gehört, in Amerika nicht immer gleich und leicht zu bekommen wären, könnte er auf der Gotteswelt nichts Besseres thun, als gerade die ganze Weberfamilie, die er als ordentliche, rechtschaffene, fleißige Leute kennen gelernt hatte, wenn sie irgend zu bekommen wären, in Dienst zu nehmen.

Der Professor fühlte daß er recht hatte; freilich gehörte das, als schwere Ziffer, zu den »nicht gerechneten Ausgaben«, die er sich bis dahin immer noch eingeredet sie umgehen zu können; so viel Hände mehr verdienten aber auch mehr im Feld — auch der deutsche Landmann hielt ja seine Knechte und Mägde und befand sich wohl dabei — warum nicht er.

Zu solchem Entschluß, zu dem die Weberfamilie auch noch ihre Zustimmung zu geben hatte, war dann aber auch keine Zeit mehr zu verlieren, und um es besser mit ihnen besprechen zu können, ging er gleich am nächsten Morgen zu ihnen hinunter in's Zwischendeck. Hier machte er den beiden Leuten gerade zu den Vorschlag, gegen einen entsprechenden Gehalt über den sie sich einigen wollten, auf ein Jahr bei ihm in Dienst zu treten, wo sie ein kleines Haus für sich bekommen, und ihre Familie, von der der älteste Knabe schon wacker mit zugreifen konnte, bei sich behalten sollten.

Auch für den Weber war übrigens dieser Vorschlag gut und annehmbar, denn er genoß dadurch jedenfalls den sehr großen Vortheil nicht allein in der ersten Zeit das wenige was er an baarem Geld sein nannte, zu sparen, sondern sogar noch etwas dazu zu verdienen und nebenbei, das Wichtigste von Allem, das Land in dem er sich später selber niederlassen wollte, aus eigner Erfahrung kennen zu lernen. Auch für die Kinder hatte er dabei ein Unterkommen, wie für die alte Mutter, die sich auf der Seereise merkwürdig gekräftigt und gestärkt, jetzt aber in dem neuen ungewohnten Leben und Treiben an Bord, still und ängstlich in ihrer Ecke saß, aber doch nicht mehr jammerte und wehklagte, sondern mehr betäubt von all dem Neuen das sie umgab, ruhig abwartete was ihr und den ihrigen die nächste Zukunft bringen würde.

Nun war es dem Mann freilich ein ungewohntes und auch fast drückendes Gefühl hier in Amerika, wo er seine Lage gegen Deutschland hatte verbessern wollen, in Dienst zu treten, während er im alten Vaterland, wenn auch arm und kümmerlich, doch selbstständig, und von Niemandem abhängend, gelebt hatte; aber er sah auch wohl daß er hier in eine ganz fremde ihm vollkommen neue Welt gerathen sei, in der er vor allen Dingen lernen und Erfahrung sammeln mußte, und mit der Schüchternheit sich gleich von vorn herein ein selbstständiges Handeln zuzutrauen, die unseren armen Klassen nur zu sehr eigen ist, mochte er die Hand nicht zurückweisen, die sich ganz unerwartet ausstreckte ihn zu unterstützen. Auch die Frau, die vor Nichts solche Angst gehabt als gerade vor dem ersten Beginn, griff mit Freuden nach diesem Anerbieten — arbeiten, lieber Gott das wollte sie ja gern von früh bis spät, hatte auch noch nichts Anderes gekannt seit sie kaum alt genug geworden die jüngeren Geschwister umherzutragen, und selber wieder ein eignes Haus? ja lieber Himmel, das ging nicht im Handumdrehen, und das was ihnen jetzt und zwar von einer Familie geboten wurde, die sie schon auf dem Schiff hatten achten und lieben lernen, durften sie nicht zurückweisen, wenn sie sich nicht später die bittersten Vorwürfe hätten machen wollen.

Der Lohn freilich, den ihnen der Professor bei weiterer Unterhandlung bieten konnte war gegen das, was sie früher von den Arbeitslöhnen in Amerika gehört, nicht hoch, und betrug für beide Eheleute nur zwölf Dollar monatlich an baarem Gelde, aber sie bekamen auch dabei für sich und ihre Familie die Kost, und hatten in sicherem Verdienst, nach Abschluß des Jahres zu dem was sie schon ohnedieß besaßen und jetzt nicht anzugreifen brauchten, noch eine hübsche runde Summe von 144 Dollar übrig, mit der sich schon etwas anfangen ließ. So schlugen sie denn nach kurzem Besinnen ein, ließen ihre überaus sehr schwankenden Aussichten in Cincinnati fahren, und beschlossen in Grahamstown mit an Land zu gehn — die Passagezahlung blieb sich überdieß nach beiden Orten gleich.

»Du bist doch auch dümmer wie's eigentlich erlaubt ist«, wandte sich übrigens, wie der Professor nur kaum den Rücken gedreht hatte und wieder nach oben gegangen war, ein anderer deutscher Bauer, der ebenfalls erst vor einigen Wochen mit Frau und Kindern von Deutschland gekommen, nach Cincinnati hinauf wollte, an den Weber — »läßt Dich da von dem Breimaul beschwatzen, Dich für sechs Thaler den M o n a t zu schinden und zu plagen, wo Du so viel die W o c h e kriegen könntest, und bedankst Dich auch nachher noch bei ihm daß er so gut ist und Dich umsonst arbeiten läßt. Herr Jeses, m i r sollte so Einer so etwas bieten, den wollte ich heimschicken.«

Der Mann war aus Kurhessen und sah dürftig aus, hatte auch in der That schon fast alles Mitgebrachte aufgezehrt, und eben noch die Passage für sich und die Seinen auf dem Dampfboot erschwingen können, aber er wußte was ihm die Agenten in Deutschland für Lohn versprochen, und war nicht gesonnen, wie er meinte, für einen Dreier weniger zu arbeiten.

»Aber warum hast Du mir das nicht früher gesagt, wie ich noch mit dem Herrn sprach« meinte der Weber, durch den so bestimmt ausgesprochenen Vorwurf doch etwas kleinlaut geworden.

»Was gehts mich an« brummte der Hesse — »Jeder muß am Besten selber wissen was er zu thun hat.«

»Aber Du weißt auch nicht gewiß, was Du im Ohio zu erwarten hast« sagte der Weber kopfschüttelnd.

»Nun s e c h s D o l l a r laufen mir da nicht weg« lachte der Andere, »und überdieß hab' ich's schwarz auf weiß, und zwar von Leuten zu Hause, die die Sache verstehn. Soviel weiß ich aber, ehe ich für sechs Dollar den Monat arbeite, hungre ich lieber, denn m i t sechs Dollar könnte ich auch eben nicht mehr thun als mich satt essen, und so spar' ich doch meine Knochen. Übrigens hast Du ja gar keinen festen Contract gemacht, und kannst deshalb noch immer thun was Dir am Besten scheint.«

Dem Weber war es ein unbehagliches Gefühl, sich von Jemanden, der schon beinah so viel Wochen im Land war wie er

Tage, so direkt tadeln zu lassen, aber er konnte es auch jetzt nicht mehr ändern, denn er hatte sein Wort gegeben, was er wenigstens für ebenso bindend hielt wie einen Contrakt. Dann aber stieß ihn auch seine Frau heimlich an, und flüsterte ihm zu sich nicht irre machen zu lassen von dem Menschen. Sie seien nicht herüber nach Amerika gekommen in einem Jahr reich zu werden — das möchte manchmal glücken, aber auch nicht immer — sondern sich und ihren Kindern nach und nach, aber dann auch gewiß, eine feste Stätte zu erbauen, daß sie glücklich und unabhängig leben könnten, und mit jedem Jahre weiter vorwärts kämen, nicht zurück wie in Deutschland. Damit aber hätten sie jetzt den Anfang gemacht, und wenn es der Andere da drüben, mit dem zerrissenen Rocke und der bleichen kranken Frau, besser wisse und verstehe, so solle er nur hingehn und es versuchen, sie selber wollten lieber »den Sperling in der Hand, wie die Taube auf dem Dache.«

Fünf Tage und Nächte fuhren sie so stromauf, immer in vierundzwanzig Stunden etwa 200 englische Meilen, den Windungen des Stromes nach, zurücklegend, und erreichten endlich die Mündung des Ohio, der, von Osten kommend, seine klaren Wasser mit starker Strömung, deutlich unterscheidbar bis über die Mitte hinaus in die schmutzig gelbe Fluth des Mississippi drängt, und sich erst eine lange Strecke weiter unten mit diesem ganz vermischt. Die Staaten Missouri an der linken, Kentucky an der rechten und Illinois gegenüber, laufen hier in ihren Grenzspitzen zusammen, während der Ohio selber, durch seinen Strom von Ost nach West, die freien und Sclavenstaaten von einander trennt.

Aber die Ufer selber bekommen hier einen ganz anderen Charakter; schon Kentucky zur rechten zeigte hohes Land, das mit seinen nordischen Kiefern dem Auge unendlich wohl that, und wenn auch die Spitze von Illinois, auf der ein kleines dem Mississippi zehnmal abgetrotztes, und zehnmal wieder von ihm überschwemmtes und vernichtetes Städtchen liegt, noch flach und öde ausläuft in den Strom, hebt sich doch auch bald an dieser Seite das Land, und mit dem durchsichtig klaren Wasser, das vorn den Bug beschäumt, mit selbst kaum halb so starker Strömung gegen sich als im Mississippi, braust das Boot lebendiger voran, und das Auge hängt mit Wohlgefallen an den freundlichen Ufer-Bergen.

Der Ohiostrom ist schon von vielen Amerikanern mit unserem deutschen Rhein verglichen worden, und nicht ganz mit Unrecht; der breite klare Strom, die meist wellenförmigen, oft schroffen, nicht zu hohen Hügel, die sein Ufer bilden, und mit dem herrlichsten Grün bekleidet sind, haben allerdings viel Ähnliches mit unserem deutschen Strom; auch viele trefflich angelegte Farmen und kleine blühende Städte, die überall den Unternehmungsgeist der thätigen Amerikaner bekunden, geben dem Bild etwas Liebes und Freundliches, im Gegensatz zu dem, von Sumpf und wildem Urwald begrenzten und trüb und reißend dahin strömenden Mississippi. Aber die Burgen fehlen ihm, und nicht allein als Schmuck in der Scenerie, nein auch mit ihnen die alten historischen Erinnerungen, die Sagen und Legenden, die jedem Fels am Vater Rhein, dem Hügelhang, der Waldesschlucht, jeder Thurmspitze und Mauer ihren eigenen, wunderbaren Reiz verleihn. Der Schmuck der Berge, selbst wenn sie in all den wundervollen herbstlichen Tinten prangen, die gerade jener Zone eigen, kann diesen Reiz und Zauber nicht ersetzen — sie bleiben todt und kalt, so schön sie sind, und der Reisende, besonders der Deutsche, wird sie anschaun und sich freun darüber, aber nie sein Herz mit solchen Banden zu ihnen hingezogen fühlen wie zu dem eigenen heimischen Rhein, selbst wenn das eigene Vaterhaus weit, weit von diesem stand.

Rasch fliegt indeß das wackre Boot die klare breite Bahn entlang, und andere Ufer grüßen den Fremden wieder, der mit neugierigem Blick hinüber schaut auf das fremde Land. Cypressen wie Baumwollenholzbäume sind lange in dem mehr südlichen Klima zurückgeblieben und nur die weißstämmige Sycamore begrenzt noch, von Eichen und Kiefern überragt, mit Erlen und Weiden die Ufer des Stromes, und neigt sich oft weit hinaus über die murmelnde, spiegelhelle Fluth.

An diesem Abend, dem ersten im Ohiostrom wollte Veitel Kochmer, der sich indessen wacker auf alle die Amerikanischen Melodieen eingeübt hatte, wieder eine Vorstellung geben. Der gute Gewinnst lockte ihn, und er schien nicht gesonnen eine solche Gelegenheit eben unbenutzt vorüber zu lassen; der Knabe aber, der sich die Tage über zu sehr angestrengt und blaß und leidend aussah, klagte über Schmerzen im Hals und weigerte sich zu singen. Veitel glaubte indeß auch ohne ihn das Publikum befriedigen zu können, und ließ die Leute durch Einen der Englisch redenden Deutschen wieder einladen ihm zuzuhören. Ob diese aber der Holzharmonika schon überdrüßig waren, die den meisten mit ihren weichen sanften Tönen auch außerdem nicht viel Befriedigendes bot, oder ob sie kein Geld mehr an eine Sache wenden wollten, die sie am Ende ebenso gut umsonst zu hören bekamen, da der Pole, wenn er nur für sich selber etwas spielte, das eben an Bord nicht geheim thun konnte, kurz sie erklärten ihm, ohne Flöte mache ihnen die Sache keinen Spaß. Wenn der Knabe nicht wohl sei, möge er das Spielen lieber lassen, oder spielen wenn er Lust hätte, aber sie zahlten ihm Nichts dafür.

»Siehst Du Philippche!« flüsterte da Veitel dem jungen Burschen zu, der in einer Ecke kauerte, und bog sich dabei über ihn und stieß ihn in die Seite — »siehst Du mein Söhnche — Nichts zahlen wollen se — w e r s t Du nu singen?«

»Aber ich k a n n nicht Vater.«

»Wie heißt, k a n n nicht, werd ich Dir gleich beweisen, ob Du kannst oder nich; kenn ich doch Deine Mucken, mai Philippche und werd ich Dir kommen mit en Stock — werst Du wohl kennen.«

»Mir brennt der Hals, als wenn ich glühende Kohlen darin hätte.«

»Ich werd' se Dir löschen,« sagte aber der Alte boshaft, »Gott der Gerechte, glaubt das Jingelche, ich soll's fittern vor's reine Vergnigen. Werst Du singen, frag ich Dich jetzt zum letzten Mal, oder werste nicht?«

Der Knabe also getrieben, und in scheuer Furcht vor dem finstern Mann, der ihm wohl schon oft bewiesen haben mochte, daß er im Stande sei seine Drohungen auszuführen, stand langsam auf, wischte sich furchtsam die hellen Thränen aus den

Augen und trat zu der Kiste, an der der Alte sein Instrument schon aufgestellt und geordnet hatte.

»Hallo Freund, was fehlt dem jungen Burschen?« frug da ein alter Pensylvanier in seinem wunderlichen Pensylvanisch-Deutsch den Polen, der dem Knaben jetzt mürrisch zuwinkte sich bereit zu halten. Der Pensylvanier saß unfern von ihnen auf einem Koffer, die Ellbogen auf die Knie gestützt, und schaute mit den scharf geschnittenen aber grundehrlichen Zügen und den kleinen blauen lebendigen Augen bald den Knaben, bald dessen Vater an.

»Was ihm fehlt? — ene Tracht Prügel werd ihm fehlen,« knurrte aber Veitel mürrisch — »faul ist er und will nich singen.«

»Ich bin nicht faul, Vater,« sagte aber der arme junge Bursche, dem das Blut bei der Anklage in Stirn und Schläfe stieg, »ich bin nicht faul, sondern krank, und Du wirst mich so lange zum Singen zwingen, bis ich unter der Erde liege, wie — «

Er schwieg und wandte sich ab, der Alte hatte aber in rücksichtslos ausbrechender Wuth eine Flasche ergriffen, die neben ihm stand, und wollte damit einen Schlag nach dem Kinde führen, holte wenigstens dazu aus, als der Pensylvanier auf und dazwischen sprang, dem Juden die Flasche entriß, und ihn selber fünf oder sechs Schritt zurückschleuderte, daß er taumelte und sich an den nächsten Coyen halten mußte, nicht zu fallen.

»Nichtswürdiger Hallunke!« rief der alte Mann dabei, während ihm edle Entrüstung das Blut in die Wangen jagte, »schämst Du Dich nicht der paar Dollars wegen, Dein eigenes krankes Kind zu quälen und zu mishandeln? untersteh Dich und leg Hand an ihn, so lange wir hier an Bord zusammen sind, und sieh was wir dann mit Dir selber machen.«

»Es ist mein Junge, und ich kann mit ihm machen was ich will,« rief der Alte halb scheu, halb trotzig vor dem unvermutheten Angriff, dem er nicht zu begegnen wagte — »wer hat mer was in mei eigene Familie zu reden?«

»Ich will Dir was sagen, Kamerad,« redete ihn aber jetzt der Pensylvanier an, der mit ein paar flüchtigen Worten den ihm nächst Stehenden und neugierig Herandrängenden die Ursache des Streites erzählt hatte, »wenn Du gescheut bist, dann beträgst Du Dich wenigstens so lange vernünftig, wie wir hier zusammen an Bord sind; was Du nachher thust, mußt Du mit Deinem eigenen Gewissen abmachen. Soviel sag ich Dir aber, wenn Du Deinen Jungen schlecht behandelst und er läuft Dir hier fort — so darfst Du Dich nicht darüber beklagen, und käme er zu mir — und ich wohne im nächsten Haus am Indian Hill bei Cincinnati und heiße Brower — und suchte da Schutz, so wärst Du der letzte, der ihn wieder bekäm. Hast Du mich verstanden?«

»Was hab ich mit Euch zu schaffen?« sagte Veitel, aber er packte sein Instrument verdrießlich wieder ein, da er wohl sah daß jetzt keine Zeit sei zu spielen und einzusammeln. Der Knabe, den Zorn des alten Mannes fürchtend, drückte sich indessen wieder zurück in seine Ecke, ihn wenigstens nicht durch seinen Anblick mehr als nöthig auf sich aufmerksam zu machen, blieb jedoch für jetzt mit jedem Zwang verschont.

Die wackere Jane Wilmington verfolgte indessen rasch, und ohne sich irgendwo aufzuhalten, ihre Bahn. Hie und da wurde wohl manchmal am Tag ein Tuch, oder Nachts ein Feuerbrand am Ufer geschwenkt, das bekannte Zeichen daß Passagiere an Bord wollten, und das Boot setzte dann die Jölle aus, oder lief, wenn es der Platz erlaubte, selber dicht an das Land hinan, die Fremden aufzunehmen. Manchmal aber auch, wenn der Capitain mit seinem Fernrohr dem äußeren Aussehn nach vermuthete, daß er nur Zwischendecks-Passagiere zu erwarten habe, schwieg auch wohl die Glocke und das Boot brauste, herzlich von den am Land Harrenden verwünscht, vorbei ohne anzuhalten.

Aber das Ufer an beiden Seiten verrieth auch jetzt weit größere Cultur, als sie, seit sie den unteren Mississippi verlassen, an diesem Strom gesehen. Überall wo ein unbedeutender Fluß oder auch nur ein Bach in den Ohio mündete, lagen kleine Städtchen, die mit ihren neuen, hell gemalten hölzernen Häusern, manchmal noch von dem Wald aus dem sie entsprungen umschlossen, oft aber auch von gut bebauten Farmen dicht umgeben, gar eigenthümlich gegen den dunklen Hintergrund abstachen. Fabrikgebäude standen am Ufer, Kohlengruben sandten ihre Schätze auf improvisirten kleinen Eisenbahnen bis dicht an den Rand des Stromes hin, die Kohlen von überbauten Werften gleich in die darunter gelandeten Boote zu werfen; Heerden weideten auf gelichteten Grasplätzen, Getraide und Heuschober standen aufgespeichert, den Reichthum des Bodens bekundend. Massen von kleinen und größeren Dampfern lagen dabei theils an den besiedelten Plätzen oder kamen den Strom herab, tief mit den kräftigen Produkten des Nordens geladen. Die aufgehenden Dampfer brauchten zugleich ihre Zeit nicht mehr damit zu versäumen an Land zu fahren, ihren Holzbedarf einzunehmen, denn die Holzverkäufer hatten die Klaftern schon in offenen breiten Booten aufgespeichert und fertig liegen. Nur ein Tau wurde ihnen zugeworfen, das befestigten sie an Bord, und während das Dampfboot mit ihnen stromauf lief, wurde das Holz auf seine *guards* geworfen, der Eigenthümer ging in die Cajüte, sich sein Geld geben zu lassen und steuerte dann sein etwas schwerfälliges Fahrzeug wieder mit der Strömung zurück, dem eigenen Landungsplatze zu.

So liefen sie zwischen Illinois und Kentucky hin, und erreichten am siebenten Tag nach ihrer Abfahrt von New-Orleans die Mündung des ebenfalls schiffbaren Wabasch, der von Michigan herunter kommend und oben queer durch den Staat Indiana durchströmend weiter unten die Grenze bildet zwischen diesem und dem Nachbarstaat Illinois, bis zum Ohio nieder. Kentucky dehnte sich jetzt noch an ihrer Rechten aus, aber zu ihrer Linken lag Indiana.

Herr von Hopfgarten hatte sich indessen entschlossen, ebenfalls mit in Grahamstown an Land zu gehn; er kam noch früh genug nach Cincinnati, und bekam hier zugleich Gelegenheit das innere Land wie die Verhältnisse des Ankaufs, welche der Professor jetzt durchmachen mußte, näher kennen zu lernen. Außerdem waren sie doch nun auch hier ein tüchtiges Stück in Amerika hineingekommen, ja befanden sich in der That ziemlich im Mittelpunkt der ganzen Vereinigten Staaten, die sich hier jedenfalls eher mußten in ihrem urthümlichen Charakter erkennen lassen, als in den großen, volkreichen Städten.

Nun sie übrigens ihr Ziel bald erreicht hatten, und die Passagiere, selbst die Damen, durch die längere Dampfbootfahrt zuversichtlicher und sicherer geworden waren, begann Marie, wenn sie bei Tische oder Abends manchmal auf der hinteren Gallerie zusammen kamen, den Reisegefährten zu necken, daß ihre Reise so ganz ruhig und ohne Zwischenfall abgelaufen sei, und Herr von Hopfgarten nun wahrscheinlich wieder den ganzen Weg werde zurück machen müssen, noch einmal von vorn anzufangen. Hopfgarten war aber auch wirklich nicht so ganz mit dem bis jetzt erzielten Resultat zufrieden, denn nicht allein war die Reise bis jetzt so·glatt und still vor sich gegangen, als ob sie auf einem Europäischen Dampfer gefahren wären, sondern er hatte auch selbst unter seinen Mitpassagieren noch nicht das geringste Außergewöhnliche entdeckt. Nirgends boxten sich die Leute — als einmal im Zwischendeck und das hatte er versäumt — nirgends sah er Pistolen oder Bowiemesser [18] gegen einander gezogen, und wie oft hatte er doch in Deutschland gelesen, daß diese beiden Waffen von Amerikanern bei den geringsten Streitigkeiten aufeinander gezückt würden. Es war ein verzweifelt langweiliges Leben an Bord, und wenn ihn nicht die bunt zusammengewürfelte Gesellschaft der Passagiere selber amüsirt hätte, er würde nicht gewußt haben was mit sich anzufangen.

Die Cajüte eines Mississippi-Dampfboots ist aber auch wirklich für Jemanden, der Charakterstudien zu machen wünscht, der beste Platz der sich nur denken läßt. Im Zwischendeck geben sich die Leute wie sie sind, und sind wie sie sich geben, meist rohes Bootsvolk, das sich nicht wohl in anständiger Gesellschaft fühlt, oder die ärmere Klasse der Einwanderer, die still und anspruchslos alle Unbequemlichkeiten und Entbehrungen dieses Platzes ertragen, weil sie eben wissen, daß sie nicht für mehr bezahlen können.

In der Cajüte ist das anders; die Passagepreise auf den westlichen Dampfbooten sind der ungeheuren Frequenz und des wohlfeileren Brennmaterials, wie der billigen Lebensmittel wegen so niedrig gestellt, daß Jeder, der nicht wirklich zur arbeitenden Klasse gehört, und sich sein Brod im Schweiß seines Angesichts verdienen muß — und selbst von diesen Mancher — in der Cajüte bei guter Kost und bequemem und reinlichem Aufenthalt seine Reise macht. So finden wir neben dem reichen Pflanzer aus dem Süden und dem Crösus aus den östlichen Städten, der in die theuersten und feinsten Stoffe nach elegantem Schnitt gekleidet Passage genommen hat seine Freunde im Norden zu besuchen, den rauhen Backwoodsman oder Hinterwäldler gerad' aus dem Wald heraus, in seinem blauwollenen oder ledernen Jagdhemd, der seine lange Büchse in die Ecke der Cajüte zwischen die seidenen Regenschirme und Fischbeinspatzierstöcke gelehnt hat, und seinen Tabackssaft zwischen den Zähnen durch über Bord spritzt wie — der beste Gentleman der Union; finden den langen Yankee-Sclavenhändler mit grell buntgestreiftem Hemd und unvermeidlichen Frack, den Hut nach hinten in den Kopf gedrückt; finden, dicht neben dem salbungsvollen Gesicht und breiträndigen Hut, dem braunen Rock mit Stehkragen und der weißen Cravatte des Reverend So und So, den Abschaum der Menschheit — den Spieler von Profession — der mit falschen Karten »sein Leben macht« und zu Mord und Straßenraub eher seine Zuflucht nehmen würde wie zu ehrlicher Arbeit; finden den Vieh- und Mehlhändler, und den »Stadt-Speculanten«, der seine Bauplätze irgend einer imaginären Stadt an den Mann zu bringen sucht; den weichlichen Creolen aus Louisiana, und den zähen, derbknochigen Yankee-Uhrenhändler; den Spanischen Kaufmann aus New-Orleans, der nach Cincinnati geht seine Einkäufe in Manufakturwaaren zu machen, und den Ohio-Schweinefleischhändler, der seine gesalzenen Heerden in der Königin des Südens gegen Spanische Dollar vertauschte; finden mit einem Wort den ganzen bunten Extrakt der wunderlich gemischten Bevölkerung Amerikas, mit einer einzigen Ausnahme; wir finden keine Neger oder von farbigen Blut Entsprossene, bis zum Quadroon [19] hinunter, in der Cajüte eines Dampfers — außer den Dienern natürlich, Steward, Koch und Aufwärtern — denn dem farbigen Blut ist der Aufenthalt dort zwischen Weißen verboten, und wenn sie über Millionen zu gebieten hätte. Wie würde es einem Weißen einfallen sich mit dem Abkömmling der verachteten Race an einen Tisch zu setzen, oder gar eine Coye mit ihm zu theilen. — Mit den Zwischendeckspassagieren ist das eine andere Sache — Vieh wird auch oft im Zwischendeck befördert, und zwar mitten zwischen den übrigen Passagieren — dasselbe Recht haben die N i g ‑ ge r.

Kaum minder interessant — das Wenige gerechnet was er davon zu sehn bekam — war für unseren Freund Hopfgarten die Damencajüte, in der er gewiß vortreffliche und höchst angenehme Studien Amerikanischen Familienlebens hätte machen können, wenn nicht die magischen Worte *no admittance,* [20] die auf einer rothen Tafel mit goldenen Buchstaben darüber standen, jedes Eindringen in das Mysterium dieser mit rothseidenen Vorhängen verschlossenen Halle unmöglich, oder doch zu einem sehr gewagten Unternehmen gemacht hätten. Manchmal war er allerdings im Stande einen flüchtigen Blick in das sehr elegant ausgestattete und mit weichen Teppichen belegte Gemach zu gewinnen, wenn ein oder die andere Dame, vielleicht absichtlich, einmal den Vorhang hob herauszuschauen, oder wenn die Kammerjungfer, ein allerliebstes Quadroon-Mädchen aus- und einging, ihren nöthigen Beschäftigungen nach. Es ließen sich dann wohl ein paar reizende Gestalten, nachlässig in einen Schaukelstuhl hingegossen, erkennen, die sich, ein Buch oder Kind auf dem Schooß um nur etwas in der Hand zu haben, behaglich herüber und hinüber wiegten; viel mehr war aber nicht davon wegzubekommen, und er selbst zu schüchtern sich irgendwo einzudrängen wohin er nicht gehörte, und wo er glauben konnte vielleicht nicht gern gesehen zu sein.

Des Neuen bot der Strom überhaupt genug, nach jeder Seite hin, und die Zeit verging ihnen, sie wußten selbst nicht wie.

## Capitel 8.

### Die Farm in Indiana.

Die Schiffsglocke läutete wieder, und der Platz wo sie jetzt landeten, ein Holzboot in's Schlepptau zu nehmen, lag wie der Farmer sagte, der das Holz an Bord brachte, gerade drei Miles (engl. Meilen) unter Grahamstown; es war für die Passagiere die dort auszusteigen gedachten, die höchste Zeit ihr Gepäck in Ordnung zu bringen.

Über das Wort *town* (Stadt) hatte der Professor indeß unterwegs seine überseeischen Ansichten in etwas geändert, denn den Fluß entlang, besonders am Ohio, waren ihm schon eine Menge kleiner Nester mit ein paar zerstreuten hölzernen Wohnungen, aber immer unter diesem Titel, vorgestellt worden, daß er eben auch nicht sehr erstaunte — wenigstens nicht s o überrascht war, wie er es sonst wohl gewesen wäre — als sie etwa eine halbe Stunde später in Grahamstown einen eben solchen kleinen Fleck begrüßten, den er anderen Falls, beim bloßen Vorbeifahren, gewiß nur für eine gut und bequem angelegte Farm gehalten haben würde. Lange Zeit zu Betrachtungen blieb ihnen aber nicht; wieder hämmerte der Steuermann gegen die Glocke, die Leute standen vorn am Bug mit den zusammengerollten, zum Wurf bereiten Tauen, ein paar Neger am Ufer — aber hier freie Leute, keine Sclaven — sprangen bereitwillig, die Köpfe vorsichtig geduckt daß sie nicht von dem schweren Tau getroffen wurden — herbei es aufzufangen, die Klingel des Ingenieurs, vom Lootsen gezogen, ertönte und gab das Zeichen zum Halten, der Dampf strömte mit einem scharfen jähen Schlag in's Freie, die Räder standen und wenige Secunden später lag die Jane Wilmington fest an Land, ihre Passagiere abzusetzen. Die Planken wurden zu gleicher Zeit ausgeschoben und während die Deckhands und Feuerleute Alles faßten, hinübertrugen und a b w a r f e n , was ihnen gepäckartig in den Weg kam, hatten die letzten der Passagiere kaum das Boot verlassen, als ihnen die langen Breter schon wieder unter den Füßen fortgerissen wurden. *Go ahead!* tönte der Ruf des Capitains vom Hurricane-Deck aus, und die große

Schiffsglocke läutete zum Zeichen daß Alle, die noch an Bord wären und nicht dahin gehörten, das Boot verlassen sollten — aber es war das eine bloße Formalität, denn das Boot war faktisch schon wieder im Strom, gegen den es wenige Secunden später an und — weiter brauste.

Die Passagiere der Haidschnucke schienen die einzigen an Bord der Jane Wilmington die Grahamstown zu ihrem Ziel gewählt; nur noch zwei Amerikaner, die ihr ganzes Gepäck, einen winzigen Lederkoffer, in der Hand trugen und damit ohne weiteres die Uferbank hinaufklommen, waren mit ihnen ausgestiegen. Die ganze Landung ging dabei so rasch und fast möchte man sagen gewaltsam von Statten, daß sie nicht einmal Zeit behielten sich zu erkundigen ob dieß auch wirklich Grahamstown sei. Die kleine Stadt lag übrigens auf einem hier zum Wasser niederlaufenden, etwa zwei hundert Schritt hohen und vollkommen baumleeren Hügelhang; eine sehr ausgefahrene Straße lief schräg an dem Hang hinauf zu den ersten Häusern, und einzelne kleine Holzgebäude, ohne eigentlichen sichtbaren Zweck und Nutzen, standen zerstreut unter dem höchsten Rand. Oben konnte man auch, nachdem die beiden Amerikanischen Passagiere in ihren schwarzen Fracks hinter den Häusern verschwunden waren, hie und da einen Mann erkennen der, die Hände in den Hosentaschen, an einer Fenzecke lehnte und hinunter sah, oder eine Frau mit ihrem großen, den ganzen Kopf verhüllenden Bonnet, die ein paar Stücken Wäsche aufhing, um die Fremden da unten mit ihrem Gepäck, einer ordentlichen Burg von lauter Kisten, Kasten, deutschen Ackergeräthschaften, Koffern und Hutschachteln, schien sich keine Seele zu bekümmern, auch kein Fuhrwerk war zu sehn, mit dem sie hätten hoffen können ihr Passagiergut hinauf zu befördern.

»Lieber Gott wie öde das hier aussieht« sagte Marie, die sich mit der Mutter und den übrigen Geschwistern auf ihre Koffer gesetzt hatte, während der Weber mit seiner Familie, und der Professor mit Eduard und Herrn von Hopfgarten noch eifrig beschäftigt waren, das dicht an den Wasserrand, und hie und da selbst in den nassen Sand und Schlamm geworfene Gepäck ein paar Schritte weiter hinauf, wenigstens auf trockenen Boden zu schaffen. —

»Und kein Mensch zu hören und zu sehn« sagte Anna kopfschüttelnd, »große Freude scheinen die Einwohner eben nicht zu haben daß neue Ansiedler kommen.«

Die Mutter sagte kein Wort, aber sie hielt ihr jüngstes Kind auf dem Schooß, und schaute sich dabei still und mit einem unbeschreiblich unheimlichen Gefühl die ganze ziemlich öde unversprechende Umgebung an.

Nichts macht auch wohl einen so traurigen, beengenden Eindruck auf den Fremden, als das erste Betreten einer neuen »*clearing*«, [21] eines neu angefangenen Platzes in den weiten Wäldern Amerikas. Alles ist noch neu und unfertig, überall liegt Baumaterial und Holz; gefällte Bäume, abgehauene Wipfel, ausgerodete Wurzeln trifft das Auge wohin es fällt; Straßen existiren auch nicht, nur zerfahrene Wege, bald hier bald da hinaus ausweichend, natürlichen Hindernissen des Bodens zu entgehn; Nichts hat noch einen Platz, Niemand selbst von den schon Angesiedelten fühlt sich heimisch, und die zertretenen, zerstampften Plätze um die Wohnungen selbst herum, mit nicht einem Baum stehn gelassen der Schatten gäbe, oder Abwechslung in diese Wüste der Civilisation brächte. Wohl hatten die Eingeborenen recht als sie, die ersten Ansiedlungen der Weißen sehend behaupteten, der Indianer sei der einzige rechtmäßige und von dem großen Geist für sein Vaterland bestimmte Eigenthümer, »denn er entstelle den Platz nicht, auf dem er sich niederlasse«, und nur den Jahren ist es dann vorbehalten das auszugleichen; die Natur selber muß wieder schaffen und wirken auf dem mishandelten Platz, bis es da wohnlich, bis es heimisch wird.

Die Männer hatten indessen ihre Arbeit unten vollendet, als Hopfgarten, sich mit dem seidenen Taschentuch den Schweiß von der Stirn trocknend, zu den Damen trat.

»Das wird Appetit machen« sagte er lachend, »Wetter noch einmal, nach einem so müßigen Leben, kommt einem die Arbeit ordentlich ungewohnt vor; die Bootsleute hätten sich auch ein wenig mehr Zeit lassen dürfen — ich habe ordentlichen Hunger.«

»Ja, wenn wir hier nur überhaupt etwas bekommen können« meinte Marie neckend — »Sie und Papa werden jedenfalls erst einmal recognosciren gehn müssen, um irgend ein Unterkommen zu entdecken, oder wir werden genöthigt sein die Nacht hier zu campiren und von dem Zwieback zu leben, den Mutter für die Kleinen mitgenommen hat.«

»So weit wird es hoffentlich nicht kommen« sagte der Professor, der jetzt ebenfalls zu ihnen getreten war, »aber — aber ich muß gestehn — etwas Anders habe ich mir den Platz, nach Herrn Henkels Beschreibung doch auch gedacht und, was mir das Auffallendste ist, die Leute scheinen hier auf fremde Einwanderung gar nicht vorbereitet zu sein und — brauchen uns entweder nicht, oder — oder glauben vielleicht daß wir gar nicht zu ihnen wollen.«

»Das läßt sich bald erfahren« rief aber Hopfgarten — »wir Beide wollen, wie eben Fräulein Marie vorgeschlagen hat, einmal hinaufgehn und den Herrn aufsuchen, an den Sie, lieber Professor, adressirt sind; jedenfalls werden wir dort gleich erfahren woran wir sind, und was wir hier in diesem *Embryo* Städtchen zu hoffen haben. Ich für mein Theil trete den Weg mit sehr geringen Erwartungen an, und brauche kaum zu fürchten selbst in denen getäuscht zu werden.«

»Gut« sagte der Professor »dann mag Eduard als Beschützer der Frauen zurückbleiben, und dem Weber indessen helfen das kleinere Gepäck etwas mehr zusammenstellen; hoffentlich hat die Stadt da oben auch ein besseres Aussehn, als wir von hier unten erkennen können. Spätestens sind wir in einer Stunde etwa zurück und bringen Bescheid.«

»Aber sollten wir die Damen nicht doch lieber mitnehmen, als sie allein hier in der Sonne sitzen lassen?« wandte Hopfgarten ein.

»Wir bleiben lieber hier« sagte die Frau Professorin rasch — »ich möchte nicht gern den Platz betreten, ehe ich nicht weiß daß unsere Kinder und das Gepäck ein sicheres Unterkommen finden.«

Der Professor hielt das auch für das Beste, denn ihre Familie war durch die Weberleute natürlich sehr angewachsen, und die beiden Männer machten sich jetzt auf den Weg vor allen Dingen den Mr. Goodly zu finden, an den sie empfohlen waren, wie auch Grahamstown selber, das sich bis jetzt noch sehr passiv verhielt, etwas näher in Augenschein zu nehmen. Sie kletterten also vor allen Dingen den etwas steilen und unbequemen Landungsplatz, den schmutzigen schräg anlaufenden Weg dabei vermeidend, hinan und erreichten bald die ersten, schon von unten auf bemerkten Häuser, wo sie das aber, was sie von der Landung aus für einen freien, noch nicht bebauten Platz, als eine breit in den Wald hineingehauene Straße erkannten, an der allerdings Fenzen entlang liefen und in regelmäßigen Zwischenräumen kleine niedere theils Block- theils *frame* [22] Häuser standen, in der aber auch nur erst die Bäume, die hier ursprünglich den Wald gebildet, gefällt und die Klötze zu den Gebäuden benutzt, die Wipfel zu Feuerholz verbrannt, die Wurzeln und Stümpfe aber noch keineswegs entfernt waren, und der Straße, die ein breites Schild als *Mainstreet* verkündete, etwas ungemein urthümliches gaben.

Die Straße — in der nur zwei Menschen sichtbar waren, der eine mit einer Axt beschäftigt einen knorrigen Eichenast zu Feuerholz zu spalten, der Andere auf einem umgeworfenen Stamm sitzend, auf dem er, mit einem Zeitungsblatt in der Hand, eingeschlafen schien — bot aber doch etwas, dessen Entdeckung ihnen nicht geringe Freude machte — ein Wirthshaus, auf das sie jetzt rasch und entschieden lossteuerten, dort natürlich an der Quelle alle nöthigen Erkundigungen einzuziehn.

Das Zeichen, das ihnen der Platz verkündete, bestand in einem roh von Stangen aufgerichteten Gerüst, zwischen dem schwebend, an zwei eisernen knarrenden Haken ein Gemälde mit der Unterschrift »*Inn*« (Wirthshaus) hing. Das Bild allein wäre nun schon hinreichend gewesen die Aufmerksamkeit der beiden Reisenden zu fesseln, und Hopfgarten konnte es sich auch nicht versagen, ein paar Secunden davor stehn zu bleiben und diesen, hier dem Wetter preisgegebenen Kunstschatz, zu bewundern. Es stellte allem Vermuthen nach eine Meerjungfer dar, die höchst sinnreich mit dem zur Kufe ausgebogenen sehr schuppigen Fischschwanz über die jedenfalls gefrorene Oberfläche der See hinlief, und dabei eifrig beschäftigt war mit einem siebenzinkigen riesenhaften Kamm, — das Ding sah aus wie das abgebrochene Wurfeisen einer Harpune — die allerdings sehr struppigen rothen Haare zu kämmen. Sie war dabei gewissenhaft nackt, und außerordentlich kräftig gebaut, ob aber der Maler dadurch das Diabolische ihres Charakters am Besten zu geben glaubte, oder ob es nur Phantasie von ihm war, kurz er hatte der Gestalt, die ihre linke, etwas verdrehte und den Daumen auswärts gehaltene Hand unter den Erfolg des Kammes hielt, mit einer so scheußlichen Galgenphysionomie versehen, daß sie als die Urmutter des ganzen Geschlechts gelten konnte, und wohl kaum einem armen »Schiffer in seinem Kahne« der vielleicht den Ohio herunter kam, gefährlich geworden wäre.

»Nun, wie gleicht ihr das Bild?« sagte da plötzlich, in dem sogenannten Pensylvanisch deutschen, aber eigentlich Amerikanisch deutschen Dialekt, da ihn sehr Viele annehmen die nie Pensylvanien gesehen, eine vierschrötige Figur, die in einem blauen Frack von selbst gewebten Zeug und eben solchen pfeffer- und salzfarbenen nur etwas zu kurzen Hosen, die Hände in den Taschen derselben, und den Cylinderhut auf dem Kopf, in der Thür stand, und die beiden Fremden theils, theils die andere Seite seines Schildes die genau dieselbe Figur darstellte, wohlgefällig betrachtet zu haben schien.

»Oh vortrefflich« sagte Herr von Hopfgarten rasch, und etwas erstaunt über die deutsche Anrede — »aber Sie sprechen deutsch?« —

»Y-e-s« sagte der Pensylvanier langsam und selbstbewußt.

»Aber Sie sind kein Deutscher?«

»No — denke nicht.«

»Und woher wußten Sie daß w i r Deutsche sind?« frug der Professor, dem es ein eigenthümliches Gefühl war trotz seiner, keineswegs auffälligen oder außergewöhnlichen Kleidung gleich als Fremder, nicht zum Land Gehöriger erkannt zu sein.

»Well, ich weiß nicht« sagte der Pensylvanier schmunzelnd, »aber Ihr Deutsche seht immer so artlich aus, daß man Euch gleich wie die schwarzen Schaafe unter den Weißen herausfinden kann. Aber wollt Ihr nicht hereinkommen und ein Glas Cider trinken? es ist heiß heute.«

Die beiden Fremden folgten gern der Einladung, weniger des in Aussicht gehenden Äpfelweins als der gehofften Nachrichten wegen, und folgten dem Mann, der sie in den unteren, eben nicht sehr gemüthlichen Raum seines Schenk- und Gastzimmers führte, dort ohne weiteres hinter seinen Schenktisch trat, ein paar Gläser vor sie hinsetzte und ihnen dann eine gelblich trübe Flüssigkeit eingoß die er ihnen als »*first rate*« [23] und honigsüß anprieß. Er lehnte sich dann mit den beiden Ellbogen auf seinen Tisch und sah ihnen freundlich zu wie sie die Flüssigkeit, ein sauersüßes etwas fade schmeckendes Gebräu, mit der bestmöglichsten Miene verschluckten.

»Capitaler Cider das — hat mein Junge selber gemalt, alle beiden Seiten.«

»Was?« sagte Hopfgarten rasch, über sein halbgeleertes Glas hinwegsehend.

»Das Bild draußen mein ich« sagte der Pensylvanier — »die *Mermaid* — verfluchter Junge, hat es Alles von sich selber gelernt.«

»Oh das Schild draußen — ja, ist wirklich vortrefflich gemacht« stimmte ihm Hopfgarten bei, nur nicht in die Möglichkeit versetzt zu werden den Cider ebenfalls loben zu müssen — »verräth sehr viel Talent.«

»*Yes*« — sagte der Pensylvanier schmunzelnd — »und noch dazu ohne Pinsel, blos mit einer Zahnbürste.«

Das Gemälde gewann durch diese Nachricht allerdings an artistischem Werth, dem Professor, der sich sonst vielleicht sehr über das Gespräch amüsirt hätte, gingen aber doch in diesem Augenblick zu viel andere Dinge im Kopf herum, und er schnitt die Unterhaltung durch eine direkte Frage nach dem Mann ab, an den er hierher adressirt worden, und für den er freundschaftliche Briefe bei sich trug.

»Mister Goodly — so? — « sagte aber der Pensylvanier, dessen Name Ezra Ludkins war, seine beiden Gäste Einen nach dem Anderen rasch aufmerksamer als vorher von oben bis unten betrachtend — »und Ihr wünscht Mister Goodly zu sprechen und habt Briefe für ihn?«

»Ja mein Herr« sagte der Professor, der sich aber noch immer nicht recht an das Pensylvanische Du gewöhnen konnte, »und Sie würden uns einen großen Dienst erweisen, wenn Sie uns zu ihm führen wollten.«

»So? — hm?« sagte der Wirth wieder, mit den Fingern der linken Hand dabei den Yankeedoodle auf dem Tisch trommelnd — »Mr. Goodly? Und Ihr seid Freunde von Mr. Goodly? —«

»Wenigstens durch einen Freund an ihn empfohlen; und wo können wir ihn wohl finden?«

»Darum hätte der Sheriff viel Geld gegeben wenn er das wüßte« sagte Ezra.

»Der Sheriff? — wie so — ist er nicht mehr hier?« frug der Professor rasch und erschreckt.

»Ich denke nicht« erwiederte der Pensylvanier, mit unzerstörbarer Ruhe — »könnten hier auch nicht *care* auf ihn tähken, [24] denn wir haben noch keine *penitentiary*.«

»Kein Zuchthaus?« rief Herr von Hopfgarten — »hat Herr Goodly irgend etwas verbrochen?«

»Well ich weiß nicht ob Ihr das etwas verbrochen nennt, aber er hat erstlich ein halb Dutzend Menschen mit falschem Spiel ruinirt, und dann einer alten Frau, die hier allein in einem Hause wohnte und viel *Cash* (baar Geld) haben sollte, blos den Hals abgeschnitten. Nachher hat er sich *scarce* gemacht und bis jetzt haben sie ihn noch nicht wieder ketschen [25] können.«

»Aber das ist ja gar nicht möglich!« rief der Professor, »das kann der Goodly nicht sein — Mr. Goodly hat hier eine Farm dicht bei Grahamstown am *blue creek*, etwa eine halbe Meile von hier — ausgedehnte Rinder- und Schaafheerden, und zieht hauptsächlich Schweine für den Cincinnati-Markt.«

»Well« sagte der Pensylvanier mit dem Kopfe nickend, und ein Glas für sich selber von dem Gesims herunter nehmend, das er sich mit *brandy* — er selber trank keinen Cider — anfüllte, und auf einen Schluck austrank — »das trifft. Seine kleine *cabin* stand am *blue creek*, wie der Platz heißt — er hielt zwei Kühe, und das Weibsbild das er die letzten drei Monate bei sich hatte, und die mit ihm durchgebrannt ist, kaufte sich von Bill Owen ein zahmes Schaaf zur Unterhaltung.«

»Aber das sind keine Heerden — «

»Bah, wenn er's eine Heerde nennt — Grahamstown ist auch noch keine Stadt, wenn wir so wollen.«

»Und Mr. Goodly war wirklich — «

»Der nichtswürdigste Schurke, den je die Welt getragen,« unterbrach ihn der Pensylvanier ruhig, »und ich will Euch wünschen, Leute, daß Ihr noch bessere Empfehlungen mit nach Grahamstown gebracht habt wie an den.«

»Allerdings keine weiter,« sagte der Professor, mit einem aus tiefster Brust herausgeholten Seufzer, denn wie ein Wetterschlag schmetterte diese Nachricht all seine Hoffnungen zu Boden. Was jetzt thun, was machen, wohin gehn? — und seine Familie, rathlos ohne einen Freund in dem fremden Lande, mit seinem Gepäck im Freien und dem Zufall preis gegeben.

»Apropos Fremder,« sagte da der Pensylvanier plötzlich von einem neuen Gedanken ergriffen, »Ihr sagt, Ihr habt einen Brief von einem Freund von Goodly — vielleicht wäre da Auskunft darin über ihn zu finden, wo er jetzt steckt — setze nun den Fall wir machten den Brief einmal auf.«

»Der Gedanke ist vortrefflich«, rief Herr von Hopfgarten, »und ich wäre ungemein gespannt zu sehn was Herr Henkel an ihn schreibt.«

»Ich darf doch keinen Brief von einem Fremden öffnen«, sagte der Professor — »überdieß konnte Henkel Nichts über seine Flucht wissen, sonst hätte er mir den Brief nicht mitgegeben.«

»Nun, vielleicht wünscht ihn der Sheriff zu sehn,« sagte der Pensylvanier, ruhig die eben gebrauchte Flasche wieder zurückstellend, »wäre jedenfalls interessant auch den F r e u n d kennen zu lernen.« Der Mann hatte die beiden Fremden, seit er sie mit jenem anerkannten Gauner in Verbindung gebracht, ziemlich kalt und mistrauisch fortwährend betrachtet, und ein Verdacht war jedenfalls in ihm aufgestiegen, ob es mit deren Ehrlichkeit nicht am Ende ebenso schwach beschaffen sein könne, wie mit der des Burschen nach dem sie frugen, und dessen Abwesenheit besonders den Einen — wie ihm keineswegs entgangen — augenscheinlich in Verlegenheit setzte. Herr von Hopfgarten übrigens, der seine eigenen Beweggründe dabei hatte, drang jetzt selber in den Professor das Schreiben, von dem ihm ja auch Henkel gesagt daß es nur eine Empfehlung sei, zu erbrechen. Henkel selber konnte nicht wissen, daß Mr. Goodly in der Zeit solche Streiche gemacht, und würde, wenn er es später erführe, gewiß sehr damit einverstanden sein, daß sein Brief geöffnet und von ihm selber der Verdacht entfernt worden, in unehrenhafter Beziehung zu dem Entwichenen gestanden zu haben. Der Professor sträubte sich aber noch lange dagegen, und nur erst als sie das Papier gegen das Licht gehalten und dadurch gesehen, daß es wirklich nur wenige Zeilen enthalte, und selbst in der Hoffnung für sich vielleicht einen Fingerzeig zu weiterem Handeln zu finden, entschloß er sich endlich dazu dem Wunsch des Pensylvaniers zu willfahren. Dieser schien außerdem nicht übel Lust zu haben ihm den Sheriff auf den Hals zu schicken, wodurch er am Ende noch in eine ganze Masse unangenehmer Geschichten verwickelt werden konnte, und er hatte von Deutschland her noch einen ganz besonderen Respekt vor jeder Berührung mit den Gerichten, dachte auch nicht daran seinen ersten Schritt in Amerika gleich mit einer ähnlichen Verlegenheit zu beginnen. So endlich öffnete er das Siegel und überlas flüchtig die Zeilen, die er dann achselzuckend an Hopfgarten, während diesem der Pensylvanier neugierig über die Schulter schaute, gab. Der Brief lautete einfach.

»Lieber Goodly.«

»Ich sende Dir hier einen Freund, der Land zu kaufen wünscht — womöglich gleich eine eingerichtete Farm — ich habe nicht den geringsten Zweifel, daß Du ihm das besorgen wirst. Er hat Geld und ist ein Professor. Es wäre mir s e h r angenehm, wenn er einen passenden Platz im Norden fände — ich brauche Dir nicht mehr zu sagen.«

»Ich bin seit einigen Tagen wieder in Amerika — habe sehr gute Geschäfte gemacht und hoffe Dich jedenfalls im Laufe des nächsten Monats in New-Orleans zu sehn. Du mußt kommen. Meine Adresse kennst Du. — O..... ist auch hier und immer noch der Alte. Es grüßt Dich bestens

Dein

Soldegg Henkel.«

»Soldegg Henkel?« sagte Herr von Hopfgarten, als er den Brief einmal flüchtig, den Inhalt nur überfliegend, dann langsamer durchlesen hatte — »Soldegg, was für ein sonderbarer Vorname; hieß denn Henkel nicht anders?«

»Ja ich weiß es wahrhaftig nicht,« sagte der Professor, »ich habe nie darauf geachtet, und soviel ich weiß seinen Vornamen auch nie gehört — vielleicht ist dieser hier in Amerika gebräuchlich.«

»Soldegg?« sagte der Pensylvanier, an den diese Bemerkung halb als Frage gerichtet war, indem er hinter seinen Schenktisch ging und sich den Namen aufschrieb, »nicht daß ich wüßte; s' ist aber möglich, die Methodisten und Baptisten geben ihren Kindern manchmal ganz artliche Namen, von denen man nie weiß wo sie her sind, aber — wie ich da eben aus dem Brief sehe, habt Ihr die *intention* Euch hier zu settlen, und eine Farm zu kaufen; ist das wahr?«

»Das war allerdings meine Absicht,« sagte der Professor kopfschüttelnd im Zimmer auf und abgehend, während sich Hopfgarten mit dem Brief in eine Ecke gesetzt hatte, und ihn wieder und wieder durchstudirte, »damals hoffte ich aber keine weiteren Schwierigkeiten dabei zu finden, sondern gleich Jemanden in diesem Herrn Goodly zu haben, der mir mit Rath und That an die Hand gehen könnte. Ich wäre sonst wahrhaftig nicht nur so auf gerathewohl mit Weib und Kindern, Dienstboten und Gepäck hier heraufgekommen.«

»Well, wenn Du bei Allem solch Glück hast, als daß Du den Schuft von Goodly nicht mehr hier findest und in dessen Klauen gefallen bist,« meinte der Pensylvanier trocken, »dann kannst Du es noch zu 'was bringen in den States. Aber Deine Familie hast Du wohl in Cincinnati?«

»In Cincinnati? — h i e r — unten am Fluß, mit Kisten und Kasten.«

»*The devil!*« rief der Pensylvanier überrascht aus — fügte aber dann, indem er sich ohne weitere Schwierigkeit auf seinen Schenktisch setzte und sein rechtes Knie zwischen die zusammengefalteten Hände nahm, langsamer und wie überlegend hinzu, »hm — da befindest Du Dich *anyhow* in einem *fix* [26] — seid heute Morgen mit dem Dampfer gelandet, heh?«

»Ja wohl, mit der Jane Wilmington.«

»Ahem, calculirte so; und wollt eine Farm wirklich k a u - f e n ?«

»Wenn ich etwas passendes fände.«

»Mit Vieh und Einrichtung?«

»Wäre mir allerdings das Liebste.«

»Und Gebäuden?«

»Versteht sich von selbst.«

»Und wie theuer äbaut?«

»Ja lieber Herr, das hinge allerdings von Umständen ab, und müßte sich doch entschieden nach der Farm selber richten.«

»Well, vor allen Dingen können wir die Ladies nicht unten an der Landung sitzen lassen,« meinte der Pensylvanier, »und es wird das Beste sein sie hier heraufzumuven — Unterkommen haben wir schon für sie; wir müssen wenigstens sehn, daß wir 'was auffixen — aber so recht bequem wird's freilich nicht werden.«

»Ja ich weiß aber gar nicht,« sagte der Professor unschlüssig, indem er sich an den noch immer den Brief studirenden Herrn von Hopfgarten wandte, »ob ich unter solchen Umständen überhaupt hier bleibe, oder nicht lieber gleich direkt nach Cincinnati gehe. Was meinen Sie dazu lieber Hopfgarten — lassen Sie doch den unglücklichen Brief, Sie lernen ihn wohl auswendig?«

»Auswendig nein,« sagte der kleine Mann aufstehend, »obgleich er's am Ende verdiente, denn ich fange an zwischen den Zeilen zu lesen und ich versichere Sie, lieber Professor, mir wird angst und bange dabei zu Muthe.«

»Aber wie so? — was haben Sie?«

»Lassen Sie nur jetzt, davon nachher; jetzt müssen wir doch wohl an das Ihnen näher Liegende denken.«

»Ja nach Cincinnati wieder fahren,« sagte der Pensylvanier achselzuckend, »das ist so eine Sache. Natürlich könnt Ihr das thun, denn Steamboote dorthin laufen fast alle Tage hier vorbei; heute sind aber schon drei aufwärts gegangen, es ist also sehr die Frage, ob über Tag noch eins kommt, und die Ladies dürfen doch die Nacht nicht gut unten am River bleiben. Außerdem seid Ihr einmal hier, das Land ist hier auch billiger wie um Cincinnati herum, und ich calculire, daß Ihr doch am Ende besser thätet, Euch hier erst einmal ein paar Tage umzusehen; nachher könnt Ihr ja *anyhow* doch noch immer thun was Ihr wollt.«

In dem Rath lag sehr viel Vernünftiges; das ewige Gepäck herumschleifen bekam der Professor auch satt, und die Passage nach Cincinnati, so gering die Strecke sein mochte, hätte für seine wie des Webers Familie, »*a smart sprinkle* Geld« gekostet, wie sich der Pensylvanier ausdrückte, da sich die »Steamboote« das Anlegen schon besonders zahlen lassen. Zu dem kam dann noch das Hinaufschaffen der Fracht in ein Gasthaus, der Aufenthalt dort, das Wiederwegschaffen — die Masse Personen — auch von Hopfgarten rieth ihm jedenfalls erst die Umgegend hier einmal in Augenschein zu nehmen; gefiel es ihm dann wirklich nicht, so hatte er doch ein Stück vom Lande gesehen, die Preise und Verhältnisse etwas kennen gelernt und — Erfahrung gesammelt, ohne eben mehr wie ein paar Tage, mit nicht größerem Kostenaufwand als doch nicht mehr zu umgehen war, versäumt zu haben.

Der Pensylvanier ging jetzt vor allen Dingen mit ihnen an die Landung hinunter, dort das Gepäck in Augenschein zu nehmen, um es nachher mit seinem Geschirr heraufzuholen, und die Damen in sein Haus einzuführen. Er war, nachdem er die Absicht der Fremden gehört, und nun doch auch wohl gesehen hatte, daß sie mit jenem übel berüchtigten Goodly in nicht dem geringsten Verhältniß standen, wieder sehr freundlich und zuvorkommend, wenn auch immer auf seine sehr trockene ungenirte Weise geworden. Gegen die Damen aber war er besonders artig, und bot sogar der Frau Professorin, die er in Indiana mit den jungen Ladies willkommen hieß, den Arm an und führte sie den Berg hinauf, und die Männer nahmen Jeder ein Stück des leichteren Gepäcks und folgten. Des Pensylvaniers Wagen wurde dann augenblicklich nach unten geschickt die übrigen Sachen, bei denen des Webers Frau mit den Kindern so lange als Wache bleiben mußte, ebenfalls hinauf und unter Dach und Fach zu bringen — hatte aber dreimal zu fahren, ehe er sämmtliche Kisten und Collis an Ort und Stelle schaffen konnte.

Für diesen Tag war nun allerdings nicht viel mehr zu unternehmen, am nächsten Morgen aber, sobald es den Herren gefiel, erbot sich der Pensylvanier sehr bereitwillig mit ihnen in das Land zu reiten, wo er ihnen sogar, nur neun Miles von Grahamstown und etwa vier oder fünf vom Ohiostrom entfernt, eine kleine reizende Farm offeriren könne. Diese, jetzt von einem seiner Söhne bewohnt, wäre ihm vielleicht feil, »wenn er seine Auslagen bezahlt bekäme«, indem er selber keinen Gebrauch mehr dafür hätte. Die Wirthschaft sagte ihm, seiner Aussage nach, mehr zu als das Farmerleben, und Grahamstown würde und müßte sich in sehr kurzer Zeit so heben, daß sich seine jetzt unscheinbare Inn zu einem Hotel umgestalten könnte. Wenn besonders d e r Plan verwirklicht würde, an dem das *County* jetzt arbeitete — den Platz mit der nach St. Louis führenden und schon fast beendigten Eisenbahn zu verbinden, hoffe er das Fabelhafteste für Grahamstown. Er gab dabei nicht undeutlich zu verstehn, daß ein paar hundert Thaler für Bauplätze in der Stadt selber ausgelegt, leicht in drei oder vier Jahren zu ebenso vielen Tausenden werden könnten, und wie er für die Zukunft sogar an dem Bestehen Cincinnatis zweifelte, das mit der weit vortrefflicheren Lage dieses

Platzes, u n t e r h a l b den bei Louisville gelegenen Stromschnellen, kaum werde auf die Länge der Zeit concurriren können. Er mochte es sich dabei nicht versagen die Fremden, wahrscheinlich um sie noch mehr zu überzeugen, auch in die Anlage des »beabsichtigten« Grahamstown hinauszuführen, und Mainstreet hinuntergehend, was einige Schwierigkeiten der weiter oben häufig queerüberliegenden Bäume wegen hatte, kamen sie etwa 500 Schritt von dem oberen Rand des kleinen Platzes zu dem ausgesteckten und hier und da selbst schon »geklearten« Marktplatz, wo allerdings noch sämmtliches gefälltes Holz wie Kraut und Rüben durcheinander lag, nichts destoweniger aber doch schon der Platz für die Bank, für das Theater und für die Börse — das Court oder Gerichtshaus stand schon in Gestalt eines breiten überwachsenen Blockhauses an der nämlichen Stelle, an der es sich später von massivem Sandstein oder Granit erheben sollte — ausgemessen, und an den noch stehenden Bäumen durch kleine hölzerne Tafeln bezeichnet worden.

Der Professor hätte unter anderen Umständen gewiß über dieß großartige Planmachen, in dem die Amerikaner überhaupt berühmt sind, gelächelt, und sich damit amusirt, denn seinen eigenen Ansichten von Städtebauen nach, soviel er auch Amerikanischer Triebkraft dabei zu Gute schrieb, konnte und mußte wohl ein halbes Jahrhundert vergehn, ehe die Hälfte dessen wahr geworden, über das der Pensylvanier sprach als ob es sich im nächsten Frühjahr ereignen würde. Jetzt aber, mit in den Wirbel schon halb und halb hineingezogen, der hier Alles drehte und mit sich fortriß, schon ein halbes Glied des Ganzen, und doch noch eigentlich nicht dazu gehörig, noch ganz fremd auf dem Boden, den er unterwegs schon gewissermaßen als seine Heimath betrachtet, erfüllte ihn das Alles mit einem unbehaglich drückenden Gefühl, so daß er manchmal ordentlich tief aufathmen mußte, wie eine schwere Last von seiner Brust zu wälzen.

Der Amerikaner dagegen ritt auf seinem Steckenpferd, und die *improvements* des Bodens und der Stadt, der Wachsthum der Einwohnerzahl, die Erbauung von Kirchen, Schulen, Universitäten, Bibliotheken etc. etc. riß ihn mit einer Phantasie und Einbildungskraft fort, die so innerste Überzeugung schien, daß sich selbst der Professor, trotz seiner niedergedrückten Stimmung, doch zuletzt nicht enthalten konnte wenigstens einen kleinen Theil des in soliden Luftschlössern aufgebauten Bildes für möglich zu halten, und sich in der That, noch ehe sie das Gasthaus wieder erreichten, dabei erwischte wie er eine Zuckerfabrik — den Runkelrübenbau in Amerika einzuführen war eine Lieblings-Idee von ihm — an der *blue creek* errichtete, mit derselben Wasserkraft eine Säge- und Mahlmühle trieb, und weiter unten eine Talgsiederei anlegte von den Überbleibseln der Heerden, die er nach St. Louis und New-Orleans schickte, den größtmöglichsten Nutzen zu ziehn.

Der Abend ging trotzdem sehr still vorüber — das drückende Gefühl der Heimathlosigkeit, das auf ihnen Allen lag, sie mochten ankämpfen dagegen wie sie wollten, ließ sich nicht so rasch bewältigen, und wenn auch der Pensylvanier Alles that ihnen die Eigenschaften des Landes, auf dem sie sich jetzt befänden, herauszustreichen, und seine Frau, ein freundliches Weibchen aus Louisville, ihre öden Zimmer so behaglich herrichtete wie es unter den Umständen nur möglich war, sie blieben still und einsylbig und selbst Marie, die munterste sonst von Allen, hätte sich am allerliebsten in irgend eine versteckte Ecke gedrückt und recht herzlich ausgeweint — so weh, so eigenthümlich war ihnen zu Allen zu Muthe.

»Apropos,« rief da plötzlich Herr von Hopfgarten, als sie sich gerade für die Nacht trennen wollten (der Pensylvanier hatte ihnen nur drei Zimmer zur Verfügung stellen können — eins für die Damen, eins für die Weberfamilie und eins für die Herren) »was ich Sie noch fragen wollte — kennt eine von den Damen vielleicht den Vornamen unseres gemeinschaftlichen Freundes Henkel?«

»Ja wohl,« rief Marie rasch — »er heißt Joseph; warum?«

»Ganz recht — jetzt fällt es mir auch ein, Joseph!« sagte Hopfgarten schnell; »wie man doch so etwas vergessen kann, ich habe selber den Namen mehr wie hundert Mal gehört.«

»Joseph — ja wohl,« sagte auch jetzt der Professor, »da muß das wirklich sein Amerikanischer Beinamen sein.«

»Sein Amerikanischer Name?«

»Der Brief, von dem ich Euch sagte, ist mit S o l d e g g Henkel unterschrieben und es war auch mir so, als ob seine Frau wenigstens ihn mit einem anderen Vornamen, nicht Soldegg, genannt hätte.«

»Soldegg — Soldegg — ich habe den Namen nie, auch selbst nicht in Heilingen gehört,« sagte Anna — »lieber Gott was mag Clara jetzt machen; es ist mir immer ein recht trauriges, wehmüthiges Gefühl, daß wir sie krank zurücklassen mußten.«

Herr von Hopfgarten war aufgestanden und ging, mit auf den Rücken gelegten Händen unruhig im Zimmer auf und ab, aber er sagte kein Wort weiter, und da die Frau Professorin etwas über Kopfweh klagte, und die Kinder auch unruhig wurden, verabschiedeten sich die Männer bald, und suchten ebenfalls ihr Lager.

Der andere Morgen brach an, und mit ihm ein wichtiger Tag für die neuen Ansiedler, der vielleicht entscheidend für sie sein sollte, für ihr ganzes Leben und Glück, denn eine neue Heimath sollte gesucht, ein Platz gefunden werden, auf dem sie ihre neue Laufbahn nicht allein beginnen, sondern für den sie auch die Mittel, die sie zu ihrem Fortkommen mit herüber gebracht, auslegen wollten, daß ein Rückschritt nachher ohne bedeutende Verluste nicht möglich gewesen wäre. Und entsprach etwa Alles, was sie bis jetzt von dem Lande gesehen, ihren Erwartungen? durfte der Professor hoffen in dieser Gegend gleich einen solchen Platz zu finden, an dem er es vor sich und seiner Familie verantworten konnte zu bleiben? Er wagte gar nicht sich die Frage vorzulegen, denn der erste Eindruck von Grahamstown war ein gar zu beengender, ja enttäuschender gewesen. Allerdings befanden sie sich in einem neuen Land, und da, wo noch Ackerbau und Cultur in der Wiege lagen und eben deshalb auch dem, der sie weckte und in's Leben rief, so wacker lohnte, durfte und konnte man nicht erwarten ein Land zu finden wie man es daheim verlassen hatte; es war eben eine halbe Wildniß, in der erst gerade d u r c h die geweckte Cultur der Segen aufkeimen sollte, den sich die Auswanderer von Amerika versprachen. Das Alles hatte man sich daheim auch wohl wie oft selber gesagt, und war allem Anschein nach vollkommen darauf vorbereitet gewesen; und doch jetzt da es wirklich so aussah wie man es — innerlich gewiß mit manchem Vorbehalt — aber doch äußerlich nicht anders erwartet, mit den wild umher gestreuten Stämmen, den niederen, jeder Bequemlichkeit mangelnden Holzhäusern, den fremden Menschen, da fühlte sich die Brust beklemmt und sorgenschwer, und der Blick suchte wohl gar einen Augenblick halb unbewußt und scheu nach dem verlassenen Ufer zurück. Aber lieber Gott, das lag weit, weit dahinten; mit der abgerissenen Brücke hinter sich standen sie an dem fremden Strand, und wenn auch keinen Trost doch wenigstens Beruhigung gab ihnen das Bewußtsein jetzt: »Du m u ß t!« Ein Rückweg war nicht mehr möglich, wenn sie das selbst gewollt hätten, und mit d e m Gefühl kehrte auch wirklich mehr Ruhe, jedenfalls mehr Entschlossenheit, in ihr Herz zurück.

Viel gleichgültiger betrachtete der Weber das neue fremde Land, in dem er durch seine Anstellung bei dem Professor schon gewissermaßen festen und sicheren Fuß gefaßt, ehe er es nur betreten. Er war neugierig allerdings, wie er es finden würde, und ob die Erzählungen, die er davon zu Hause gehört und gelesen, jetzt sich als wahr erweisen sollten; aber vor der Hand in seiner und der Seinigen Existenz gesichert, fürchtete er eben Nichts, und konnte die Zeit mit dem, wie sie sich entwickeln würde, ruhig und sorglos erwarten. Seine Ansprüche an das Leben waren auch geringer; Vieles, was der in anderen Kreisen erzogenen Familie des Professors Entbehrung schien, wenn sie sich auch nicht darüber aussprachen oder gar beklagten, war ihm selbst schon eine Verbesserung seines bisher gewöhnten Zustandes, und die Gewißheit nicht allein seine Familie auf ein volles Jahr untergebracht und versorgt zu haben, sondern auch sogar an baarem Geld mehr zu verdienen, als er bis jetzt in seinem ganzen Leben im Stande gewesen war zu erübrigen, ließ ihn dem neuen Leben mit freudiger Zuversicht entgegengehn.

Seine Frau theilte das Gefühl, wenn sie sich auch noch in der fremden Welt gedrückt und unbehaglich fühlte; nur die alte Mutter, der ihre gewohnte Ecke mit dem Spinnrad fehlte sich darin niederzuhocken, der die Sonne an der verkehrten Stelle auf- und unterging, und die Bäume nicht dahin den Schatten warfen wohin sie sollten, der die Vögel nicht zwitscherten wie daheim und die Blumen — ihre Astern — nicht blühten, und die schon zehnmal in Gedanken vor die fremde Thür getreten war die Linde zu besuchen, unter der der Leberecht ruhte, dann immer nur um so viel niedergeschlagener, so viel mürrischer zurückzukehren zu dem selbst nicht gewohnten Sitz, stöhnte und klagte den ganzen Tag und saß, die Hände müßig im Schooß gefaltet, und still und langsam dazu mit dem zitternden Haupte nickend und schüttelnd, auf ihrem Stuhl. Sie fühlte daß sie dem heimischen Boden, den Gräbern ihrer Lieben, der alten Dorfkirche und dem stillen Plätzchen, das sie so lange, lange Jahre das ihre genannt, entrissen, für ewig, und auf Nimmerwiedersehn entrissen sei, und sie glaubte jetzt das Herz müsse ihr brechen.

Der Professor hatte sich übrigens, wogegen der Pensylvanier erst einige Schwierigkeiten machte, dazu entschlossen den Weber auf ihrer heutigen Excursion mitzunehmen, sein Urtheil über das Land dabei zugleich zu hören und seine Meinung über den ganzen Kauf an Ort und Stelle zu haben. Der Wirth schien nicht recht damit einverstanden; er hatte im Anfang kein Pferd mehr für ihn da, dann dauerte es zu lang bis eins geholt werden könnte; der Professor aber, der klug genug war in einer Sache mistrauisch gegen sich selbst zu sein, die doch jetzt über alles Theoretische hinausging und in das praktische Leben direkt eingriff, vielleicht auch in der unbestimmten Furcht vor einem doch möglichen Fehlschlagen, in dem er nachher die Schuld nicht ganz allein zu tragen hätte, ließ keine Ausrede gelten und erklärte, dann lieber noch einen Tag warten zu wollen bis die Pferde gefunden wären, ehe er eben o h n e den Weber, dem er vielleicht mehr zutraute als er verstand, die Farm in Augenschein nähme. Als der Pensylvanier endlich sah daß der Fremde von diesem Entschluß nicht abging, waren auch die Pferde nach kaum einer Viertelstunde gesattelt und bereit, und die kleine Gesellschaft, von der sich der Professor selber am unbehaglichsten »an Bord« des etwas hohen Pferdes fühlte, setzte sich in einem scharfen Schritt in Marsch, dem freien Lande zu.

Die hölzernen, mit Fenzen eingefaßten Gebäude ließen sie bald hinter sich, und folgten der sogenannten *county*-Straße, die noch eine Strecke weit durch den breit ausgehauenen Wald hinführte, wobei ihnen der Pensylvanier mit dem größten Ernst immer noch die schon ausgelegten aber noch nicht einmal »urbar gemachten« Straßen von Grahamstown zeigte. Dort, in das dicke Gebüsch von Hickory und Eichen sollte einmal später das Waisenhaus kommen — da drüben an dem etwas feuchten Fleck wo die Sycomore und Erlen standen war der Platz für den Gasometer ausgelegt — die Telegraphenstation mit der Post mußte unten am Fluß selber sein, in dem Centralpunkt des Handels und Verkehrs, der sich natürlich in den ersten zehn Jahren, und bis die Eisenbahnen von hier aus nach allen Richtungen auszweigten, jedenfalls in der Nähe des Wassers halten müßte. Er selber hatte sich aber auch zwei Bauplätze hier an der Grenze des Weichbildes reservirt, einen an dem nächst zu erwartenden St. Louis, den anderen, an dem Cincinnati-Bahnhof. Wo die Eisenbahn die einmal später nach New-Orleans und Charlestown führte, auslaufen sollte, darüber hatten sich die Bürger noch nicht geeinigt, und es war einer späteren Versammlung vorbehalten worden darüber zu entscheiden.

Der Mann sprach dabei mit solcher Ruhe und Sicherheit, und schien selber von dem rasenden Wachsthum der Stadt so fest überzeugt zu sein, daß sich der Professor nicht allein mehr und mehr mit dem Gedanken vertraut machte sich in der Nähe eines so bedeutenden Platzes, jetzt da das Land noch billig zu haben sei, niederzulassen, sondern sogar schon unbestimmte Wünsche in sich aufsteigen fühlte, selber ein paar Bauplätze in den bestgelegensten Theilen der Stadt — nur nicht zu nahe am Gasometer — zu erstehen. Ezra Ludkins hatte ihn dabei schon aufmerksam gemacht, daß gegenwärtig die passendste Zeit dazu sein würde, da mit dem Winter besonders ihre, nur für jetzt noch aus Holz bestehenden Bauten gewiß am Stärksten in Angriff genommen werden würden, und der Preis der Lots (Bauplätze) mit jedem neu errichteten Hause an Werth gewinnen und steigen m ü ß t e .

Der Weber daneben, der ziemlich sicher auf seinem Pferde saß, war ganz Ohr bei der fabelhaften Beschreibung des Landes, und dankte im Stillen seinem Gott und dem Professor, daß er nicht in völliger Blindheit an diesem merkwürdigen Platz vorübergefahren, sondern mit Sack und Pack ausgestiegen sei, und nun natürlich auch im Stande sein würde mit zuzulangen, wenn es hier einmal Brei oder Goldstücken regnete, denn weiter blieb, nach des Amerikaners Beschreibung und Aussichten, wirklich nicht viel mehr übrig.

Am wenigsten achtete von Hopfgarten darauf der, nicht in der Absicht sich hier niederzulassen, wenig Interesse dabei fand in wie fern die Stadt den Hoffnungen, die ihr neuer Freund dafür hegte, entsprechen würde, und mehr darauf achtete das sich jetzt rasch vor ihnen aufrollende Land mit seinen Eigenthümlichkeiten zu beobachten. Das aber fesselte auch bald die Aufmerksamkeit der beiden Anderen, und als sie eine Strecke lang im Wald, durch den sich die Straße um Sumpflöcher und Baumwurzeln hinwand, fortgeritten waren, die erste Lichtung, und mit dieser eine Farm — eine wirkliche Farm im Inneren von Amerika — erreichten, hielten sie wie auf gemeinsame Verabredung ihre Pferde an, und schauten still und schweigend, jeder mit seinen eigenen Gedanken beschäftigt, den Platz an, der sich hier vor ihnen ausbreitete. —

Aber wie anders hatten sie sich eine Ansiedlung in Amerika gedacht, wie freundlich sich das ausgemalt, und die stille Whonung im Walde, mit all dem Zauber geschmückt, den die Natur fähig ist einem solchen Bilde zu geben. Das rege Schaffen der Menschen dabei, muntere fette Heerden, ein freundlicher Garten, schattige fruchtschwere Obstbäume, unter denen die lauschigen Fenster freundlich und versteckt hervorschauten; der reinliche Kies oder Rasenplatz dann vor der Thür, auf dem die Kinder spielten, und die niederen Nebengebäude mit Ställen und Scheunen, die sich dicht an das Wohnhaus schmiegten — Lieber Gott, wie anders sah das hier aus.

Eine sogenannte Wurmfenz — die langgespaltenen Hölzer ohne weitere Befestigung untereinander, nur im Zickzack immer Enden über Enden gelegt — umschloß ein Stück von etwa zehn Acker »geklearten« Landes, wie sich der Pensylvanier ausdrückte, d. h. ein Theil der Stämme vor etwa drei Fuß vom Boden, je nach Bequemlichkeit des Fällers, theils umgeschlagen und das überflüssige Holz auf große Haufen geschafft, verbrannt zu werden, theils standen die übrigen Bäume noch eingeringelt oder »getödtet« dürr und trocken die nackten Arme gen Himmel streckend, einzeln zerstreut über den Plan. Der Wald begrenzte an der Rückseite diese Rodung, aber noch war ihm keine Zeit gegeben da, wo er erst kürzlich seines Schmuckes beraubt worden, wieder frisch auszuschießen, und die grüne Wand die er bildete sah zerrissen, rauh und wüst aus, eben wie der Boden, der mit dem Pflug gelüftet ein wildes trostloses Gewirr und Chaos von Wurzeln, Schollen und zackigen Furchen bot, daß es dem Fremden gar nicht so schien, als ob er je im Leben im Stande sein würde eine ordentliche Erndte zu tragen.

Die Straße die hindurchlief und an beiden Seiten von Fenzen eingefaßt war hatte man, kein besonderes Zeichen für den Werth des Landes — fast vierzig Schritt breit gelassen, und der Fuhrweg zog sich, sumpfigen Stellen, Klötzen und Stümpfen aus dem Weg gehend, herüber und hinüber in ausgefahrenen Gleisen, während einzelne niedere Blockhäuser, mehr Ställen als Wohnungen gleichend, zerstreut über den Platz weglagen, und mit dem Rauch der aus ihren Schornsteinen stieg nur zu wohl verriethen wie sie bewohnt seien.

Und nichts — gar nichts Freundliches boten sie, kein Gärtchen schmiegte sich an sie an, kein Fruchtbaum verrieth die sorgsame Hand des Gärtners — keine Blume blühte, kein Grashalm fast war hier soweit das Auge reichte zu sehn, die Einzackungen der Fenzen ausgenommen, die Pflug- oder Wagengleis nicht hatte erreichen können; Alles war umgewühlt und roh, und einzelne Schweine die in den Pfützen arbeiteten und mit dem Rüssel den Schlamm aufschaufelten, schienen hier in der That den Ton anzugeben und auch die einzigen Wesen zu sein, die sich wirklich wohl und behaglich fühlten.

»Und das ist eine Farm?« sagte Herr von Hopfgarten, der zuerst die Sprache wieder gewann, und mit keineswegs freudiger Überraschung die Scene um sich her betrachtete; »guter Gott, die Geschichte habe ich mir doch eigentlich anders gedacht.«

»Das ist eine Farm Gentlemen« sagte aber Ezra Ludkins freundlich — »oder soll vielmehr erst eine werden, denn die Leute haben erst vorigen Winter angefangen den ersten Baum zu fällen und es sieht noch eher ein Bischen wild und unbehaglich aus; die Sache kriegt aber ein anderes Ansehn, wenn hier erst das *corn* (Mais) zwölf und vierzehn Fuß hoch mit seinen armstarken Kolben und wehenden grünen Blättern steht, wenn ordentliche Cabins gebaut und Obstgärten angelegt sind, und die Leute erst beginnen sich ein wenig comfortabel zu fühlen — nachher »schwätze mer anders« und die *railroad* (Eisenbahn) wird keine zweihundert *yards* von hier vorbeilaufen.«

»Es ist das der erste Beginn« sagte aber auch jetzt der Professor seufzend, »der erste Kampf der Civilisation gegen die Wildniß; die erste Verschmelzung, wie man beinah sagen könnte, des Waldes mit der Cultur, in der der Mensch wieder mit zurück in seinen Urzustand gezogen wird, und ein Stadium, das wir allerdings ebenfalls gezwungen sein werden durchmachen zu müssen. Wie gefällt es Ihnen, Brockfeld?«

»Mir?« sagte der Weber, wie überrascht durch die Anrede, »ih nu — es ist — es ist recht hübsch hier — scheint gutes Land zu sein und — und recht viel Platz; nur noch ein Bischen wild. Tüchtiges Stück Arbeit noch, die Baumstümpfe alle herauszukriegen, ehe man mit dem Pflug hinein kann.«

»Mit dem Pflug hinein?« sagte der Pensylvanier sich erstaunt nach ihm umdrehend — »das i s t ja hier schon gepflügt.«

»Das hier?« rief der Weber, sich erstaunt im Sattel aufrichtend, »aber wahrhaftig es sieht so aus, als ob hier Jemand mit einem Pflug drin herum gekratzt wäre — nun das ist ein Kunststück? wie kommt man denn damit einem Pflug d u r c h? Da muß unser Einer freilich wieder von vorn anfangen zu lernen.«

»Aber kommt Gentlemen, kommt« sagte der Amerikaner, »wir verlieren hier zu viel Zeit und haben noch einen guten Ritt vor uns.«

»Sollten wir uns nicht einmal lieber hier die Häuser im Inneren ansehn?« sagte der Professor.

»Verdammt wenig, was wir da würden zu sehn kriegen« lachte Ludkins; »so kahl wie's von außen ist, sind auch die Wände im Innern, und die Leute haben höchstens einen Kasten oder *gum* [27] zum draufsitzen, und einen roh zusammengenagelten Tisch, ein paar Blechbecher, einen Kaffeetopf und ein *skillet* (Bratpfanne). Das finden wir auch wohin wir kommen; wer aber Lust dazu hat, kann sich das selber bald ganz anders und viel behaglicher einrichten — diese *squatter* wissen es eben nicht besser.«

Er hatte dabei seinem Pferd langsam den Zügel gelassen, und die Männer ritten durch die lange »*lane*« oder eingefenzte Straße hindurch, wieder in den Wald hinein, bis sie zu einer anderen, eben solchen Lichtung kamen. Die nächste Farm stand aber schon etwas länger, und zum Theil wenigstens mit Mais bepflanzt der reif und abgetrocknet noch im Feld gelassen war, bot sie ein freundlicheres Bild. Die Gebäude freilich sahen eben nicht viel besser aus und aus den Thüren schauten, als sie vorüberritten, das etwas bleiche Gesicht einer jungen Frau in einem lichten baumwollen Kleid, und vier oder fünf blondhaarige sonst aber sehr vernachlässigte Kinderköpfe heraus.

Ezra Ludkins begann jetzt, freilich mit sehr geringem Erfolg, ihnen die Grenzen der verschiedenen Besitzungen, ja sogar hie und da die Bäume zu zeigen, an denen die Ecken der Sectionen mit Buchstaben und Zahlen angemarkt waren; er besaß darin eine außerordentliche Ortskenntniß der verschiedenen Stellen, und wurde nicht müde ihnen die Vortheile der einzelnen Sectionen, mit ihrem Fruchtboden und ihren Weidegründen auseinanderzusetzen. Die Krone der Ganzen war aber seiner Aussage nach doch die Farm, die er für sie bestimmt hatte, ebenso in Lage, wie in Boden, Gebäuden und Baumwuchs, wenn sie auch jetzt noch, wie er übrigens vorsichtig dazu setzte, ein wenig *unpromising* (wenig versprechend) drein schaute, und der Verbesserungen noch manche bedürfe ehe sie v o l l k o m m e n wäre.

So waren sie eine Strecke recht eigentlich mitten im Walde, der nur hie und da von kleinen Lichtungen mehr gestört als belebt wurde, hingeritten, ohne selbst von diesem mehr gesehn zu haben, als in ihrem Wachsthum gestörte grüne Wände, die ihre zerbrochenen Zweige und mishandelten Stämme wie anklagend gen Himmel streckten; als sie endlich durch dünnes Kiefergebüsch und über dürren Boden fort, für den selbst der Pensylvanier keine Entschuldigung fand, vielleicht eine englische Meile berganreitend den Kamm eines Hügels erreichten, und hier ihren Pferden überrascht in die Zügel fielen.

»Mein Gott wie schön!« rief der Professor fast unwillkürlich, als sich ein weites sonniges Thal, im Ganzen dicht bewaldet und nur hie und da von freundlichen grünen Lichtungen unterbrochen, vor ihren Blicken soweit das Auge reichte ausspannte, und nur im Hintergrund von blauen, wellenförmigen, aber ebenfalls holzbedeckten Hügeln begrenzt wurde. Die Wildniß lag hier in aller Pracht und Herrlichkeit vor ihren entzückten Blicken, und der Herbst, der in keinem Lande der Welt den Bäumen solchen Farbenschmuck verleiht wie in Amerika, hatte den Wald mit seinen wundervollen Tinten förmlich übergossen. In roth und grün in gelb und braun und lilla schmolzen die Lichter, hier in blitzenden Flächen glühend, dort in sanften Schatten verschwimmend abscheinend durch einander, und während die jungen schlanken Hickorystämme wie flammende gelbe Lichter aus dem dunkleren Hintergrund hervorstachen, prangte Ahorn und Eiche in so wundervollem Purpur und saftigem Braun, das nur von dem hindurchgeflochtenen in allen Farben schillernden wilden Wein fast noch übertroffen wurde, und zitterten die Pappeln mit ihrem silberleuchtenden Schmuck in dem blitzenden Sonnenlicht, daß das Auge, geblendet von der Pracht, die Wunder dieser neuen Welt kaum zu fassen, zu begreifen vermochte.

»Nun? — wollen wir nicht weiter?« frug der Pensylvanier der diesen Farbenreichthum zu oft gesehn, etwas Außerordentliches darin zu finden, und jetzt nicht recht begreifen konnte weshalb die Fremden gerade hier anhielten, wo eben gar Nichts zu sehen und zu bewundern war, nicht einmal ein Eckbaum irgend einer Viertelsection mit zierlichen, auf der abgeschlagenen Rinde gemalten Buchstaben — »hier haben wir allerdings Nichts wie Wald, aber ein kleines Stückchen weiter unten kommen wir wieder zu einer Farm, und dann ist's genau noch eine Quartersektion bis zu dem Platz wohin wir heute wollen.«

»Welches wundervolle Farbenspiel in dem Laub hier« rief aber der Professor, die Mahnung kaum hörend — »sehn Sie nur Hopfgarten, jene Gruppe dort hinten, mit dem mächtig dunklen Baum zum Mittelpunkt, aus dem die Lichter ordentlich wie Strahlen nach allen Seiten schießen.«

»Und jene schillernden Festons die sich um jene Eiche schlängeln, mit den Gold und Purpur durchwirkten Blättern« rief von Hopfgarten, »und den Massen dunkelblauer, daran niederhängender Trauben — oh wie schön, wie wunderbar schön ist dieß Land!«

»Ja, 's ist *putty considerable* hübsch« sagte der Amerikaner, der Nichts dagegen hatte daß die Fremden den blanken Wald schön fanden, während er sein rechtes Bein, der Bequemlichkeit halber nach links mit über den Sattel legte und den rechten Arm darauf stemmte, »'s läßt sich ansehn, und famoser Boden dazu. Da unten wachsen Zucker-Ahorn und wilde Kirschen in Masse, nur ein Bischen viel Holz steht d'rauf, sonst wär' es ebenfalls schon lange gekleart worden. Aber das wird schon noch hübscher, wenn die Eisenbahn erst hier durchgeht; seht Ihr Leutchen, gerade über die kleine Ridge [28] da drüben wo die vielen Hickorys stehn — sie sehn jetzt alle gelb aus — da soll sie weg gehn, und ein Bruder von mir hat sich da oben schon angekauft — aber 's ist jetzt noch ein Bischen einsam da.«

Die Männer konnten sich kaum von dem wundervollen Schauspiel, über dem sich der Himmel jetzt klar und rein ausspannte, losreißen, als Ezra Ludkins aber glaubte daß sie sich nun lange genug die »Blätter« angesehn, warf er sein Bein wieder zurück, angelte ein paar Secunden damit nach dem schlenkernden Steigbügel, und ritt dann langsam voraus den Hang hinab.

Eine halbe Stunde später, und immer noch in dem prachtvollen Wald hinreitend, wobei sie die ziemlich schlechte Straße ganz übersahen, erreichten sie endlich die Marken des bezeichneten Platzes, und Ezra hatte von dem Augenblick an das Wort. Hier kannte er jeden Baum, gezeichnet und ungezeichnet, auf jede Senke in der die Bäume stärker und laubiger standen, machte er sie aufmerksam, auf den sprudelnden Bach und den lehmig sandigen Boden, auf jede einzelne Pflanze die gern auf üppigem Boden wächst, auf die stämmigen Maisstengel endlich als sie die kleine Rodung erreichten, auf die guten und hohen Fenzen, auf den vortrefflichen Weideboden und die gesunde Lage, auf die netten Häuser — die sich allerdings nur wenig oder gar nicht von den früher gesehenen unterschieden, auf das kräftige Vieh, von dem sie einige Stücke im Wege trafen, bis sie zuletzt vor der Hütte selber hielten, und ein junger, etwas bleich aussehender Mann der nicht weit davon arbeitete, mit der Axt ein Ochsenjoch auszuschlagen, auf sie zukam, sie zu begrüßen und ihnen, mit Hülfe eines anderen etwa zehnjährigen Knaben die Pferde abzunehmen.

Der Pensylvanier, der dem jungen Mann zurief indessen, bis sie wieder zurückkämen »etwas zu essen« für sie bereit zu halten, führte die Fremden jetzt vor allen Dingen in das Maisfeld selber, wo die Kolben noch nicht gepflückt und eingesammelt, aber zum großen Theil nieder geknickt waren, damit Spechte und Raben nicht oben hineinpicken konnten, und einfließender Regen dann die Frucht anfaulte. Die Stengel standen aber in der That kräftig und stämmig da, die Kolben selber waren groß und stark, und mächtige Kürbisse lagen, mit dem Mais gepflanzt, durch das ganze Feld. Der Boden mußte hier allerdings fruchtbar sein, und der Weber besonders konnte sein Erstaunen und seine Freude über das herrliche Land kaum zurückhalten.

Auch die Gegend war reizend; die Farm lag in einem kleinen, rings von bewaldeten Hügeln eingeschlossenen Kessel, ein nicht großer, aber sehr klares Wasser haltender Bach lief munter plätschernd hindurch, und eine nicht unbedeutende Anpflanzung von jungen Äpfel- und Pfirsichbäumen, die allerdings noch keine Früchte trugen, aber für spätere Jahre reiche Erndten versprachen, gaben dem ganzen Platz auch schon eher etwas freundliches, wohnliches, und konnten einen guten Anfang bilden zu späterer Obstzucht und Gärtnerei. Die Verhältnisse mit dem Land waren ebenfalls annehmbar, und vierzig Acker die, wie ihnen der Pensylvanier sagte, schon von ihm als Eigenthum vom Staat erworben worden, während leicht noch mehr Land, wenn auch nicht gerade mehr zum Congreßpreis, in der Nähe zu kaufen lag. Nur die Wohnungen sahen noch wild und unbehaglich aus, und nachdem sie einen langen Spatziergang um das ganze Grundstück herumgemacht, und auch noch zu einer anderen Rodung geführt waren, wo der jetzige Eigenthümer eben begonnen hatte weitere fünf Acker urbar zu machen, sein Feld zu vergrößern, gingen sie langsam zu dem Haus zurück, in deren Thüre sie eine junge schlanke Frau in die einfache aber geschmackvolle selbstgewebte Tracht der Waldestöchter gekleidet, freundlich begrüßte.

Es war eine schlanke, fast edle Gestalt mit wundervollem Haar und Auge, aber wieder störten den Professor die bleichen Gesichtszüge, störte ihn die fast durchsichtige Haut — nur die Kinder, ein kleiner Bube von drei und ein Mädchen von zwei Jahren, sahen frisch und munter aus.

Das Haus war übrigens nur eine der gewöhnlichen Blockhütten, ohne Fenster und Ofen, mit einem riesigen Camin der fast die ganze hintere Wand einnahm, und ein paar eingetriebene Plöcke auf denen ungehobelte Breter lagen, die wenige Wäsche wie ein paar Bücher zu tragen, bildeten mit drei ordinairen Rohrstühlen und einem mit der Axt zugehauenen Tisch, das ganze Hausgeräth. Auf dem Tisch lag aber ein schneeweißes Tuch ausgebreitet, blanke zinnerne Teller und Blechbecher, die ihnen ordentlich entgegen blitzten, standen darauf, und eine riesige Kaffeekanne wie ein großer steinerner Krug voll Milch schienen die Gäste schon lange erwartet zu haben.

»So Kitty, trag auf was Du hast« sagte Ezra Ludkins in englischer Sprache, ohne sich auch nur die Mühe zu geben der Frau guten Tag zu bieten, »die Herren hier sind schon seit Tagesanbruch auf und draußen, und werden Hunger haben — keine süßen Kartoffeln?«

»Ja wohl Mr. Ludkins« sagte die junge Frau — »wenn die Herren niedersitzen wollen, es ist Alles bereit.«

Der Professor hatte wirklich Hunger bekommen, und ein braunes kuchenartiges Gebäck, das ihm aus der einen Schüssel warm entgegenduftete, sah so einladend aus, daß er selbst die Examination des inneren Hauses bis auf weiteres verschob, und der freundlichen Einladung, von Hopfgarten gefolgt, rasch nachkam. Nur der Weber blieb verlegen in der Thür stehn und betrachtete sich höchst aufmerksam das große Baumwollen-Spinnrad das unfern davon, mit der weißen Flocke noch am aufgewickelten Garn hängend, in der Ecke stand. Er dachte gar nicht daran sich mit dem Professor, seinem jetzigen Herrn, und dem Herrn Baron aus der Cajüte, an einen Tisch zu setzen.

»Nun Mister?« sagte der Pensylvanier — »keinen Hunger? kommen Sie her und fallen Sie zu; hier ist Ihr Platz.«

»Oh ich bitte — ich kann ja warten« stammelte der Mann.

»Warten? — weshalb; hier haben wir alle Platz.«

»Aber die Madame« meinte Brockfeld, denn es war allerdings nur noch ein Sitz am Tisch frei.

»Kitty? — die ißt nachher — kommen Sie nur es wird kalt.«

»Machen Sie doch keine Umstände lieber Brockfeld« sagte ihm aber auch jetzt der Professor freundlich — »hier sind wir nun einmal in Amerika, und wo uns da etwas geboten wird müssen wir zulangen.«

»Nun wenn Sie denn befehlen« sagte der Weber, dessen Weigerung fehlender Appetit keineswegs verschuldet hatte, und über ein rundes wunderliches Gestell, das wie ein abgesägtes Stück Baumstamm aussah und mit einem dünnen Bret übernagelt war hintretend, setzte er sich darauf und langte tüchtig mit zu.

Den Mittelpunkt der Mahlzeit bildete übrigens ein groß mächtiges Stück warm aufgetragener Speck, von dem Ludkins jetzt, der hier förmlich zu Hause zu sein schien, große dicke Scheiben abschnitt und jedem vorlegte; eine dunkle Sauce wurde dabei herumgegeben, von der sich alle nahmen, und der Professor, der sich besonders viel von dem Brode zugelangt, dem ihm etwas zu fetten Braten damit nachzuhelfen, hatte seinen Speck kaum in die Brühe getunkt und zum Munde geführt, als er die Gabel auch erschreckt wieder absetzte, niederlegte und an zu lachen fing.

»Ich habe aus Versehn Syrup zu meinem Fleisch genommen,« sagte er dabei schmunzelnd, »das hätte doch curios schmecken sollen.«

»Du hast noch keinen Syrup? — oh, *beg your pardon*, hier steht er,« sagte Ezra freundlich.

»Essen Sie Syrup zum Speck?« frug der Professor, eben nicht angenehm von der neuen Kost überrascht.

»Thust Du das nicht?« frug der Pensylvanier mit einem halb ungläubigen Lächeln.

Die Fremden glaubten sich aber keine Blöße geben zu dürfen und langten von da an, ohne irgend eine Einwendung zu machen, wacker zu; aber auch das wunderschön aussehende Gebäck mit dunkelgelber krustiger Rinde, das dem schönsten Sandkuchen glich, erwieß sich als etwas sehr trockenes, bröckliges Maisbrod, das genau so schmeckte als ob wirklicher Sand dazwischen wäre, und nur auch in der That mit dem sehr fetten Fleisch genießbar schien. Auch gegen die sogenannten süßen Kartoffeln hatten sie, schon des Namens wegen, eine Art Widerwillen zu überwinden, und der gebratene Speck, den die Amerikaner zum Gekochten aßen, konnte den nicht zerstören.

Nichts destoweniger ging die Mahlzeit besser vorüber als sich den Umständen nach erwarten ließ. Die Leute waren eben hungrig, und da schmeckt Manches gut, was der gesättigte Magen selbst mit Widerwillen zurückweisen würde; so mit dem heißen Kaffee dazu, standen sie auch gesättigt vom Tische auf, ohne übrigens von der Amerikanischen Farmerskost, von der sie hier die erste Probe bekommen, sonderlich erbaut zu sein.

Vor allen Dingen besichtigten sie jetzt die Gebäude, fanden da aber allerdings noch viel zu wünschen übrig, denn die kleine Hütte, in der sie gegessen, mit einer Art Speisekammer daneben machte den Hauptbestandtheil derselben aus. Dann stand noch ein Maisschuppen etwa dreißig Schritt vom Haus entfernt, und eine Entschuldigung für einen Stall, ein offenes Gestell, eben nur nothdürftig gedeckt und kaum im Stande das dahineintretende Vieh gegen einen Nordweststurm zu schützen, da es jedem anderen Winde preisgegeben blieb. Aber die Summe für das Ganze war auch, wenigstens nach Europäischen Begriffen nicht hoch. Das schon vom Staat gekaufte Land sollte nur sieben Dollar der Acker kosten, wobei allerdings das Urbarmachen selbst wie die errichteten Fenzen und Hütten besonders zu bezahlen waren. Aber auch die Erndte selber mit dem dazu gehörigen Vieh, einige zwanzig Rinder, vielleicht vierzig Schweine und zwei Pferde nebst vier Zugochsen erbot sich ihm der Amerikaner billig zu überlassen – einzig und allein nur weil sein Sohn »nach dem Westen« zu ziehn beabsichtige, und er selber von der Stadt aus die Bebauung des Platzes nicht leiten könne, auch wirklich zu viel mit seinen städtischen Einrichtungen zu thun habe, und zu viel Geld dort brauche zu allen beabsichtigten Anlagen.

Die für Vieh und andere Einrichtungen geforderten Preise kamen dem Professor, wie auch Herrn von Hopfgarten und dem Weber mäßig vor; jedoch wollte der Erstere keinesfalls abschließen ohne mit seiner Frau vorerst darüber gesprochen und ihr den Platz ebenfalls gezeigt zu haben; überdieß konnte er gar nicht dort einziehn ehe noch ein anderes Blockhaus dicht neben dem schon stehenden errichtet wäre, dem man dann zwei Abtheilungen geben, und die Familie wenigstens so lange darin unterbringen konnte, bis er selber im Stande war ein bequemes, und seinen Wünschen wie Bedürfnissen entsprechendes Wohnhaus aufzurichten.

Nach allen Einrichtungen, die er sich übrigens schon im Geist machte, schien der Professor mehr als halb gewillt die Farm, die er jedoch noch zu einem mäßigeren Preis zu bekommen hoffte, zu kaufen. Er konnte ja doch auch nicht mit seiner ganzen Familie und der nun einmal engagirten Dienerschaft im Lande herumziehn, wo er jedenfalls beinah soviel verzehrt hätte, als das ganze Land hier, mit Wohnungen und Vieh kostete – und die Familie hier lassen, während er allein reiste, war fast eben so mislich. Das Bedürfniß einen Platz zu haben den er sein nannte, und wo er anfangen konnte zu wirken und zu schaffen, kam dazu, und als er auf dem Heimweg, während der Pensylvanier mit dem Weber vorausritt, mit Herrn von Hopfgarten darüber sprach, und dieser ihm rieth doch am Ende nicht zu rasch in einer so wichtigen Sache zu handeln, vertheidigte er den Kauf schon, selbst nur den dritten Theil der Hoffnungen angenommen die der Amerikaner mit solcher Zuversicht über den Wachsthum der kleinen Stadt ausgesprochen hatte, auf das Lebendigste.

Von dem Kaufpreis wollte nun aber Ezra Ludkins Nichts herunter lassen; er behauptete schon die billigste Summe angegeben zu haben. Dem Professor aber zu beweisen wie er gern erbötig sei Alles in seinen Kräften stehende zu thun ihn zufrieden zu stellen, erbot er sich ihm, wenn sie sich über den Kauf einigten, noch ein solches Blockhaus an der bezeichneten Stelle u n e n t g e l d l i c h neu aufzurichten, wie ebenfalls ihn so lange bis das hergestellt sei mit der eigenen Familie, während der Weber gleich hinaufziehen sollte mit arbeiten zu helfen ohne weitere Bezahlung dafür zu nehmen, zu verköstigen.

Das war ein Vorschlag zur Güte, und am zweiten Tag, nachdem die Frau Professorin — zum ersten Mal in ihrem Leben im Sattel — auf dem vollkommen gutmüthigen Pferd ihrer Wirthin, mit ihrem Mann und dem Pensylvanier nochmals hinübergeritten war den Platz in Augenschein zu nehmen, wurde der Handel zwischen Ezra Ludkins und Professor Lobenstein abgeschlossen, und der Professor — war Farmer in Indiana.

Von Hopfgarten konnte im Ganzen nicht viel dagegen einwenden, obgleich es ihm — er wußte eigentlich selber nicht recht weshalb — doch ein gewissermaßen unbehagliches Gefühl war, die Damen in d e n Häusern, die sie da oben gefunden, als Bewohnerinnen zurückzulassen. Die Wirklichkeit war doch, so sehr er sich dagegen sträubte einzugestehn er wäre mit zu poetischen Ansichten nach Amerika gekommen, hinter seinen Erwartungen zurückgeblieben, und die blanke Thatsache der Blockhäuser mit dem schauerlichen Speck und Syrup ließ sich eben nicht fortphantasiren. Er selber hatte sich aber auch schon länger hier aufgehalten, als es im Anfang seine Absicht gewesen, denn er wollte vor allen Dingen nach Cincinnati, von da nach den Seen hinauf und den Niagarafall besuchen, und dann zurück nach New-Orleans, wo er sein meistes Gepäck gelassen, um von dieser Stadt eine weitere Tour nach dem Westen zu unternehmen. Jetzt war hierzu, besonders die nordische Reise abzumachen, die günstigste Jahreszeit, denn der sogenannte Indianische Sommer, der in Nordamerika ziemlich den ganzen Herbst umfaßte und einen wolkenleeren blauen Himmel über October und November, ja nicht selten bis über die Hälfte des December spannte, lag mit seiner wundervollen Reine und Frische auf dem Land. Konnte er in diesem seine nördliche Tour beendigen, so blieb ihm der ganze Winter für die südliche Reise, und er war dann vielleicht im Stande im nächsten Frühjahr – der erste Eindruck mußte doch kein so günstiger gewesen sein, daß er schon wieder an die Abreise dachte – nach Europa zurückzukehren.

Vorher aber hatte er noch etwas auf dem Herzen, dessen er sich erst vor allen Dingen entledigen mußte, und zwar Befürchtungen, die in ihm – er wußte sich selber keinen bestimmten Grund dafür anzugeben – gegen Henkels Charakter aufgestiegen waren, und ihn mit Sorge für das Glück der jungen Frau erfüllten. Aber er scheute sich diesen in Gegenwart der Damen, die er vielleicht unnöthiger Weise ängstigte, Worte zu geben, hätte er nicht gerade ihrer Hülfe bedurft, Gewißheit zu erhalten. Den letzten Abend also, wie sie in Ludkins Inn beisammen saßen, brachte er zuerst das Gespräch auf die beiden jungen Gatten, und die auffällige Veränderung in dem ganzen Wesen der jungen, sonst so munteren und lebenslustigen Frau während der letzten Tage an Bord, und erst als ein Wort das andere gab, und Marie zuletzt gestand, daß der Abschied von der Freundin ihr einen unendlich schmerzlichen, ja unheimlichen Eindruck hinterlassen, rückte er selbst mit seiner Furcht heraus, und gab dadurch dem Verdacht, der in Mariens wie Annas Herzen bis dahin fast unbewußt gelegen, gleichfalls Worte.

Vermuthungen und Combinationen halfen ihnen aber Nichts, sie mußten sich eben Gewißheit darüber verschaffen, und das war für jetzt nur schriftlich möglich. Es ließ sich auch denken, daß sich Clara, wenn ihr irgend etwas das Herz bedrücke, schriftlich eher gegen die Freundin aussprechen würde, als mündlich, Marie sollte ihr also deshalb schreiben – Stoff und Grund hatte sie ja genug dafür, und rechtfertigte ihre Antwort dann den Verdacht, dann wollte von Hopfgarten, wenn er wieder nach New-Orleans hinunter kam – ja was er dann thun wollte, wußte er eigentlich selber noch nicht, aber Clara sollte doch wenigstens nicht ganz ohne Freund, von Allen vergessen, in der fremden Welt da stehn, und war Hülfe und Beistand nöthig, dann fand sich auch vielleicht ein Mittel ihn zu leisten.

Henkel hatte dem Professor Lobenstein seine Adresse gegeben, die sich von Hopfgarten jetzt ebenfalls in sein Taschenbuch schrieb, und nicht allein versprach auf seiner Rückreise aus dem Norden hier wieder anzuhalten, sondern sogar seinen Koffer bei ihnen zurückließ, und nur seine Reisetasche mitnahm, durch überflüssiges Gepäck bei möglichen Abstechern bald dort bald dahin, nicht zu sehr behindert zu werden. Er wollte dann auf dem Rückweg, bis wohin jedenfalls eine Antwort von New-Orleans eingetroffen war, wieder Briefe mit hinunter nehmen, was ihm zugleich eine doppelte Einführung gab, und versprach selber auf das Ausführlichste zu berichten, wie er die Verhältnisse gefunden.

Am liebsten wäre er nun freilich von hier zu Lande nach Cincinnati gegangen, das Innere mehr und besser in Augenschein nehmen zu können, die von Ezra Ludkins im Geist angelegten Schienenwege bestanden aber noch nicht; die Tour zu Pferde zu machen, dazu war er nicht Reiter genug, fürchtete sich auch, aufrichtig gestanden, nicht etwa vor Gefahren, die hätte er eher aufgesucht, nein vor dem Maisbrod und Speck der Farmer, was ihm gar nicht gemundet hatte, und beschloß also mit dem nächsten stromaufgehenden Dampfboot seine Reise rascher und bequemer fortzusetzen.

Das kam aber schon am nächsten Morgen kurz nach Sonnenaufgang, und ehe Hopfgarten selber im Stande gewesen war seine Toilette ordentlich zu beenden und sich bei den Damen zu empfehlen. Versäumen durfte er es aber auch nicht, und so, während der älteste Knabe des Pensylvaniers nach unten gelaufen war das Boot, das sie schon eine Zeitlang hatten stromauf dampfen hören, anzurufen und zum Beilegen zu bringen, stopfte er die schon bereit gelegten Sachen schnell in die Reisetasche, ließ sich durch Eduard, der ihn hinunter begleitete, noch seinen Eltern und Schwestern auf das Freundlichste empfehlen und wenige

Minuten später Grahamstown mit all seinen Hoffnungen künftiger Größe hinter sich.

Als das Boot eben um die nächste Biegung, oberhalb der Stelle wo die Stadt lag, einlenken wollte, sah er noch wie ihm Jemand mit einem weißen Tuche vom Hügelkamm aus nachwinkte, aber er konnte schon nicht mehr erkennen wer es war.

## Capitel 9.

### Das deutsche Wirthshaus zu New-Orleans.

Die »Haidschnucke« hatte indessen, wie schon vorher erwähnt, ihren Passagieren gleich am ersten Tage angekündigt, daß sie sich nun, je eher desto besser, ihr Unterkommen an Land selber suchen sollten, da das Schiff nicht weiter verpflichtet sei für sie zu sorgen. Fast alle waren auch, so rasch sie nur ihr Gepäck bekommen konnten, von Bord gegangen, selber froh, dem Schiffsleben mit seiner groben monotonen Kost endlich enthoben zu sein; nur einige der ärmeren Familien, und unter ihnen wunderbarer Weise die Oldenburger, die unterwegs gerade am meisten und lautesten über Kost und Behandlung raisonnirt, und sogar häufig davon gesprochen hatten die Schiffsrheder, wenn sie nur erst in New-Orleans wären, für nicht erfüllte Versprechungen zu verklagen, zeigten noch nicht die mindeste Lust sich durch Hinüberschaffen ihrer Kisten an Land von dem Fahrzeug zu trennen.

Sie waren, der Sprache natürlich nicht mächtig, von dem sie überall umwogenden Menschen-Gewühl wie betäubt, den ganzen Tag in den Straßen der ungeheueren Stadt förmlich umher getaumelt, und nur hie und da mit anderen Deutschen, in gleichen Verhältnissen zusammengetroffen, die auch Arbeit suchten und ebenso wie diese der Meinung schienen, daß man sie ihnen auf der Straße anbieten würde. Hie und da fanden sie dabei irgend ein deutsches Schild über einer Thür, das entweder einem Wirthshaus oder Kleiderladen gehörte, und dort sprachen sie dann vor, wollten sich nach den Verhältnissen des Landes erkundigen und wurden, wenn sie in dem einen Nichts verzehrten, oder in dem andern Nichts kauften, wenn auch nicht mit groben, doch sehr kurzen Worten abgefertigt. So verging der Tag, und kleinlaut und niedergeschlagen kehrten sie Abends an Bord zurück.

Capitain Siebelt dachte aber viel zu menschlich und vernünftig die Leute, besonders da sie Familien hatten, wirklich gleich hinauszujagen; auf die paar Mahlzeiten, die ihnen noch gegeben wurden, kam es nicht an, der Koch war an dem Tag auch noch darauf eingerichtet, und Abendbrod und Frühstück wurde ihnen gern und ohne weiteres Wort gegeben; aber der nächste Morgen brachte ihnen keine besseren Aussichten. Vergebens wandten sie sich an Alles was nur deutsch sprach und ihnen in den Weg lief, Arbeit zu bekommen. »Vor drei Monaten, ja,« so wurde ihnen fast überall die Antwort, »wie die Krankheit Alles hinaustrieb aus New-Orleans, was eben nicht zu bleiben gezwungen war, da hätten sie Arbeit bekommen können, Arbeit und Lohn, so hoch sie ihn nur fordern sollten — bis man sie selbst nach Pottersfield hinausgefahren — aber jetzt waren die Tausende mit anderen Schaaren aus dem Norden wieder zurückgekehrt, und Arbeit war schon noch zu bekommen, aber eben nicht mehr so leicht; man mußte Geduld haben.

Geduld — ja das ist ein ganz gutes Wort, wenn die Gewißheit eines Erfolgs dahinter sitzt, und der Mensch eben bis dahin, neben seiner Geduld B r o d hat, davon zu zehren; wo das aber fehlt, und der fremde Einwanderer sich zum ersten Mal in seinem Leben ganz allein auf sich selber angewiesen sieht, und mit Schrecken fühlt daß er sich eben auf sich selber, ohne andere Hülfe, gar nicht verlassen kann, da ist's dann freilich eine mislige Sache um die Geduld, und das Menschenherz verzagt da nur zu oft, und glaubt sich gleich vom ersten Anspruch ab verloren.

Der Capitain hätte die Leute aber selbst am nächsten Tag noch nicht fortgetrieben, und ihnen, wenn auch nicht mehr besonders für sie gekocht werden konnte, doch wenigstens Schiffszwieback und etwas kaltes Fleisch geben lassen, wenn sie nicht gleich ein Unterkommen finden konnten; der Steuermann aber, der sich gerade über diese Burschen die ganze Reise hindurch am meisten geärgert, weil ihnen auch gar Nichts recht gemacht werden konnte, und kein Essen gut genug war, selbst wenn sich niemand Andres darüber beklagte, ließ sich am dritten Morgen auf keine weiteren Unterhandlungen mit ihnen ein, befahl den Matrosen die Kisten und Kasten, die schon an Deck standen, da das Zwischendeck abgebrochen wurde, ohne weiteres auf die Levée zu schaffen, und erklärte dann den bisherigen Passagieren daß sie von diesem Augenblick an nichts weiter von der Haidschnucke zu erwarten hätten — »er wolle ihnen nicht zumuthen ihr faules Brod und stinkiges Fleisch, den ranzigen Speck und den dünnen Thee noch länger zu kauen und hinterzuschlucken.«

Das war wenigstens deutlich, und die Frauen weinten und baten den Capitain, als er von Land zurück kam, um Gottes Willen sie nicht hier im Elend sitzen zu lassen, sondern lieber wieder mit zurück nach Deutschland zu nehmen, wo sie arbeiten wollten Tag und Nacht, ihre Passage abzuverdienen — nur daß sie hier nicht in dem fremden Land auf der Straße verderben und umkommen müßten.

Schiffscapitaine haben sonderbarer Weise sehr häufig eine höchst ungünstige Idee von dem Inneren Amerikas, das sie nur in sehr seltenen Fällen zu sehn bekommen, denn da ihnen häufig Matrosen desertiren, sind sie so daran gewöhnt diesen das schrecklichste Schicksal und Hunger und Elend zu prophezeihen, daß sie ihre eigenen Prophezeihungen zuletzt wirklich selber glauben. Sie fühlen dabei nicht selten ordentlich eine Art von Mitleid mit all den unglücklichen Schlachtopfern, die sie in das fremde Land transportiren müssen, und die ihrem Elend da höchst wahrscheinlich schnurstracks entgegenlaufen; sie aber wieder mit zurückzunehmen, so weit lauten ihre Instruktionen nicht, und die Leute, die vorher alles Mögliche gethan haben nur von Deutschland nach Amerika hinüber zu kommen, müssen nun auch sehen wie sie hier drüben »fertig werden.«

Es ist ein schmerzlich, wehmüthiges Gefühl, in Deutschland die langen Züge armer Auswanderer zu sehn, die, das Herz wohl voll frischer Hoffnungen, aber dabei nur zu oft mit Mangel und Noth kämpfend, die Heimath mit Frau und Kindern verlassen, in die Fremde zu ziehn. Unpraktisch dabei bis zum Äußersten, scheu und schüchtern vor Jedem, der einen besseren Rock trägt wie sie, herumgestoßen und geprellt, so lange noch etwas aus ihnen herauszupressen ist, in der dritten oder vierten Klasse der Eisenbahn, wenn sie so viel Geld erschwingen können, oder zu Fuß mit den schweren Packen auf den Rücken oder den Kindern auf dem Arm, a r b e i t e n sie sich dem Hafenplatz zu, das Schiff zu erreichen; und wenn sie dann dort am Strande sitzen und des Bootes harren, das sie hinüber führen soll zum großen Schiff, möchte man weinen über die Unglücklichen, die die Gräber ihrer Väter verlassen haben in Schmerz und Kummer, und die Scholle jetzt meiden müssen, an der ihr Herz mit allen Fasern hängt.

Und doch ist d e r Augenblick, so schrecklich das auch klingt, beneidenswerth und glücklich im Vergleich mit dem, wo sie das neue Vaterland betreten haben, und rathlos — trostlos, verzweifelnd an seinem Ufer stehn — Fremde, Ausgestoßene an einer Küste, von der es keinen Rückweg für sie giebt.

Als sie die Heimath verließen, und wenn das auch in Sorg' und Noth geschah, ihr Herz war doch voll Hoffnung und schlug dem neuen Vaterland in freudiger Zuversicht entgegen. »Wir wandern aus!« in dem Bewußtsein lag ihnen reicher Trost für Alles was sie hier traf und niederdrückte. Alle Beschwerden, die sie ertragen mußten, der Schmerz der Trennung von ihren Lieben, von dem eigenen noch so kleinen Heerd, verschwand nur in dem einen Wort: A m e r i k a ! und hinter ihnen lag aller Gram und Kummer, wenn nicht vergessen oder leicht und herzlos abgeschüttelt, doch gemildert von dem frohen Licht, das ihre eigene Phantasie, die Zuversicht, mit der sie hoffend dem neuen Leben entgegen gingen, darüber warf.

Viele malen sich dann noch das Land mit bunten Farben aus, Luftschlösser steigen empor mit Zauberschnelle, die eigenen wie der Freunde Herzen tröstend, betäubend — Amerika, oh nur den Fuß erst dort an Land gesetzt und Alles, Alles ist vorbei, was sie da noch mit Sorge, Ängsten füllen könnte.

Und dort? — zerknirscht, gebrochen, mit j e d e r Hoffnung geknickt, da ihnen nicht beim ersten Landen gleich der Amerikaner froh die Arme öffnet, von den Fremden unbeachtet, von ihren Landsleuten verlassen, zurückgestoßen, stehen sie da, jedes Trostes baar, Enttäuschung, Reue, Angst in den bleichen Zügen, und die wogende kalte Menschenmenge sehn sie vorüber drängen, wie der Schiffbrüchige, der sich auf nackten Felsen gerettet vor dem augenblicklichen Tod, die blitzenden Wellen vorbeiströmen sieht, und nicht den Muth hat, mit starkem Arm und mit entschlossenem Muthe sich dahineinzuwerfen und die Fluth zu theilen. Oh es zerreißt Einem das Herz, die Unglücklichen so da stehn zu sehen, und nicht helfen zu können a l l e r Noth.

Wenn sie aber unrecht hatten, im alten Vaterland sich blind und leichtsinnig zu wilden überspannten Hoffnungen hinzugeben, so haben sie das doppelt jetzt, wo gleich beim ersten Anlauf der erste Sprung nicht etwa schon misglückt ist, nein wo sie noch gar nicht einmal zum Sprunge angesetzt, und nun jenen schmalen Küstenstreifen, auf dem fast täglich hunderte von Auswandern landen und in dem Menschenstrom spurlos, unbeachtet verschwinden, für das Land selber halten.

Der Hafenplatz ist erst die Brandung der neuen Welt, die Bank an der sich alle Wellen brechen, wild und toll aufschäumend dabei, einander überstürzend, wieder hebend. Durch die hindurch muß erst der Auswanderer den schwanken Kahn zum Ufer führen, und darf sich nicht durch das wilde Tosen derselben betäuben, entnerven lassen; ruhig nur das Steuer in der Hand, und fest den stürzenden Wellen auf den Kamm geschaut, der Gefahr zu entgehn, den günstigen Moment zu benutzen, muß er stehn, nicht blos vorn im Bug sitzen, die Hände im Schooß, und die Blicke verzweifelnd in die Wolken gerichtet. Hat er den Muth gehabt sich von der Heimath loszureißen, darf er sich jetzt auch nicht davor fürchten ein wenig herüber und hinüber gestoßen zu werden. Das ist ein Übergang, und ein Jahr später nur und er stößt selber mit.

Ein Bild trostloser Niedergeschlagenheit saßen die Oldenburger aber, so gewaltsam hinausgestoßen in die Welt, auf ihren Kisten an der Levée, die Männer mit den Händen in den Taschen, an die Hessen denkend, die sie weiter oben in ähnlicher Lage gesehn, und gleich verzweifeltes Loos für sich erwartend, die Frauen ihre Kinder im Arm, die Augen voll Thränen, die Herzen voll Kummer und Sorge für die Zukunft.

»Hallo Ihr Leute, Ihr sitzt ja da als ob Euch die Petersilie verhagelt wäre« sagte da plötzlich eine freundliche Stimme, in rein deutschem Dialekt — »ist Euch Jemand gestorben oder habt Ihr Euer Geld in den Strom fallen lassen?«

»Gestorben ist Niemand, und unser Geld fällt schon nicht weg; dafür sind wir sicher!« sagte der eine der Leute den Fremden finster und mistrauisch betrachtend, denn was sie bis jetzt von ihren Landsleuten gesehn, war gerade nicht geeignet sich sehr nach ihrer weiteren Bekanntschaft zu sehnen. Nur die Frauen schauten rasch und halb voll Hoffnung zu dem Deutschen auf, der sie so freundlich angeredet, und dabei so anständig in feiner weißer Wäsche und breitrandigem Strohhut, mit einer großen goldnen Uhrkette über die feingestreifte Weste, gekleidet ging.

»Oh Ihr wartet wohl auf einen Wagen, Euer Gepäck in die Stadt hinauf zu bringen« sagte aber der Deutsche wieder — »habt Ihr schon ein Kosthaus?«

»Kosthaus« — wiederholte der eine der verheiratheten Männer mit einem kaum unterdrückten Seufzer und einem halbscheuen Blick nach Frau und Kind — »Kosthaus — ich möchte wissen was uns ein Kosthaus helfen sollte — wenn wir nur erst einen Platz wüßten wo wir überhaupt Kost bekämen, das Haus wollten wir ihnen gern schenken.«

»Oh, so stehn die Sachen?« lachte der Deutsche wieder — »Ihr habt kein Geld? — ja dann müßt Ihr freilich arbeiten.«

»Habt Ihr Arbeit?« riefen die Männer rasch und zugleich.

»Ich gerade nicht« lachte der Deutsche, »aber wenn Ihr die haben wolltet, die wäre leicht genug zu bekommen.«

»Aber wo?« rief der Erste von den Oldenburgern wieder, »wir haben uns schon fast die Schuhsohlen abgelaufen durch die Stadt, und Niemand hat uns haben wollen.«

»Haben wollen« sagte der fremde Deutsche kopfschüttelnd — »Ihr seid nicht an die rechte Schmiede gegangen, das ist die ganze Geschichte; da möcht' ich die größte Wette eingehn, daß ich Euch alle miteinander in drei Tagen unterbrächte. Was habt Ihr für ein Geschäft?«

»Geschäft? — wir sind Bauern.«

»Bauern? — hm, das ist allerdings schon schwieriger, aber für eine Weile könntet Ihr auch schon einmal was anderes angreifen. Wenn der Mensch Lust hat geht Alles.«

»Hier werden wir auch wohl noch gefragt werden ob wir Lust haben« brummte der Erste wieder.

»Aber wo ist die Arbeit zu kriegen?« frug jetzt eine der Frauen, »lieber Gott wir wollen ja gerne arbeiten, wenn wir nur für uns und die Kinder Brod haben.«

»Brod?« lachte der Fremde, »um Brod allein wird man auch hier eine Hand regen — wenn nicht Fleisch und Gemüse und Kaffee wie das sonst Nöthige dabei ist, soll's der Henker holen; für Brod allein würden wir hier wenig Arbeiter bekommen. — Aber hier auf der Straße könnt Ihr doch nicht liegen bleiben« setzte er dann hinzu, indem er seine Uhr aus der Tasche nahm und nach der Zeit sah; »es ist jetzt eben halb zwölf, wenn Ihr Euch dazu haltet, könnt Ihr noch gerade zum Mittagsessen im Gasthaus sein.«

»Mittagsessen« seufzte aber eine der Frauen — »die paar Groschen die wir noch haben, dürfen wir nicht für Mittagsessen hinauswerfen, wer weiß ob nicht Einer von uns krank wird in dem fremden Land, und dann brauchen wir sie nöthiger.«

»Ja krank — jetzt wird Niemand hier mehr krank« lachte der Deutsche, »jetzt haben wir hier die gesunde Zeit, da ist's in New-Orleans besser wohnen wie in New-York. Aber Ihr braucht kein Geld um in ein Wirthshaus zu gehn.«

»Na, umsonst werden sie uns auch nicht hier füttern.«

»Nein — das würdet Ihr auch gar nicht verlangen« sagte ihr neuer Freund ganz unbefangen, »aber Ihr geht ganz einfach in das erste beste Gasthaus, stellt Eure Sachen dort ein, eßt und trinkt was Ihr braucht, und zahlt so bald Ihr könnt. Glaubt Ihr denn nicht daß so etwas alle Tage hier vorkommt?«

»Ja aber wo würden sie uns denn da so aufnehmen?« frug der Mann verwundert.

»Wo? ich sage Euch ja im ersten besten Gasthaus – ich gehe mit Euch die nächste Straße hinunter, und ich wette wir sind noch keine tausend Schritt gegangen, so seid Ihr zu Haus und könnt Euere Beine unter einen gedeckten Tisch strecken.«

»Du, das ist Einer von denen wo sie uns in Deutschland von erzählt haben« flüsterte der eine dem anderen Bauer zu, »daß sie den Deutschen auflauern und sie seelenverkaufen.«

»S c h a a f s k o p f verkaufen hätte ich bald gesagt« brummte aber der Andere eben so leise – »ein gedeckter Tisch wird unseren Seelen wahrhaftig keinen Schaden thun – ich glaube nur nicht daß er's kann.«

»Aber wenn es nun doch Einer von denen ist, die einem armen Auswanderer auch das Letzte abjagen was er mitgebracht hat?«

»Und was soll er u n s denn etwa abjagen, unser Geld? – da wird er sich schneiden, und unsere Sachen? – die dürfen sie uns nicht nehmen, das leidet die Regierung nicht.«

»Ja die Regierung wird sich was d'rum kümmern« meinte der Erste wieder.

»Na adieu Ihr Leute« sagte der Mann jetzt, indem er sich den Hut etwas fester in die Stirn drückte, und sich abdrehte, als ob er gehen wollte, »ich sehe es gefällt Euch hier auf der Levée, und hier in Amerika kann Jeder thun was er will; hier sind wir Alle freie Leute.«

»Aber warten Sie doch nur noch einmal einen Augenblick« rief die eine der Frauen ängstlich und besorgt – »lieber Gott, wenn Sie uns Arbeit verschaffen könnten, die wollen wir ja doch gar so gerne haben; sagen Sie uns nur w i e.«

»Ja Kinder aus dem Ärmel kann ich sie auch nicht schütteln« lachte der Fremde, »aber ich habe eine Menge Bekannte hier, die viel Leute brauchen, und am liebsten Deutsche anstellen, und wenn Ihr Euch eben, wie ich das wohl glaube, keiner Arbeit scheut, so sollt Ihr da bald untergebracht sein, und zwar nicht etwa wie in Deutschland mit sechzehn oder achtzehn Thaler

Lohn jährlich, und einer Kost die man hier kaum seinen Schweinen vorwerfen würde, sondern mit drei Mal Fleisch täglich, wie es überall Sitte ist, und mit Kaffee Morgens und Abends Thee.

»Und da sollen wir so lange in das Wirthshaus gehn?«

»Wenn Ihr lieber hier auf der Levée sitzen bleibt kann's mir auch recht sein« lachte der Mann, »wenn Euch aber Euere Kinder hier krank werden, könnt Ihr einem Doktor eben so viel bezahlen nach ihnen zu sehn, wie Ihr in Deutschland das ganze Jahr verdient habt — nachher ist Euer Geld gut angelegt. Aber wie gesagt, Jeder thut hier was ihn freut. Ich will mich aber doch für Euch nach Arbeit umsehn, und wenn Ihr hier bleiben wollt, so komme ich morgen oder übermorgen wieder her, und sage Euch Antwort.«

»Darf denn einmal Einer von uns mit Ihnen gehn?« frug da der Erste wieder, »daß wir nur erst einmal den Platz finden wo sie uns aufnehmen, denn unsere Sachen möchten wir nicht in Versatz geben; man weiß nachher nicht wie's wird.«

»Aber Euere Sachen müßt Ihr doch unter Dach und Fach bringen« lachte der Mann, »seid Ihr närrische Burschen! die könnt Ihr doch nicht derweile vor die Thür setzen, und wenn Ihr eine ganze Woche alle zusammen im Wirthshaus läget, zahlte die nächste Woche Arbeitslohn Euere sämmtlichen Schulden.«

»Und was bekommt man hier den Monat?«

»Das geht hier nicht Monatweis, das geht nach dem Tag; die Leute die an der Levée und auf den Dampfbooten arbeiten, bekommen einen Dollar *pr.* Tag.«

»Ja, aber da brauchen sie Niemanden mehr.«

»Seid Ihr überall an der Levée gewesen?« frug der Mann, »die Levée ist wohl sieben englische Meilen lang.«

»Überall wohl nicht, aber doch an v i e l e n Plätzen.«

»Nun ja, v i e l e n, das will Nichts sage; nein ich werde Euch gleich eine *dray* [29] wie man hier sagt, oder einen Güterkarren besorgen, Euere Sachen in die Stadt zu schaffen, und dann sind wir in zehn Minuten untergebracht.«

»Oh dazu brauchen wir keinen Karren« riefen aber die beiden; »die packen wir auf und tragen sie selber, wenn's weiter Nichts ist — die Frauen tragen die zwei da, und wir die hier, mein Junge bleibt bei den Übrigen zurück und die holen wir dann nachher.«

»Gut, wie Ihr wollt; aber Leute das muß ich Euch gleich sagen, lange Zeit kann ich hier nicht mehr stehn bleiben, denn ich habe noch viel zu thun, und hier schon mehr Zeit versäumt als ich vor meiner eignen Familie verantworten möchte. Wir haben hier ein Sprichwort in Amerika »Zeit ist Geld« und das werdet Ihr wohl noch ebenfalls kennen lernen.«

Es bedurfte übrigens keines weiteren Zuredens von seiner Seite, denn den armen Teufeln, die sich noch vor wenigen Minuten vor Hunger und Noth gefürchtet hatten, stak der versprochene gedeckte Tisch jetzt im Kopf, auf dem sie im Geist jetzt schon alle geträumten Herrlichkeiten der neuen Welt aufgestapelt sahen, und nach kurzer Berathung untereinander griffen sie ihre großen, mit eisernen Henkeln versehenen Koffer auf und baten den Fremden, hinter dem sie gleich darauf herkeuchten, ihnen den Weg zu zeigen.

Sie hatten nicht weit zu gehn; gleich die nächste Straße hinauf, die nach der Vorstadt Lafayette hineinlief, über die zweite Queerstraße hin, leuchtete ihnen schon von fern ein großes weißes Schild entgegen, auf dem mit großen schwarzen Buchstaben die Worte »Deutsches Gasthaus zum deutschen Vaterland« standen.

»Dort ist gleich ein deutsches Wirthshaus; wollen wir anfragen?« frug sie ihr Führer.

»Ja wenn Sie glauben« meinte der eine Oldenburger.

»Eins ist so gut wie das Andere,« sagte Jener achselzuckend — »setzt nur erst einmal Euere Kiste vor die Thür, und wir wollen hinein gehn und mit dem Mann sprechen; nachher könnt Ihr ja dann noch immer thun was Euch gut dünkt.«

Dagegen ließ sich Nichts sagen, und die Männer betraten gleich darauf einen kleinen, ziemlich engen Saal, der als Schenkzimmer benutzt und durch einen etwas schmutzigen weißen Vorhang von dem nächsten Gemach, in dem sie viele Stimmen hörten, getrennt wurde. Ein Schenktisch war hier an der einen Seite aufgestellt, auf dem eine Masse umgedrehte leere Gläser und einige kleine Flaschen standen, während dahinter, auf langen Regalen, drei oder vier Reihen mit verschiedenen Spirituosen gefüllte gläserne Karaffen geordnet und mit dazwischengelegten Orangen und Citronen verziert waren. Hinter dem Schenktisch, oder der »bar« wie ein solcher Platz in Amerika genannt wird, stand ein junger stämmiger Bursche von vielleicht fünf oder sechs und zwanzig Jahren, mit glatt zurückgekämmten blonden Haaren, fast auffallend großen Ohren, stieren, aus dem Kopf ordentlich heraussstehenden blauen Augen, und einem sehr runden, halb geöffneten Mund, was ihm ein sehr erstauntes überraschtes Aussehn gab, sonst aber so leicht und bequem an- oder vielmehr ausgezogen, wie das nur irgend möglich war. Er trug Sommerhosen und Weste, aber weder Rock noch Jacke, und die Hemdsärmel bis hoch über die Ellbogen aufgekrempelt, wobei er die sehnigen muskulösen Arme auf dem Schenktisch, etwas weit auseinander, aufgestemmt hatte, und mit vorgebeugtem Körper die Neuangekommenen gerade so anstarrte, als ob er sich nur erst einen von ihnen aussuchen und diesem dann augenblicklich auf den Hals springen werde.

»Hallo Jimmy« rief der Fremde in ziemlich vertraulichem Ton, als er zwei von den Männern, die verlegen an der Thür stehn blieben, hier eingeführt hatte — »wie gehts Mann, immer noch frisch und munter?«

»Ja wohl Schentelmen« sagte Jimmy, drei frische Gläser auf dem Tisch umdrehend und die Frage etwa so beantwortend, als ob sich der Mann erkundigt hätte ob er noch etwas zu trinken habe — »was Ihr Herz begehrt — was solls sein?«

»Nun ich nehme einen Gin cocktail« [30] sagte der Führer — »und was trinkt Ihr, Leute? — kommt nur herein, das geht jetzt in Einem hin, und trinken müssen wir doch.«

Die Deutschen bedurften erst noch einer Nöthigung, während sie der Ausschenker oder *barkeeper*, wie diese Leute sämmtlich heißen, mit immer höher steigenden Augenbrauen und immer stierer werdenden Augen, ohne einen Blick von ihnen zu verwenden, anstarrte. Endlich entschlossen sie sich nach einem Glas Bier zu fragen, das sie durch eine ihnen merkwürdig erscheinende Vorrichtung aus einem Zinnrohre eingeschenkt bekamen, das mit einem niedergebogenen Schlauch versehn aus dem Schenktisch auflief, und durch ein hinter demselben angebrachtes Pumpwerk aus dem Keller, oder wenigstens dem in die Erde gegrabenen Faß herauf, gespeißt wurde.

»Nun Jimmy trinkst Du Nichts?« sagte der Fremde.

»*Thank you*« [31] sagte Jimmy, füllte sich in ein Glas ein paar Tropfen Brandy, und goß es auf einen Schwung hinter, fuhr dann mit den geleerten Gläsern blitzschnell unter den Schenktisch in einen dort angebrachten Kübel mit Wasser, schwenkte und trocknete die Gläser, die wieder auf ihren alten Platz kamen, und seinen Händen dann eine gleiche Gefälligkeit erweisend stemmte er die Arme wieder wie vorher auf den Tisch und sagte:

»*Two bits!*« [32]

Der Fremde rief ihm aber auf Englisch ein paar Worte zu, welche die Auswanderer nicht verstanden und der *barkeeper*, der sie jetzt noch viel stierer ansah als vorher sagte plötzlich.

»Hier boarden?«

»Die Leute verstehn noch kein Englisch Jimmy, und wissen nicht was boarden ist — w o h n e n  wollen sie hier allerdings — habt Ihr Platz?«

»*Lots*« lautete die lakonische Antwort.

»Gut, dann zeigt ihnen einen Platz wo sie ihr Gepäck unterbringen und wohin wir die Frauen mit den Kindern schaffen können — wie viel macht es die Woche *à person*?«

»Drei Dollar ohne Bitteres — «

»Unsinn, Bitteres, wenn sie trinken wollen zahlen sie's apart; sie werden auch schwerlich eine Woche hier sein, sondern gleich auf Arbeit gehn — hier Nichts im Hause, Jimmy?«

»Arbeit?« lachte der Barkeeper mit einem breiten Grinsen wobei ihm die Augen fast aus dem Kopf herausfielen — »wir sind froh daß wir selber Nichts zu thun haben.«

»Nun macht Nichts, wollen das schon besorgen — Also schafft die Sachen nur hier herein, der Mann da wird Euch gleich eine Stelle zeigen, wohin Ihr sie bringen könnt, und Jimmy, seid so gut notirt es Euch — sieben Personen« setzte er dann auf Englisch hinzu »und die vier Kinder können wir zwei rechnen.«

»Alles in Ordnung Mr. Messerschmidt« antwortete ihm der *barkeeper* ebenso — »doch Alles sicher?«

»Alles — « sagte der Mann, der sich der Deutschen so freundlich angenommen, und dann sich wieder in ihrer Sprache zu ihnen wendend, setzte er hinzu — »Euere Tochter da, werde ich wahrscheinlich selber bei einer entfernten Verwandten von mir unterbringen können, darüber bringe ich Euch aber erst morgen Antwort; unter der Zeit laßt es Euch übrigens wohl sein und macht's Euch bequem. Ihr habt hier ein eben so gutes Recht zu wohnen wie jeder Andere und bezahlt eben so gut dafür, ob nun das gleich baar auf den Tisch oder erst in drei oder vier Wochen ist, bleibt sich ganz gleich. So *goodbye* Jimmy — adieu Ihr Leute — ich werde morgen einmal wieder nachfragen wie es Euch geht.«

Der Mann verließ mit einem freundlichen Kopfnicken gegen die Leute das Schenkzimmer, und die Oldenburger, von dem Barkeeper dazu angewiesen, vor dem sich die Kinder aber fürchteten, weil er ihnen heimlich Gesichter schnitt — schafften bald ihre großen hölzernen Koffer mit Geschirr und Allem, seitwärts von der Hausthüre über einen engen Hof, eine schmale wacklige Stiege hinauf und in ein kleines Käfterchen, das der Mann ein Zimmer nannte, und wo fünf Betten so dicht neben einander aufgestellt waren, daß sie auch eben so gut als eines gelten konnten. In die mittelsten mußte man auch in der That über die beiden Eckbetten hin oder über ihre Fußenden hinübersteigen.

Ungemüthlich genug sah der Platz ohne dem aus; die Betten waren noch nicht einmal gemacht, und das Bettzeug sah gelb und gebraucht aus, mit kleinen Blutflecken hie und da wie gesprenkelt, ein böses Zeichen vorhandenen Ungeziefers. Die Fenster waren ebenfalls seit Jahren nicht gewaschen, und die Spinnweben füllten die Ecken mit ihren Generationen. Zwischendeckspassagiere sind aber in der Art gerade nicht eigen, und an solche »Unbequemlichkeiten« wie sie es gewöhnlich nennen, noch vom Schiff aus viel zu sehr gewöhnt, wenigstens gleich in den ersten Tagen dagegen zu protestiren, besonders wenn sie wenig oder gar kein Geld bei sich haben, und sich dadurch gedrückt und nur geduldet fühlen. Die Oldenburger nun gar dachten nicht daran sich auch nur über das Geringste zu beschweren, hatten sie doch ein Dach gefunden unter dem sie gegen Regen geschützt lagen, und ein gedeckter Tisch war ihnen ebenfalls versprochen worden. Was konnten sie mehr verlangen, wo sie noch wenige Stunden vorher in Verzweiflung an der Levée draußen gesessen, und keinen Platz gewußt hatten ihr Haupt hinzulegen.

Noch waren sie übrigens mit dem Ordnen ihres Gepäcks nicht einmal fertig, als eine Klingel unten tönte, und der Barkeeper wieder in das Zimmer stierte und ihnen ankündigte es wäre »zu Dinner gebellt worden.« [33]

»Dinner gebellt?« rief der eine von den Männern erstaunt — »w i r haben keinen Hund mit.«

»Hund mit? — wer spricht denn von einem Hund?« brummte aber der Barkeeper, »zu Dinner ist gebellt — das Essen ist fertig und Ihr müßt Euch bereit halten; wenn's wieder läutet wird gegessen; aber die Männer kommen zuerst dran, und nachher die Weibsen mit den Kindern — s'ist wegen dem Platz.«

»Ja so« sagte der Mann, »nun versteh' ich's — wir können noch kein englisch.«

Der Barkeeper sah sie wieder eine ganze Weile, ohne eine Miene zu verziehen stier an, drehte sich dann um, schnitt dem jüngsten Kind ein so furchtbares Gesicht daß dieses laut aufschrie, und schlug dann die Thür hinter sich in's Schloß daß die Scheiben klirrten.

»Ist das ein sonderbarer Mensch« rief die eine Frau, »und wie er spricht — aber wir sollen jetzt zum Essen hinunter gehn — ich fürchte mich ordentlich.«

»Fürchten? — vor dem Essen? na ja« sagte ihr Mann — »ich möcht' mir lieber die Ärmel dazu aufstreifen, so 'nen Hunger hab' ich; aber kommt nur, da bimmelts schon wieder — was der nur mit dem B e l l e n wollte?«

Es blieb ihnen indeß keine lange Zeit zu weiteren Betrachtungen, denn die Glocke unten läutete allerdings schon wieder, und die Männer schlugen sich deshalb rasch den Staub ein wenig mit den Händen von den Ärmeln, dem Rockkragen und den Hosen vorn herunter, und stiegen die Treppe nieder, wo ihnen das merkwürdige Gesicht des Barkeepers, der seine Nase an einer der Fensterscheiben des vorderen Gebäudes breit und weiß drückte, und dadurch nur noch wunderlicher aussah, schon zunickte sie sollten machen daß sie herein kämen. Das ließen sie sich denn auch nicht zweimal sagen, und betraten gleich darauf einen ziemlich geräumigen Speisesaal, in dem eine lange Tafel aufgestellt, mit Speisen bedeckt, und schon auch fast vollständig von Gästen besetzt war.

»Hallo die Oldenburger!« rief ihnen da eine bekannte Stimme vom anderen Ende der Tafel, wo noch ein paar freie Sitze waren, entgegen, »wo kommt Ihr her, vom Schiff?«

Die Leute schauten überrascht dorthin, und erkannten jetzt zu ihrem Erstaunen eine ganze Menge bekannter Gesichter an der Tafel, die, so wenig sie sich an Bord um sie bekümmert hatten, jetzt doch freundlich grüßend nach ihnen herübernickten, und ganz zufrieden damit schienen unter den vielen Fremden um sie her ebenfalls Bekannte zu treffen.

In der That hatten sich aber wirklich ein paar ganze Coyen von den Zwischendeckspassagieren der Haidschnucke hier versammelt, von denen die meisten schon am ersten Morgen nach ihrer Ankunft, und zwar durch einen in der Stadt gefundenen Deutschen herrecommandirt, eingezogen waren.

Herr Messerschmidt mußte in dieser Zeit ungemein thätig gewesen sein, und die Oldenburger sahen die Leute hier richtig wieder Coyenweis, alter Gewohnheit nach, neben einander sitzen und erkannten die Herren Steinert, Mehlmeier und Schultze, und neben diesen den schwärmerischen Theobald, während nur ein paar Stühle weiter, durch ein paar fremde Gesichter getrennt, auch Herrn Theobalds anderer Coyengenosse und Schlafkamerad der finstere schwarze Gesell der sich Meier an Bord nannte, Platz genommen. Aber seine Frau saß nicht neben ihm, obgleich mehrere andere Frauen zugegen und keineswegs, wie der Barkeeper gegen die Oldenburger angedeutet hatte, von der ersten Tafel ausgeschlossen waren.

Diese ließen sich aber immer noch mit einer gewissen Scheu an dem, für ihre Begriffe kostbar besetzten Tische nieder; das verlor sich jedoch schon bedeutend nach der Suppe, und verschwand gänzlich wie sie die rege Geschäftigkeit der um sie her Essenden bemerkten, bis sie eben so tapfer zulangten als irgend Einer der Übrigen.

Das Gespräch bei Tisch führte indessen fast allein ihr früherer Reisegefährte Steinert, der hier schon so zu Hause schien, als ob er seit Jahren Stammgast gewesen, und mit allen Leuten bei Tisch auch bekannt geworden sein mußte, denn er nannte sie sämmtlich bei Namen, und lachte und erzählte nach Herzenslust. Mehlmeier amüsirte sich dabei am meisten über seine Witze, die er aber etwas schwer begriff, und gewöhnlich erst dann an zu lachen fing, wenn die Übrigen das Erzählte schon beinah wieder vergessen hatten. Da er aber bei seinem Lachen ein sehr weinerliches Gesicht schnitt, merkten das nur seine nächsten Bekannten.

Schultze beobachtete wieder nach seiner gewohnten Weise die ganze Tischgesellschaft, hielt, wenn das heimlich und unbemerkt geschehen konnte, seine aufgehobene und breitgedrehte Hand halb unter die verschiedenen Physionomieen und Profile und fuhr dann, wenn sich Einer der also auf's Korn genommen zufällig nach ihm umdrehte, so zusammen und griff rasch nach Messer oder Gabel oder seinem Glase, als ob er irgend etwas Böses begangen hätte und dabei erwischt wäre.

Theobald auf der einen Seite und Meier auf der anderen sprachen bei Tisch kein Wort und beendeten, wie die meisten der Gäste, so rasch als möglich ihre Mahlzeit, und als Alle aufgestanden waren, wurden die Teller und Messer und Gabeln gewechselt, dann die Frauen und Kinder mit den Hausgenossen in den indeß von den Übrigen geräumten Speisesaal gerufen, und die zweite Tafel hielt, unter dem Vorsitz des Barkeepers der einen mächtigen Rinderbraten unter sie vertheilte, ihre Mahlzeit.

Nach Tisch zerstreuten sich fast sämmtliche Gäste durch die Stadt, ein Theil seinen Geschäften nachgehend, ein anderer, der noch keine hatte, zum Vergnügen oder aus langer Weile durch die Straßen zu schlendern, die für sie des Neuen und Eigenthümlichen auch genug boten. Das Abendessen war auf sechs Uhr angesetzt worden, und verlief dann in eben der Ordnung wie der Mittagstisch, nur mit dem Unterschied daß die meisten der Gäste nicht mehr ausgingen, oder nach einem kürzern Spatziergang durch die Stadt oder über die Levée, die um diese Tageszeit den Sammelplatz der vornehmen Welt von New-Orleans bildet, wieder in das Gasthaus zurückzukehren, und dort bei einem Glase gutem französischen Wein oder schlechtem Cincinnati-Bier die Erlebnisse des Tages zu besprechen.

Heute aber ging es besonders lebhaft in der kleinen, hinter dem Schenkzimmer gelegenen Gaststube her, denn der Dampfer von New-York war mit neuen deutschen Zeitungen eingetroffen, und den eben erst angekommenen Passagieren, die seit ihrer Abfahrt von dort auch keine Sylbe aus der Heimath gehört, war es besonders ein ganz eigenthümliches Gefühl, Berichte von Monate alten Daten als eben Geschehenes zu erhalten, und sich darüber zu freuen.

Vor allem Anderen wurde die Politik durchgenommen — die Leute durften sich hier eine Güte thun und frei und ungescheut über Verhältnisse schimpfen, denen sie dort entgangen waren; dann kamen die Hofnachrichten aus einem Königlichen Blatt, in dem die Privatnachrichten über die hohen und höchsten Herrschaften, und wann allerhöchst dieselben zu speisen geruht etc., etc., etc., laut vorgelesen und mit Jubel begrüßt wurden. Die Ordensverleihungen wurden ebenfalls laut und gewissenhaft vorgelesen bis die Leute die spaltenweisen Austheilungen satt bekamen und Anderes hören wollten.

»Oh hören Sie auf mit dem Unsinn,« rief Herr Schultze endlich, sich die Hände reibend, »wir sind hier froh, daß wir nichts mehr damit zu thun haben; Herr Steinert, lesen Sie uns etwas Gescheuteres vor.«

»Etwas Gescheutes verlangen Sie aus einer deutschen Zeitung sehr verehrter Herr Reisegefährte?« rief aber der Weinreisende über das Blatt nach ihm hinüber lachend, »da thut es mir leid Ihnen nicht willfahren zu können, ich müßte Ihnen sonst hinten die Subhastationen oder Steckbriefe vorlesen, von denen ich da drüben in der Weserzeitung eine ganze Menge gesehen habe.«

»Apropos Steckbriefe,« rief Mehlmeier mit seiner feinen Stimme, »haben Sie wohl schon nachgesehn, ob sie dem armen Jungen keinen hinterher schicken, der mit der Haidschnucke so glücklich fortgekommen ist? — wie hieß er doch gleich, Berger glaub ich?«

»Ja wohl Carl Berger,« rief Steinert, »da wollen wir doch gleich einmal sehen, bitte — erlauben Sie einen Augenblick« sagte er dabei, seinem Nachbar, einem kleinen dürren Männchen mit einer Brille, der ungeheure Ähnlichkeit mit einem kleinen deutschen Beamten hatte, sich aber schon längere Zeit in New-Orleans aufhielt, die Zeitung, in der dieser gerade las, ohne weiteres aus der Hand nehmend.

»Bitte tausend Mal um Entschuldigung,« sagte der kleine Mann sehr artig, »ich glaubte sie würde nicht gebraucht.«

»Bitte — bitte« — murmelte Steinert zerstreut, mit den Augen dabei die klein gedruckten Spalten der gerichtlichen Ankündigungen überfliegend — »Über den Nachlaß des am 12. Februar verstorbenen Fuhrmanns; — das ist Nichts — auf den herrschaftlichen Gütern zu Hellbhausen sollen am 5. nächsten Monats — auch Nichts — hier kommen die Steckbriefe — der Korbmacher Carl Christoph Hinterleben von Ehlstein — der war's nicht, aber halt wahrhaftig« — rief er plötzlich, mit der linken Hand dabei auf den Tisch schlagend — »hier haben wir ihn« —

»Der unten signalisirte Lohgerber, Carl Eduard Berger, zwanzig Jahr alt, hat sich seiner Militairpflicht heimlicher Weise durch die Flucht entzogen, und werden sämmtliche Justiz- und Polizeibehörden ersucht — ja wohl — versteht sich von selbst — alle Justiz- und Polizeibehörden ersucht den besagten Carl Eduard Berger zu arretiren und hierher abzuliefern!«

»Dem fuhr es damals übrigens verdammt dicht am Leder vorbei; wenn sie ihn erwischt hätten wär es ihm schlecht gegangen. Wetter noch einmal es muß doch ein ganz wundervolles Gefühl sein, wenn man irgendwo was ausgefressen hat, mit den Rothkragen auf der Ferse am Ende glücklich Salzwasser erreicht, und nun draußen frank und frei, mit e i n e m Schlage jeder Furcht vor Verfolgung enthoben, »durch die Wellen streicht, Fridolin«.«

»Nun sogar gefährlich sind die Leute doch auch nicht immer,« lächelte Herr Schultze freundlich vor sich hin, »wissen Sie die Gesellschaft, die uns die Herrn mit den egalen Mützen selber noch im Hafen an Bord brachten?« —

»Oh Doris, wärst Du nur verschwiegen,« citirte Steinert seinen Lieblingsschriftsteller; »was hilft es solche Sachen an die große Glocke zu schlagen.«

»Nein, das seh ich aber gar nicht ein,« sagte Herr Schultze, »wenn die Regierungen indiscret genug sind ehrlichen Menschen zuzumuthen mit solchem Gesindel eine solche Reise zusammenzumachen, weiß ich auch nicht warum w i r so discret sein sollen nicht darüber zu sprechen, oder vielmehr darüber zu schimpfen.«

»Aha,« sagte ein anderer Deutscher, der ebenfalls mit ihnen an einem Tisch saß und bis jetzt den Gesprächen der Einwanderer aufmerksam zugehört hatte, indem er immer die Sprecher mit seinen kleinen lebendigen Augen fest und stechend ansah; der Mann trug einen großen rothen Schnurrbart, hatte sonst aber, außer einer rothen Nase und etwas bramarbasirend zusammengezogenen Stirnfalten, viel Gutmüthiges im Gesicht — »aha,« sagte dieser jetzt, »wieder eine Sendung von Correktionsfleisch mitgekommen? — könnte es der Regierung der Vereinigten Staaten wahrhaftig nicht verdenken, wenn sie Gleiches mit Gleichem vergälte und auch einmal eine Sendung i h r e s Auswurfs mit guten Pässen versehn nach Deutschland hinüberschickte. Drüben schimpft das Gesindel auf unser Land, und thut dabei alles Mögliche was in seinen Kräften steht die Bevölkerung hier zu vergiften — hilft ihnen aber doch Nichts, den Neidpilzen, die sich über unsere freie Verfassung ärgern, und denen es ein Dorn im Fleische ist daß wir hier in einer R e p u b l i k glücklich leben; es ist als ob sie den Ocean mit ein paar Eimern Schmutz trüben wollten.«

»Sie sehn die Sache zu schwarz an, verehrter Herr,« nahm Steinert das Gespräch auf, »den Leutchen daheim liegt weniger daran hier in Amerika eine wesentliche Veränderung hervorzubringen, als nur die einzelnen Individuen los zu werden. Ihr Vergleich mit dem Meer ist aber vortrefflich. Amerika nimmt diese Körper in sich auf, verarbeitet sie, theilt ihnen seine Reine mit und läutert sich selber — halb zog sie ihn, halb ging er mit, und ward nicht mehr gesehn.«

»Papperlapapp!« rief aber der Mann mit dem großen Schnurrbart, dem an Steinert's Beistand in seiner Ansicht gar Nichts gelegen schien, »das klingt auswendig vernünftig, und ist inwendig baarer Unsinn — läutert sich — ja wohl läutert es sich, nimmt aber »diese Körper«, wie Sie das Gesindel nennen, nicht in sich auf, sondern hängt sie an Galgen oder Baum, was gerade am bequemsten und nächsten ist.«

»Hängen,« sagte Steinert, der sich durch die Bemerkung beleidigt fühlte, unwillig mit dem Kopfe schüttelnd — »Nürnberger — hat sich was — für e i n e n Schurken liefert Deutschland auch dafür dem rohen Lande hier t a u s e n d ehrliche Hände und g e i s t r e i c h e K ö p f e dazwischen, die Schwung hier in die Geschäfte bringen, die den Amerikanern zeigen müssen, wo Barthel eigentlich den Most holt.«

»Die haben S i e wohl mit herüber gebracht?« sagte der Rothbart wieder mit einem boshaften Blick auf den Weinreisenden; dieser aber hielt es unter seiner Würde sich mit dem »ungebildeten Menschen« in weiteres Gespräch einzulassen und nahm, ohne etwas auf die Frage zu erwiedern, und indessen Herr Schultze aus einem anderen Blatte jetzt einige politische Neuigkeiten vorlas, seine Zeitung wieder vor.

»Beim Obertribunal kam kürzlich folgender interessanter Proceß in Kassationsinstanz« — las Schultze — »zur Entscheidung — Kläger war das Handlungshaus J. M. Oppenheimer in Rodach am Main — Verklagter der Justiz Commissar Ohnewetter in — «

»Scheußlich — niederträchtig!« unterbrach Steinert da plötzlich, ohne sich weiter um die Vorlesung zu kümmern, den erstaunt zu ihm aufsehenden Schultze, »nein das ist nichtswürdig.«

»Was ist denn, was giebts?« frugen die Andern dazwischen, neugierig durch die Ausrufungen gemacht.

»Nein abominabel!« rief aber Steinert noch einmal, »ha das Schrecklichste der Schrecken, das ist der Mensch in seinem Wahn.«

»Na, wer ist nun wieder todt, Herr Steinert?« frug Mehlmeier aus seiner Ecke vor, in der er sich ganz gemüthlich mit einem Glas Eierpunsch niedergelassen hatte — »war er lange krank?«

»Nein hören Sie nur,« rief aber Steinert in gerechter Entrüstung dem Mann, dem er vorher die Zeitung weggenommen hatte, jetzt auch das Licht vor der Nase wegziehend und vor sich hin rückend, »man sollte wirklich kaum glauben, daß etwas derartiges möglich wäre.«

»Aber zum Teufel so schießen Sie doch einmal los!« rief Herr Schultze, der endlich ungeduldig wurde, und über seine Brille, die er beim Lesen aufsetzen mußte, mit seitwärts gehaltenem Kopfe nach dem Besitzer der Weserzeitung hinüber sah, »was ist denn vorgefallen.«

»Man sollte doch wirklich nicht denken daß die menschliche Natur einer derartigen Scheußlichkeit fähig wäre,« sagte aber Steinert, also aufgefordert, die Zeitung jetzt etwas näher zu dem occupirten Licht herüberziehend, »da steht von Hannover aus, über dem Steckbrief von zwei Menschen — es ist nur gut daß sämmtliche Steckbriefe gerade so eingerichtet sind, daß sie immer gleich auf eine ganze Gemeinde passen — ein Bericht, den ich Ihnen einmal vorlesen werde. — Von einem Greise will ich singen, der neunzig Jahr die Welt gesehn, — also passen sie auf.«

»Waldenhayn den 29. August. Am Dienstag Abend den 18. August ds. J. verließen der unfern des Dorfes an einer etwas vom Wege abseits gelegenen alten Försterswohnung, zur Zeit nicht mehr ansässige und schon gekündigt seiende, auch schon seit längeren Jahren in keinem guten Ruf, und die letzten sechs Monate sogar unter polizeilicher Aufsicht stehende — hah — erlauben Sie erst einmal meine Herren daß ich absetze, um Athem zu holen — der Canzleistyl kann einem Schnellläufer die Lunge zuschnüren — polizeilicher Aufsicht stehende Carl Heinrich Steffen, von den Dorfbewohnern seines schwarzen Haares und Bartes wegen gewöhnlich »der schwarze Steffen« genannt, und unter diesem Namen auch in dortiger Gegend überall bekannt, mit seiner Frau der Johanna, Julie, Gertrude Steffen, geborene Melzer, heimlicher Weise seine mit ihr in rechtmäßiger Ehe erzeugten drei Kinder wie ein unehelich erzeugtes Mädchen, indem sie dieselben Abends unter dem Vorwand auf das Amt citirt zu sein verließen, und allem Vermuthen nach ihren Weg nach Amerika oder sonst in das Ausland genommen haben, und bis jetzt aber noch nicht ermittelt werden konnten. Die Kinder wurden von den nächsten, etwa eine Viertelstunde von dem entlegenen Haus wohnenden Nachbarn, erst am fünften Tag halb verhungert gefunden, da sich dieselben durch eine vorgeschobene Lüge der unnatürlichen Eltern, die ihnen erzählt hatten, daß ein toller Hund die Gegend draußen unsicher mache, nicht getraut hatten — der Satz nimmt wieder kein Ende — nicht getraut hatten den äußeren Weg zu betreten. Die Kinder sind in den Altern von 9, 5, 3 und 1½ Jahr alt — es ist scheußlich, wahrhaftig und kaum zu glauben — 1½ Jahr und einstweilen von der Gemeinde von Waldenhayn theils, theils von dem dortigen Geistlichen versorgt und vor augenblicklichem Mangel geschützt worden. Donnerwetter der junge hübsche Bursche der Georg Donner, das war ja der Sohn von dem Pastor in Waldenhayn.«

»Na und nun weiter?« frug der alte Soldat mit dem rothen Schnurrbart, »kreuz Element sie werden die schurkischen Eltern doch wohl erwischt haben.«

»Ja erwischen,« sagte Steinert, unwillig mit dem Fuße stampfend, »da hier drunter steht der Steckbrief von den Beiden, mit einer freundlichen Bitte an alle Polizei- und Justizbehörden die beiden unnatürlichen Eltern im »Betretungsfalle«, ja, hat sich was — im Betretungsfalle nach dem Amt Ohnleben zurück- und abzuliefern.«

»Das ist ja furchtbar, wenn man sich das so bedenkt,« sagte der kleine ängstliche Mann neben Herrn Steinert, indem er die eigene Brille abnahm und auswischte und dann halb schüchtern die Hand nach der Zeitung ausstreckte, die Steinert neben sich hingelegt hatte, sie aber rasch und wie erschreckt wieder zurückzog, als dieser, ohne seiner Bemerkung einer Antwort zu würdigen, noch einmal danach griff.

»Ich begreife nur nicht daß sie ihn nicht wieder erwischt haben,« sagte Herr Schultze.

»Er wird sich wohl h e i m l i c h fortgemacht haben,« meinte Mehlmeier und sah sich erstaunt um, als die Übrigen lachten.

»Und solche Scheusale kommen dann alle nach Amerika,« rief der Mann mit dem rothen Schnurrbart, »und nachher soll man's den Amerikanern verdenken, wenn sie von uns Fremden Nichts wollen.«

Die Unterhaltung wurde hier plötzlich durch den etwas ungestümen Eintritt eines anderen Reisegefährten und zwar des Dichters Theobald unterbrochen, der übrigens in einem sehr außergewöhnlichen Zustand, mit zerrissenem Rock, blutigem Gesicht und außerdem noch in furchtbarer Aufregung die Thüre hinter sich zu, sich selber in einen Stuhl warf, und ein Glas Punsch von dem aus dem Schenkzimmer ab- und zugehenden Barkeeper forderte.

»Hallo Herr Theobald?« sagte Mehlmeier, der der Thür am nächsten saß und die jedenfalls mishandelte und bös zugerichtete Gestalt des kleinen schmächtigen Mannes etwas erstaunt betrachtete — »wie sehn Sie denn aus? was haben Sie denn angefangen und wo sind Sie gewesen?«

»Ha Rache — Rache!« knirschte aber nur der Poet als einzige Antwort durch die Zähne — »Rache will ich haben und wenn ich mir Blitze vom Himmel dafür borgen sollte.«

»Würden Sie schwerlich eine Leihanstalt dazu finden,« sagte der Mann mit dem rothen Schnurrbart, »übrigens sehen Sie gerade so aus, als ob Sie einem Irischen Draymann unter die Fäuste gerathen wären, was neu eingewanderten Deutschen manchmal passirt. Sie können wahrscheinlich noch nicht boxen.«

»Boxen?« wiederholte Theobald aber entrüstet, »boxen Sie einmal, wenn eine halbe Straße über Sie herfällt und Sie mishandelt — boxen — ha wenn mir die Canaillen freien Raum mit dem Schuft gegeben hätten, er l e b t e jetzt nicht mehr — «

Und Sie säßen dann in der Calabouse und könnten Betrachtungen über die innere Polizei Louisianas anstellen,« sagte der Rothbart trocken.

»Aber so erzählen Sie doch nur,« rief Steinert; er hatte die Zeitung bei dem trostlosen Anblick ihres Reisegefährten zur Seite geworfen, die sich jetzt der Mann mit der grünen Brille rasch herüber nahm, die augenblicklich freie Zeit zu benutzen — »was ist geschehn, was ist vorgefallen? Donnerwetter Mann, Sie haben famoses Glück. Sie kamen hierher Schicksale zu erleben und darüber schreiben zu können, und sind da gleich in eine Goldquelle hineingefallen, die Ihnen reichhaltigen und kostbaren Stoff zu Ihren Versen liefern kann.«

»Ich danke Ihnen für die Goldquelle,« rief Theobald, »die man mit der eigenen Haut bezahlen muß; aber Stoff hab' ich allerdings gefunden Bände zu schreiben, und bei Gott, ich werde ihn benutzen.«

»Aber ich bitte Sie um Gottes Willen« —

»Gut, so hören Sie; ich gehe oben in der Stadt über einen großen freien Platz, auf dem ein höchst ungeschicktes steinernes Gebäude, ein großes Dach eigentlich nur von viereckigen steinernen Pfeilern getragen steht.«

»Oh das ist ein Markthaus,« sagte der Rothbart.

»Schön,« fuhr Theobald fort, »also in diesem Markthaus, wo aber nicht viel zu verkaufen war« —

»Da müssen Sie Morgens hinkommen.«

»Bitte, unterbrechen Sie mich nicht alle Augenblicke — also in diesem Markthaus reizten meine Aufmerksamkeit einzelne, hell erleuchtete Stände, auf denen große Messing- und Kupfer-Maschinen mit Hähnen unten daran zum Ausschenken standen, wie auch die kleinen, reinlich gedeckten Tische mit deliciösem Backwerk und Kaffee- und Theegeschirr bedeckt waren. Allerliebste junge Mädchen« —

»Na erzählen Sie uns nicht die alte Geschichte,« unterbrach ihn der Rothbart da wieder, »um das zu sehn, brauchen Sie nur um die nächste Ecke zu gehn; da stehn auch welche.«

»Aber w i r kennen es noch nicht, verehrter Herr,« sagte Schultze, »bitte fahren Sie fort lieber Theobald, und lassen Sie sich nicht irre machen von — von dem Herrn da.«

»Allerliebste junge Mädchen standen daneben und credenzten den Spatziergängern, die an ihren Tischen stehen blieben, Kaffee, Thee oder Chokolade, und ich war auch zu einem der Tische gegangen, an dem ein reizendes Kind mit etwas dunkler Haut aber wundervollen Augen und langen kastanienbraunen Locken —

>Die freie kühne Stirn von ihnen überwallt
Und in dem Blick, mit zauberischer Gewalt,
Den ganzen weiten Himmel offen,
Auf mich hernieder sah. — Betroffen,
Ja zitternd fast von Lust und Liebeswahn
Betrete ich des holden Mädchens Nähe
Und frage — stammle halb verzückt
Von solcher nie geahnten Schöne
Oh Holde sprich — «

»Ich bin verrückt,« fiel hier der Rothbart trocken ein, den Reim completirend; während sich aber Theobald stolz und indignirt von ihm abwandte, erklärten sich die übrigen Gäste sämmtlich über den ewigen Störenfried entrüstet, und Steinert besonders, der aufstand und in einer wohlgesetzten Rede den Mann zu vernichten suchte, wandte sich dann wieder an den Dichter und sagte —

»Lassen Sie sich nicht irre machen Herr Theobald — Sie wissen wohl — ein dicker fetter Mops ging einst im Mondenschein spatzieren — erzählen Sie nur weiter; fahren Sie fort in Ihrer treulich begonnenen Improvisation — Sie haben aufmerksame, theilnehmende Zuhörer — da ist auch Ihr Punsch, der wird Ihnen gut thun.«

Theobald trank einen tüchtigen Schluck, aber den poetischen Anlauf, den er genommen, fand er nicht wieder, und erzählte nun den Reisegefährten mit prosaischen aber dadurch auch kürzeren Worten, wie er über den Markt gegangen, bei einem wunderhübschen, etwas dunkelhäutigen Mädchen stehen geblieben und in Gedanken eine Tasse dünnen Kaffees nach der anderen, jedesmal für 6¼ *cent* die Tasse, getrunken habe, als eine arme, abgerissene alte Frau, vor Fieberfrost schüttelnd, herangekommen sei, und sich dicht neben den Kaffeestand an einen Pfeiler gekauert habe. Das junge Mädchen erkundigte sich theilnehmend bei ihr was ihr fehle und schenkte ihr dann eine Tasse heißen Kaffee ein, die die kranke Alte mit zitternden Händen nahm und austrank, und mit innigem Dank wieder zurückreichen wollte, als ein Mann, derselbe der ihm dieß Gasthaus recommandirt habe, als er ihn am ersten Tag zufällig auf der Straße traf, über den Weg wegsprang, der Frau die Tasse aus der Hand riß und auf die Steine warf, daß sie in tausend Scherben zersplitterte, und dann auf das holde, vor Angst jetzt zitternde Kind lossprang, sie zweimal mit aller Kraft auf die furchtgebleichten Wangen schlug, und sie in d e u t s c h e r Sprache mit den nichtswürdigsten Worten ausschalt und schimpfte, weil sie den Kaffee, der ihrem Herrn gehöre, verschenke, und die Tassen, aus denen kein Gentleman dann wieder werde trinken wollen, solch schmutzigem alten Drachen zum Gebrauch in die Hände gebe.

»Das war zu viel« rief Theobald, in der Erinnerung an die erlebte Schandthat noch einmal von seinem Stuhle aufspringend; »ein deutsches Mädchen, denn dafür mußte ich die Unglückliche jetzt halten, vor meinen Augen also mishandelt zu sehn, konnte ich nicht ertragen, und mit zwei Sätzen auf den Elenden zuspringend, faßte ich ihn bei der Brust, schleuderte ihn zurück und schwur ihm, daß ich ihn zu Boden schlagen würde, wenn er noch eine Hand gegen das Kind aufhebe, das ich von diesem Augenblick an unter m e i n e n Schutz gekommen.« »Was?« schrie da der Bube, zu feige mir selber männlich entgegen zu treten — »was? — wollen S i e sich hier einmischen wenn ich meine S c l a v i n züchtige, — Sie Abolitionist Sie?« — Und wie er das Wort sprach, und dann noch einer Zahl vorübergehender Menschen etwas in Englischer Sprache zurief, das ich nicht verstehen konnte, schrieen die plötzlich »Ein Abolitionist — ein Abolitionist« und noch eine Masse anderes Zeug und fielen über mich her, rissen mir den Rock in Stücken, schlugen mich über den Kopf, und hätten mich, glaub' ich, erwürgt, wenn nicht glücklicher Weise ein paar Policeydiener zu meiner Rettung herbeigekommen wären, die mich in Schutz nahmen und der Rotte aus den Händen rissen.«

»Scheußlich — nichtswürdig — niederträchtig!« schrieen die Deutschen in gerechter Entrüstung, nur der Mann mit dem rothen Schnurrbart drehte diesen langsam in die Höhe und sagte:

»Sie können sich gratuliren daß Sie dießmal so weggekommen sind; wer unter den Wölfen ist muß mit ihnen heulen, und wer in einem Sclavenstaat leben will und nicht das Maul halten kann, dem wäre wohler er hätte das Land nie gesehen!«

»So, meinen Sie?« rief aber Theobald, noch von der vorigen malitiösen Bemerkung entrüstet — »ich werde ihnen aber hier beweisen was ich zu thun im Stande bin — sie haben mich gereizt und sie sollen meine Rache fühlen.«

»Gefährlich ist's den Leu zu wecken« sagte Steinert.

»Und was können Sie thun?« frug der Rothbart achselzuckend.

»Was ich thun kann?« rief Theobald, den Rest seines Punsches auf einen Zug leerend — »ich habe eine Waffe die sie zu Boden schmettern, und den Zorn der Völker auf sie niederrufen, nein noch schlimmer, die sie der eigenen Schaam und Verachtung preis geben soll.«

»Und wenn's eine Kanone wäre mit lauter Spitzkugeln geladen« sagte der Mann kopfschüttelnd, »und wenn sie mit Dampf gefeuert würde, können Sie Nichts gegen diese Masse und gegen Gewalt ausrichten.«

»Es ist mehr wie das!« rief aber Theobald mit freudigem Selbstbewußtsein — »es ist meine F e d e r !«

»Bah« sagte der Rothbart, trank sein Glas aus, stand auf und verließ das Zimmer.

»Wer ist denn der unverschämte Gesell?« frug Steinert, als jener die Thür hinter sich zugemacht hatte und draußen mit dem Barkeeper abrechnete — »wo kommt er her und was treibt er?«

»Wenn Sie mir erlauben verehrter Herr« sagte der kleine Mann mit der grünen Brille, indem er diese abnahm und sich entschuldigend gegen Herrn Steinert verbeugte, »so ist dieser Herr, so unscheinbar er da saß und aussah, Einer der reichsten Leute in der Stadt, der vier Häuser in Canalstreet und einen halben *square* in *Tchapitoulas street* besitzt.«

»Den Teufel auch« rief Steinert.

»Meine beiden Ohren stehen Ihnen zu Diensten wenn ich nicht die Wahrheit rede,« bekräftigte aber der Höfliche seine Worte, »der Herr mit dem langen rothen Schnurrbart weiß kaum wie reich er ist, besucht aber regelmäßig sämmtliche deutsche Wirthshäuser in denen Auswanderer einkehren, unterhält sich mit ihnen und hat, wenn sie ihm gefallen, schon Manchens Glück gemacht.«

»Ja zum Donnerwetter Herr, warum haben Sie denn das nicht gleich gesagt?« fuhr ihn Steinert an, während sich der kleine Mann mit einem schüchternen Achselzucken etwas weiter von ihm fort und wieder hinter seine grüne Brille zurückzog, Theobald aber, durch die schlechte Behandlung und den starken Punsch erregt, schwor daß der Mann, und wenn er ein Millionair wäre, kein Herz im Busen und keine Ader für Poesie habe, und verließ nach dieser anatomischen Behauptung rasch das Zimmer sein eignes Lager zu suchen, oder sich wenigstens der beschmutzten und zerrißnen Kleider zu entledigen.

Die übrigen Gäste blieben noch eine Zeitlang, theils politisirend, theils über die hiesigen Verhältnisse plaudernd, zusammen, bis endlich Einer nach dem Anderen sein Glas austrank, entweder zu Bett zu gehn, oder die eigene Wohnung aufzusuchen. Nur ein einzelner Mann, der den ganzen Abend still und lautlos in der dunkelsten Ecke des Zimmers gesessen und seinen Grog für sich allein getrunken hatte, ohne mit Einem der Übrigen zu verkehren, blieb noch zurück und bestellte, als der großäugige Barkeeper vor ihm stehen blieb, als ob er ihm ebenfalls andeuten wolle daß es Zeit sei zu Bett zu gehn, noch ein letztes Glas als Abendtrunk.

Als der Bursche hinaus in das Schenkzimmer ging, wo er sein heißes Wasser stehen hatte, ihm das zu bereiten, trat der Fremde (es war ein alter Bekannter von uns, und der Mann der sich an Bord der Haidschnucke Meier genannt hatte) langsam zu dem Tisch an dem die Zeitungen lagen, griff sich die Weserzeitung heraus, suchte ein paar Secunden darin, und riß dann den Theil des Blattes, auf dem der vorgelesene Steckbrief stand, ab.

»Hallo Sir — das sind neue Zeitungen« schrie ihn aber der Barkeeper an, der in diesem Augenblick mit dem bestellten dampfenden Grog wieder zurück in's Zimmer kam — »wer hat Euch erlaubt da ein Stück herauszureißen?«

»So?« sagte der Mann vollkommen ruhig; indem er das Stück zusammendrehte und über dem Licht entzündete, sich seine Pfeife anzubrennen — »ich glaubte es wären alte.«

»Na ja, und nun verbrennen Sie's noch — «

»Was kostet denn so eine Nummer — «

»Was kostet so eine Nummer? — die sind hier gar nicht wieder zu bekommen.«

»Das thut mir sehr leid« sagte der Mann achselzuckend, nahm das Glas, während der Fidibus ihm in der Hand bis auf den Stumpf verbrannte, trank es auf einen Zug aus, und verließ dann ebenfalls das Zimmer.

**ANMERKUNGEN**

[1]: Die Amerikanische Flagge ist weiß und roth gestreift mit einem blauen Viereck in der oberen Ecke am Fahnenstock, das weiße Sterne führt. Im Beginn der Union war deren Zahl 13, nach Anzahl der Staaten, aber mit jedem neu hinzukommenden Staat wurde auch ein Stern hinzugefügt.

[2]: »Von wo kommt ihr her?«

[3]: Der Mississippi heißt in der bilderreichen Sprache der Indianer der »Vater der Wasser.«

[4]: Es giebt Dampfboote auf dem Mississippi, die solcher Art 4000 Amerikanische Ballen Baumwolle tragen.

[5]: Die Levée von New-Orleans ist von New-Orleans selber nicht zu trennen, denn sie macht den Hauptbestandtheil der Stadt aus und ist ihr einziger Schutz gegen den oft 12-15 Fuß höher steigenden Strom. Das ganze Ufer des Mississippi ist nämlich so niedrig, und war den jährlichen Überschwemmungen des gewaltigen Stromes so ausgesetzt, daß die Ansiedler, das werthvolle Land urbar zu erhalten, einen hohen Damm am ganzen Ufer des Stromes hin errichten mußten. Die Franzosen, unter deren Regierung dieser Damm besonders angelegt wurde, gaben ihm den Namen Levée, den die Amerikaner später adoptirten, und die Levée von New-Orleans, die jetzt an der ganzen Stadt über acht Engl. Meilen weit herunter läuft ist, mit einer durchschnittlichen Breite von 100 Fuß und 15 Fuß über niedriger Wasser-Höhe angelegt, ein eben so langer Landungs- und Stapelplatz der ungeheuren Waarenmassen, die dort täglich aus dem Inneren und für das Innere bestimmt, gelandet und geschifft werden, und läuft nach der Stadt zu in einem sanften Abhang nieder, während nach dem Strom hin, wo dieser selber eine nicht unbedeutende Strecke neuen Alluviallandes angespühlt hat, hie und da schon hölzerne Werfte errichtet werden mußten, die Waaren trocken und leicht landen zu können.

[6]: Etwa ein halber Thaler.

[7]: Die Amerikanischen Dampfboote erhalten durch diese breiten *guards* etwas sehr Eigenthümliches, da sie von dem eigentlichen, oft — etwa sehr schmalen Rumpf des Bootes ab, eine Art Vorbau rings um dieses selber bilden, wodurch es nicht selten ü b e r dem Wasser fast die doppelte Breite seines *unter* Wasser befindlichen Rumpfes bekommt. Von dem äußersten Rand der *guard* ab laufen dabei die unteren Stützen des Zwischen-Decks, in dem sich auch ü b e r dem Wasser, die Maschine mit den Kesseln befindet, und auf diesen ruht die Cajüte — der große oft prachtvoll eingerichtete Salon, mit den Schlafplätzen der Passagiere und oberen Officiere des Bootes.

[8]: Es ist ein ziemlich allgemeines Vorurtheil in Deutschland, daß man unter dem Wort Kreole sich einen von Indianischen Blut Entsprossenen denkt. Creole bedeutet in Amerika und Westindien, wo das Wort besonders gebräuchlich ist und (wahrscheinlich von *criar*, erschaffen, herstammend) einen im Lande selber aber von rein Europäischen Eltern Geborenen. Die Halbabkömmlinge der Indianer, Mischlinge von Europäern (oder Creolen) und Indianern heißen Mestizen.

[9]: *Escalin* wird der spanische Real genannt, der in Nord-Amerika noch andere Namen hat; so heißt er, besonders in den Südlichen Staaten *bit*, in New-York *Shilling*. Es ist Spanisches Geld von 12½ *cent* oder ein Achtel Dollar Werth. Das wirklich Amerikanische Geld nach Decimaleintheilung kennt nur als kleinere Silbermünze *dimes* (10 *cent*) und *half dimes* (5 *cent*).

[10]: Englische Meilen, etwas über vier auf die deutsche.

[11]: *Rifle* heißt im Allgemeinen die Amerikanische lange Büchse, obgleich *rifled* eigentlich nur »gezogen, mit Zügen versehn« bedeutet.

[12]: Im Flußbett festsitzende Stämme.

[13]: Pottersfield wird in New-Orleans der Begräbnißplatz genannt, auf den die Armen kommen, die kein Grab in den gemauerten Behaltern bezahlen können.

[14]: Die Beschreibung des Bootes selber mag mir der Leser erlassen, ich habe derartige Fahrzeuge schon flüchtig in meinen

Streif- und Jagdzügen, ganz ausführlich aber in den Mississippibildern 2ter Band in der Erzählung »Sieben Tage auf einem Amerikanischen Dampfboot« geschildert, und muß ihn darauf verweisen.

[15]: Die einzelnen Schaufeln am Rad.

[16]: Virginien.

[17]: Holztragen, Holztragen meine Burschen.

[18]: Das *Bowieknife* (sprich Buih), nach seinem Erfinder so genannt, ist ein schweres Messer etwa 12 Zoll lang und drei am Heft breit, mit einer Stärke im unteren Rücken von reichlich ein Viertel, oft ein Drittel Zoll, was ihm zum Hieb eine furchtbare und gefährliche Wucht giebt. Die Spitze ist gebogen und nach hinten etwas ausgeschnitten, aber an beiden Seiten haarscharf, und dieß Messer, selbst in der Hand eines ganz schwachen Menschen, eine entsetzliche Waffe.

[19]: Die von der reinen Afrikanischen Race Abstammenden heißen Neger; Abkömmlinge von Weißen und Negern — Mulatten, und von Weißen und Mulatten — Quadroonen — Alle, in den Vereinigten Staaten unter dem allgemeinen Begriff F a r b i g e oder dem Spottnamen Nigger begriffen. Die Kinder von Weißen und Quadroonen — da sich die Quadroonen selber oft kaum von Weißen in Farbe und Haar unterscheiden lassen, sind, selber wenn die Quadroonin Sclavin wäre, f r e i .

[20]: Kein Zutritt.

[21]: Die ersten Anfänge einer Farm, das eben erst urbar gemachte Land.

[22]: *frame* Häuser heißen in Amerika die von einem hölzernen Gestell gebauten und auswendig mit Bretern übernagelten Gebäude.

[23]: erster Klasse.

[24]: *to take care* Sorge für etwas tragen.

[25]: *to catch* fangen.

[26]: *to be in a fix,* sich in schwieriger Lage befinden.

[27]: *gum* von Gumbaum nennt man in den ersten Ansiedlungen abgesägte Stöcke hohler Gumbäume, die von den »Settlern« theils zum Aufbewahren von Salz und anderen Sachen, wie auch als Stühle benutzt werden.

[28]: Hügelrücken.

[29]: Die kleinen Güterkarren.

[30]: Eine eigene Mischung von Genevre, Wasser, Zucker und bitteren Tropfen.

[31]: Dank Euch.

[32]: Zwei Bit — der Bit eine Amerikanische, im Süden der Vereinigten Staaten sogenannte Geldmünze von 12½ Cent, etwa 5 Silbergroschen an Werth.

[33]: *Dinner* Mittagessen *bell* die Glocke in dem schauerlich verderbten Dialekt der Amerik. Deutschen »zum Mittagsessen geläutet.«

www.ingramcontent.com/pod-product-compliance
Lightning Source LLC
Chambersburg PA
CBHW032214230426
**43672CB00011B/2548**